2급

동물매개심리상담 필수도서

동물매개 심리상담사
CAPC®

Companion Animal Assisted Psychology Counselor

한국동물매개심리치료학회(KAAAP) 저

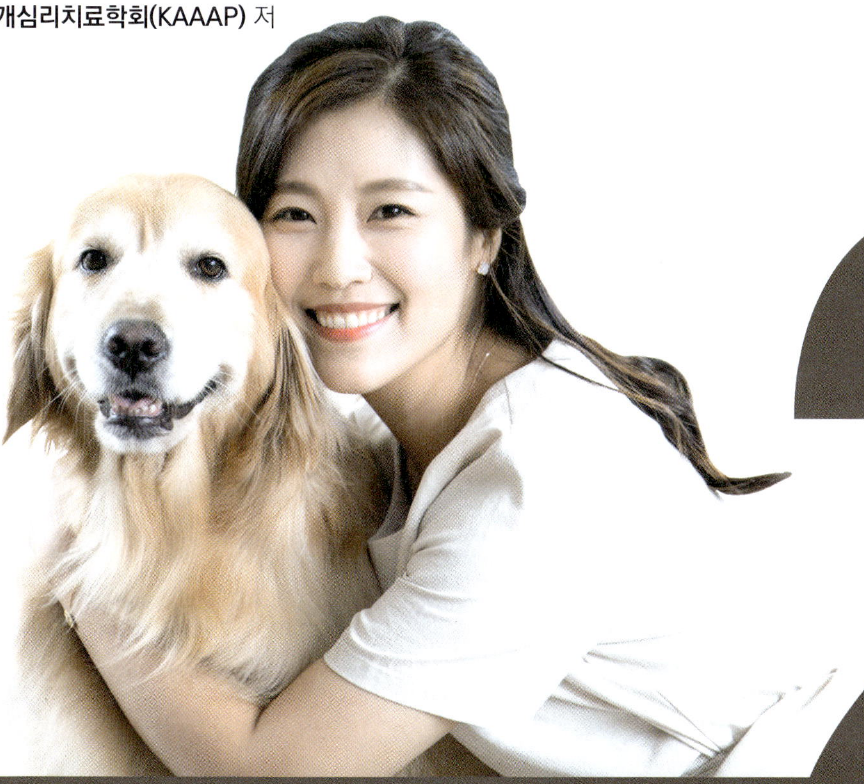

2급

Preface
머리말

동물매개심리상담사는 동물매개치료를 수행하는 자격을 갖춘 자를 말한다. 동물매개치료는 동물을 중재의 도구로 활용하여 심리치료 또는 재활치료를 수행하는 것을 말하며, 최근 국내외적으로 동물매개치료의 놀라운 효과는 과학적 연구 결과로 잘 알려져 있다.

동물매개심리상담사는 대상자의 문제 분석, 프로그램 설계, 활동 운영, 평가방법 고안, 효과에 대한 평가 및 정리 등의 다양한 역할을 수행하여야 한다. 최근 동물매개치료의 수요가 증가됨에 따라 전문 지식을 갖춘 동물매개심리상담사 인력 양성이 필요한 실정이다.

국내에서도 한국동물매개심리치료학회(www.kaaap.org)가 2008년 창립되어 국내 동물매개치료의 학술적 지원과 자격을 갖춘 동물매개심리상담사를 양성하는 데 기여하고 있다.

그 동안의 학술활동을 통하여 습득한 동물매개치료의 놀라운 효과와 과학적 검증 결과들을 접하면서, 저자들은 동물매개치료를 보다 쉽게 이해하고 활동 가이드라인을 활용할 수 있도록 동물매개심리상담사와 동물매개치료를 학습하는 학생들에 도움을 드리고자 동물매개치료 표준 지침서로 활용될 수 있는 도서를 계획한 바 있다.

본 교재는 동물매개심리상담사와 동물매개치료 관련 전문가들에 동물매개치료의 표준 용어를 제공하고 활동에 필요한 가이드라인을 제시하는 기본 지침서로 동물매개치료 활동에 큰 도움을 줄 것으로 확신한다.

본 교재가 동물매개치료에 대한 이해를 도모하고 관련 활동과 연구의 방향을 제시하여 줄 수 있으면 하는 바람으로 이 글을 맺을까 한다.

2019년 7월 2일
지은이 일동

Contents
차례

Part 01 동물매개치료학

Chapter 01 동물매개치료의 개요 ·· 16

　제1절 동물매개치료 용어　　　　　　　　　　　　　　　　16
　　　1. 용어의 변화 _ 16
　　　2. 용어의 정의 _ 17
　제2절 인간과 동물의 유대　　　　　　　　　　　　　　　　23
　　　1. 인간과 동물의 유대 역사 _ 23
　　　2. HAB를 이용한 동물매개치료 _ 24

Chapter 02 동물매개치료의 역사 ·· 26

　제1절 동물매개치료 기원과 발전　　　　　　　　　　　　　26
　　　1. 동물매개치료의 기원 _ 26
　　　2. 동물매개치료의 발전에 기여한 사람들 _ 26
　제2절 국내외 동물매개치료의 현황　　　　　　　　　　　　28
　　　1. 국외 동물매개치료 역사와 현황 _ 28
　　　2. 국내의 동물매개치료 현황 _ 30

Chapter 03 동물매개치료의 구성요소 ·· 33

　제1절 동물매개치료 구성요소　　　　　　　　　　　　　　33
　　　1. 동물매개치료란? _ 33
　　　2. 동물매개치료의 4대 구성 요소 _ 34
　　　3. 동물매개치료의 4대 특징 _ 38
　제2절 대상자의 종류와 특징　　　　　　　　　　　　　　　38
　　　1. 대상자의 정의 _ 38
　　　2. 대상자의 종류와 특성 _ 39

Chapter 04 동물매개심리상담사 ……………………………… 43

제1절 동물매개심리상담 개요 43
1. 동물매개심리상담사란? _ 43
2. 동물매개심리상담사 자격 취득하기 _ 43

제2절 동물매개심리상담사의 역할과 비전 47
1. 동물매개심리상담사의 역할과 조건 _ 47
2. 동물매개심리상담사의 비전 _ 49
3. 동물매개치료의 효율적 운영을 위한 2가지 형태 _ 49

Chapter 05 치료도우미동물 ……………………………………… 51

제1절 치료도우미동물의 개요 51
1. 치료도우미동물이란? _ 51
2. 중재도구로서 치료도우미동물의 이점 _ 51

제2절 치료도우미동물의 조건과 기준 53
1. 치료도우미동물의 조건 _ 53
2. 치료도우미동물의 종류 선택 기준 _ 53

Chapter 06 치료도우미동물의 선택과 평가 ……………………… 60

제1절 치료도우미동물 선발 60
1. 치료도우미동물 선발기준 _ 60
2. 치료도우미 동물 평가 _ 62
3. 유기견 치료도우미동물 평가 및 선발 _ 65
4. 치료도우미동물의 활동에 관한 지침 _ 65

제2절 치료도우미동물 관련 자격 66
1. 펫파트너 _ 66
2. 도우미동물평가사 _ 67
3. 동물행동상담사 _ 67
4. 펫 헬스 테라피 _ 68

Chapter 07 치료도우미동물의 복지 · 69

제1절 동물복지 개요   69
1. 동물복지(Animal Welfare)의 개념 _ 69
2. 동물보호법 _ 70

제2절 치료도우미동물의 복지   71
1. 치료도우미 동물들의 동물복지에 대한 고려 _ 71
2. 치료도우미동물들에게 일어날 수 있는 동물복지 문제들 _ 74

제3절 치료도우미견의 행동과 복지 평가   75
1. 치료도우미동물들의 행동 및 복지 평가 _ 75

Chapter 08 동물매개치료 활동 가이드라인 · 82

제1절 치료도우미동물 위험 요소   82
1. 병원내 동물매개치료 활동 관련 _ 82
2. 치료도우미동물의 적합성 _ 84
3. 환자의 적합성 _ 84
4. 정책과 과정 _ 84
5. 인수공통감염병 _ 85
6. 동물매개치료의 평가 _ 86

제2절 치료도우미동물의 수의학적 관리   86
1. 개의 전염성 질병 _ 86
2. 고양이 전염성 질병 _ 91
3. 인수공통감염병 _ 94
4. 병원체의 예방 _ 95
5. 치료도우미동물의 위생 관리 _ 98

제3절 동물매개치료 활동 시 유의 사항   99
1. 동물매개치료 활동 시 요구 조건 _ 99
2. 치료도우미동물을 위한 윤리 지침 _ 99
3. 동물매개치료 과정에서 동물복지 향상을 위한 권장 사항 _ 101
4. 치료도우미동물의 복지와 기대 효과 _ 101
5. 치료도우미동물 활동 가이드 라인 _ 102

Chapter 09 동물매개치료 차별성과 효과 기전 · 111

제1절 동물매개치료의 차별성   111
1. 동물매개치료의 특징 _ 111
2. 동물매개치료의 차별성 _ 112

제2절 동물매개치료의 효과 기전   113
    1. 반려동물이 사람에게 줄 수 있는 7대 효과 _ 113
    2. 동물매개치료 효과 _ 118
    3. 동물매개치료 작용원리로서 효과 기전 _ 120
    4. 동물매개치료 기법과 동물 중재의 역할 _ 123

Chapter 10 동물매개치료의 적용 분야 ········· 126

제1절 심리상담 영역   126
    1. 상담 영역에서 동물매개치료 역할 _ 126
    2. 동물매개치료 – 상담의 고려 사항들 _ 128

제2절 병원 입원 환자   130
    1. 병원 입원 환자에 대한 동물매개치료 _ 130
    2. 동물활용치료의 역사적 고찰 _ 132
    3. 동물활용치료의 이점 _ 134

제3절 특수동물의 활용   137
    1. 농장동물매개치료 _ 137
    2. 돌고래매개치료(Dolphin – assisted therapy) _ 138
    3. 승마치료(Hippotherapy) _ 140
    4. 동물원 동물 _ 140

제4절 동물매개교육   141
    1. 동물매개교육 개요 _ 141
    2. 동물이 주는 교육적 효과 _ 142
    3. 동물매개교육에 대한 연구 _ 143
    4. 동물매개교육 프로그램 _ 145

제5절 통합치료   146
    1. 동물매개치료 기법의 다양성 _ 146
    2. 통합 치료로서 동물매개치료의 역할 _ 147

Chapter 11 대상자에 따른 동물매개치료 ········· 148

제1절 아동   148
    1. 아동에게 반려동물이 주는 이점 _ 148
    2. 아동 대상 동물매개치료 효과 _ 149

제2절 노인   150
    1. 노인에 대한 동물매개치료 적용 분야 _ 150
    2. 노인에 대한 동물매개치료 효과 기전 _ 150

제3절 자폐 스펙트럼 장애 152
1. 자폐 스펙트럼 장애 대상 동물매개치료 프로그램의 이점 _ 152
2. 자폐 스펙트럼 장애 아동에 대한 동물매개치료의 효과 기전 _ 153

제4절 ADHD 154
1. ADHD 대상 아동의 동물매개치료 프로그램의 이점 _ 154
2. ADHD 아동에 대한 동물매개치료의 효과 기전 _ 155

제5절 발달장애 156
1. 발달장애 아동에 대한 동물매개치료 효과 _ 156

제6절 치매 157
1. 치매 환자를 위한 동물매개치료 프로그램 운영 _ 157
2. 치매 환자에 대한 동물매개치료 효과 _ 159

Part 02 발달심리학

Chapter 01 인간발달의 이해 164

제1절 인간발달의 본질 164
1. 발달의 개념과 발달심리학 _ 164
2. 인간발달의 단계와 주요 발달 내용 _ 166
3. 발달의 원리와 특징 _ 169

Chapter 02 인간발달의 이론 173

제1절 정신분석 이론 173
1. 프로이트의 심리성적이론 _ 173
2. 에릭슨의 심리사회적이론 _ 177
3. 아들러(Adler)의 개인심리이론 _ 180

제2절 인지발달이론 184
1. 피아제의 인지발달이론 _ 184
2. 정보처리이론 _ 192
3. 비고츠키(Vygotsky)의 사회문화적 인지이론 _ 195

제3절 학습이론 199
1. 파블로프(Pavlov)의 고전적 조건형성이론 _ 200
2. 스키너(Skinner)의 조작적 조건형성이론 _ 203
3. 반두라(Bandura)의 사회학습이론 _ 206

제4절 인본주의이론 209
1. 매슬로우(Maslow)의 욕구위계이론 _ 209
2. 로저스(Rogers)의 인간중심이론 _ 213

제5절 동물행동학적 이론 215
    1. 로렌즈(Lorenz)의 각인이론 _ 216
    2. 보울비(Bowlby)의 애착이론 _ 218

제6절 생태학적 이론 221
    1. Bronfenbrenner의 생태학적 체계이론 _ 222

Chapter 03 인간의 성장과 발달 …………………… 226

제1절 태내기 226
    1. 태내발달 단계 _ 226
    2. 태내발달에 영향을 미치는 요인 _ 229

제2절 영아기 233
    1. 신체발달 _ 233   2. 인지발달 _ 237
    3. 사회정서발달 _ 241

제3절 유아기 247
    1. 신체발달 _ 247   2. 인지발달 _ 251
    3. 사회정서발달 _ 255

제4절 아동기 266
    1. 신체발달 _ 267   2. 인지발달 _ 268
    3. 사회정서발달 _ 272

제5절 청년기 278
    1. 신체발달 _ 278   2. 인지발달 _ 279
    3. 청년기 발달과제 _ 282
    4. 청년기의 심리적 부적응과 비행 _ 286

제6절 성인전기(성년기) 292
    1. 신체발달 _ 292   2. 인지발달 _ 293
    3. 사회성발달과 가족생활 _ 295
    4. 성인전기 발달과제 _ 302

제7절 중년기 304
    1. 신체 변화 _ 305   2. 인지 변화 _ 306
    3. 성격과 사회성발달 _ 308   4. 중년기 발달과제 _ 310

제8절 노년기 312
    1. 신체 변화 _ 313   2. 인지 변화 _ 316
    3. 성격과 사회성발달 _ 318   4. 직업과 은퇴 _ 321

■ 참고문헌 ……………………………………………… 323

1_ 시험 개요

- **자격명 및 자격번호**: 동물매개심리상담사(CAPC) / 2019-004812

- **시행 및 출제기관**: KBS미디어평생교육원, 한국동물매개심리치료학회 공동 시행 및 출제

- **시험 시행일 및 시험장소**: 별도 지정 또는 안내
  KBS미디어 평생교육센터 반려동물교육원[www.kbspet.co.kr]홈페이지 안내

- **응시자격**: 등급별 응시자격은 다음과 같다.

등급	응시자격
전문가	1) 한국동물매개심리치료학회 정회원 이상으로 동물매개심리상담 전공 석사학위 이상 소지자로서 아래 3항, 4항, 5항, 6항, 7항, 8항의 자격을 모두 갖춘 자 또는 동물매개심리상담사 1급 자격증 취득 후 3년 이상 임상경력자로서 아래 2항, 3항, 4항, 5항, 6항, 7항, 8항의 자격을 모두 갖춘 자 2) 한국동물매개심리치료학회 또는 지정기관에서 교육과정 80시간을 이수한 자 3) 한국동물매개심리치료학회의 학술활동을 18시간 이수한 자 4) 동물매개심리상담관련 임상활동을 150시간 이상 이수하고 임상기관의 임상확인서를 제출한 자 5) 임상감독 40시간 이상 이수한 자 6) 동물매개심리상담 임상 사례발표 2회 이상인 자 7) 동물매개심리상담관련 사례회의 5회 이상 참석한 자 8) 전국 단위 이상 학술지에 동물매개심리상담 관련 논문을 1회 이상 게재한 자
1급	1) 한국동물매개심리치료학회 정회원 이상으로 동물매개심리상담 전공 석사과정 재학 이상인 자로서 6항, 7항의 자격을 갖춘 자 또는 2급 자격증 취득 후 1년 경과한 자로서 2항, 3항, 4항, 5항, 6항, 7항의 자격을 모두 갖춘 자 2) 한국동물매개심리치료학회 또는 지정기관에서 교육과정 60시간을 이수한 자 3) 한국동물매개심리치료학회의 학술활동을 12시간 이수한 자 4) 동물매개심리상담관련 임상활동을 80시간 이상 하고 임상기관의 임상확인서를 제출한 자 5) 임상감독 20시간 이상 이수한 자 6) 동물매개심리상담 임상 사례발표 1회 이상인 자 7) 동물매개심리상담관련 사례회의 3회 이상 참석한 자
2급	* 2년제 이상 대학 재학 이상으로 1항, 2항의 자격을 모두 갖춘 자. 단, 관련 전공자는 학회 주관 워크샵 이수로 1항과 2항을 대체함. 1) 한국동물매개심리치료학회 또는 지정기관에서 교육과정 36시간을 이수한 자 2) 한국동물매개심리치료학회의 학술활동을 6시간 이수한 자 * 관련 전공은 동물매개심리상담학, 심리상담학, 애완동물학, 수의학, 동물자원학, 사회복지학, 미술심리상담, 음악심리상담, 간호학, 의학, 재활심리상담, 물리심리상담, 작업 심리상담, 보건 계열 전공 등 자격위원회에서 인정하는 전공이 이에 해당된다.

- **시험구성**: 동물매개치료에 필요한 내용을 바탕으로 활용한 이론을 측정하며, 자격등급별 2급 2과목, 1급 및 전문가 등급은 4과목의 필기시험으로 구성된다.

① **시험수준**: 상담도우미동물을 활용하여 인간과 반려동물과의 상호작용과 심리상담을 통해 현대사회 속에서 정신적, 신체적으로 안정과 기능 회복에 도움을 주어 심신의 재활과 회복, 사회활동에 도움을 주는 역할을 원활히 수행 가능한 수준의 지식 습득 여부를 측정할 수 있도록 한다.

등급	검정 기준
전문가	동물매개심리상담 분야의 석사학위 이상 소지자 또는 1급 자격증 취득 후 3년 이상의 경력자로서 현장에서 필요한 전문가 수준의 뛰어난 동물매개심리상담의 활용능력 유무
1급	동물매개심리상담 분야의 석사 재학 중이거나 2급 취득 후 1년 경과자로서 현장에서 필요한 준전문가 수준의 동물매개심리상담의 활용능력 유무
2급	고등학교 졸업 이상자로서 현장에서 필요한 동물매개심리상담 활용능력과 현장사무를 수행 할 기본 능력 유무

② **시험 특징**: 한국직업능력개발원 정식 승인 자격으로 KBS미디어평생교육원과 한국동물매개심리치료학회가 시행 및 운영하는 전문 자격과정이다.

등급	등급별 직무
전문가	동물매개심리상담센터 운영, 1급 이하 동물매개심리상담사의 교육, 지도 및 동물매개심리상담 프로그램 개발, 학술 연구 활동 직무를 수행한다.
1급	2급 이하 동물매개심리상담사의 교육, 지도, 개인, 집단의 동물매개심리상담 및 동물매개심리상담 프로그램 개발 직무를 수행한다.
2급	동물매개심리상담 기관에서의 상담행정업무 및 동물매개 봉사활동 직무를 수행한다.

③ **시험 과목**: 동물매개치료를 원활히 수행하는 데 반드시 필요한 전문지식을 습득할 수 있는 수준을 고려하여 전문 과목 및 내용으로 구성되어 있다.

등급	검정방법	검정과목	합격기준
전문가	필기	동물매개중재학	
		동물행동학	
		임상심리학	
		집단상담	
1급	필기	동물매개치료학	• 과목당 점수 40점 이상 • 전체평균 점수 60점 이상
		치료도우미동물학	
		이상심리학	
		상담심리학	
2급	필기	동물매개치료학 개론	
		발달심리학	

2_ 활용 분야

각 지역 상담센터 등의 동물관련 시설 및 복지관, 사회복지기관, 동물매개치료센터, 병원, 동물병원, 요양원 등 반려동물 산업의 확대에 따라 전문가의 필요성이 강화되어 각 분야별로 전문가 수요가 지속적으로 늘고 있다.

동물매개
심리상담사
Companion Animal Assisted
Psychology Counselor

Companion Animal Assisted Psychology Counselor

동물매개치료학

PART 1.

Chapter 01　동물매개치료의 개요
Chapter 02　동물매개치료의 역사
Chapter 03　동물매개치료의 구성요소
Chapter 04　동물매개심리상담사
Chapter 05　치료도우미동물
Chapter 06　치료도우미동물의 선택과 평가
Chapter 07　치료도우미동물의 복지
Chapter 08　동물매개치료 활동 가이드라인
Chapter 09　동물매개치료 차별성과 효과 기전
Chapter 10　동물매개치료의 적용 분야
Chapter 11　대상자에 따른 동물매개치료

CHAPTER
01
동물매개치료의 개요

제1절 동물매개치료 용어

1 용어의 변화

역사를 거슬러 올라가보면, 인류와 다양한 동물 종류들과의 긴밀한 관계들은 구석기 원시인부터 오랜 기간 동안 존재하여 왔다. 더욱이, 치료 프로그램에 길들여진 동물들을 적용하여 왔다. 집중적이고, 구조화되고 서류화되어 정리되는 동물을 활용한 프로그램은 상대적으로 최근에 이루어졌다. 결과적으로 이러한 영역에서 다양한 인쇄 서적들을 보면, canine therapy, co-therapist, animal assisted therapy 등의 다양한 용어들이 사용되고 있는 것을 발견하게 된다.

새로운 용어로 중재 단위(Intervention Unit; IU)는 동물매개중재 세션 동안에 사용되어지기 위하여 특별히 선발되고 훈련된 치료도우미동물과 펫파트너 한 쌍으로 구성되는 활동 단위라 할 수 있다.

표 1-1 동물매개치료와 관련된 용어

- 동물매개중재(Animal Assisted Intervention, AAI)
- 동물매개활동(Animal Assisted Activity, AAA)
- 동물매개치료(Animal Assisted Therapy, AAT)
- 동물매개교육(Animal Assisted Education, AAE)
- 대상자(Client, 내담자)
- 치료도우미동물(Therapy animal)
- 동물매개심리상담사(Animal Assisted Psychotherapist)
- 펫파트너(Pet Partner)
- 도우미동물 평가사(Evaluator for therapy animal)
- 동물행동상담사(Animal Behavior Counselor)

그림 1-1

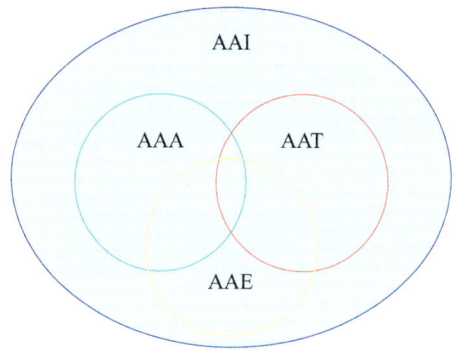

AAI: 동물매개중재, AAA: 동물매개활동, AAT: 동물매개치료, AAE: 동물매개교육

2 용어의 정의

동물매개중재(Animal assisted Intervention; AAI)는 동물을 활용하여 대상자에 영향을 주는 모든 계획한 활동을 말한다. 구상(conception), 개발(development), 실행(execution), 평가(evaluation)를 수행하는 전문가들에 따라 분류된다. 동물매개중재를 5개 범주로 분류할 수 있다.

> **동물매개중재(Animal assisted Intervention; AAI)**
> - 동물을 활용하여 대상자에게 영향을 주는 모든 계획 활동
> - 동물매개활동 + 동물매개치료 + 동물매개교육 + 기타 동물 활용 활동

1) 동물매개활동(Animal Assisted Activities; AAA)

팀에서 이전에 미리 마련해 놓은 프로그램을 활용하여 목표한 효과를 얻을 수 있도록 중재단위(IU)를 1명이나 더 많은 사용자(RI)인 대상자들로 구성하여 활동을 수행한다. 중재단위 IU는 활동에 활용되는 동물과 펫파트너로 구성된다.

동물매개활동을 도식으로 설명하면, 아래와 같다.

$$AAA = IU(동물 + 펫파트너) + RI(s).$$

즉, 동물매개활동은 중재단위로 구성된 활동 팀인 중재단위(IU)가 수혜자 RI인 대상자들과 이루어지는 활동이라 할 수 있다. AAA는 하나의 중재단위와 한 명의 대상자 또는 여러 대상자들이 매칭될 수 있다.

> **동물매개활동(Animal Assisted Activities; AAA)**
> - 동물을 활용하여 대상자와 상호반응을 얻는 활동
> - 치료적 목표와 과학적 평가 과정이 부재된 동물을 활용한 프로그램 운영
> - 동물매개심리상담사의 부재

2) 동물매개치료(Animal Assisted therapy; AAT)

목표한 건강 치료 효과를 얻을 수 있도록 전문가인 중재전문 IP인 동물매개심리상담사가 '중재 수혜자(receiver of intervention; RI)인 대상자와의 세션 동안 치료도우미견이 대상자 RI를 위한 촉매 역할과 동기 부여 및 지원의 기능을 할 수 있도록 한다. 중재단위(IU)에 정신과, 신경학, 심리학, 간호, 물리치료, 작업

치료 등의 전문가들이 포함될 수 있다. 임상을 위한 자격증, 학위를 가진 모든 전문가들이 치료 목표 달성을 위해서 계획된 역할들을 수행한다.

동물매개치료를 도식으로 설명하면, 아래와 같다.

$$AAT = IU(치료도우미동물 + 펫파트너) + IP + RI.$$

즉, 동물매개치료는 중재단위로 구성된 활동 팀 중재단위(IU)가 동물매개심리상담사(중재전문가 IP)와 대상자(수혜자 RI)와 이루어지는 치료 목표 지향적인 전문 프로그램이라 할 수 있다.

동물매개치료는 동물매개심리상담사(중재전문가 IP)가 반드시 필요하며, 하나의 중재단위와 한 명의 사용자가 매칭된다.

동물매개치료(Animal Assisted therapy; AAT)
대상자의 목표한 치료 효과를 얻을 수 있도록 동물매개심리상담사가 전문 지식을 활용하여 치료 목표 달성을 위한 프로그램의 준비와 과학적 평가 등의 잘 짜인 계획된 치료 활동

3) 동물매개교육(Animal Assisted Education; AAE)

목표한 교육 효과를 얻을 수 있도록 전문가인 동물매개심리상담사(중재전문 IP)가 대상자(중재 수혜자, receiver of intervention; RI)와의 세션 동안 치료도우미견이 대상자 RI를 위한 촉매 역할과 동기 부여 및 지원의 기능을 할 수 있도록 한다.

동물매개교육을 도식으로 설명하면, 아래와 같다.

$$AAE = IU(치료도우미동물 + 펫파트너) + IP + RI.$$

즉, 동물매개교육은 중재단위로 구성된 활동 팀 중재단위(IU)가 교육 중재전문가 IP인 동물매개심리상담사와 대상자(수혜자 RI)와 이루어지는 교육 목표 지향적인 전문 프로그램이라 할 수 있다.

동물매개교육(Animal Assisted Education; AAE)
- 대상자의 목표한 교육 효과를 얻을 수 있도록 동물매개심리상담사가 전문 지식을 활용하여 교육 목표 달성을 위한 프로그램의 준비와 과학적 평가 등의 잘 짜인 계획된 교육 활동
- 교육 목표 지향적인 전문 프로그램

4) 동물매개평가(Animal Assisted Evaluation; AAEv)

진단 또는 치료 프로그램을 평가하기 위하여 대상자(수혜자 RI)와 동물 사이의 상호반응 이점들을 평가할 수 있도록 다학제적 분야로 구성된 팀(inter-disciplinary team)과 중재단위로 구성된 활동 팀 중재단위(IU)가 함께 평가를 수행한다.

동물매개평가를 도식으로 설명하면, 아래와 같다.

$$AAEv = IU + inter-disciplinary\ team + RI$$

즉, 동물매개평가는 중재단위로 구성된 활동 중재단위(IU)가 다학제적 분야로 구성된 팀 inter-disciplinary team과 대상자(수혜자 RI)와 이루어지는 평가 수행활동이라 할 수 있다.

5) 동물상주 프로그램(Animal Resident Program; PAR)

동물을 사용자가 있는 기관 안에 상주하여 키우게 하면서 대상자들과 매일 일상을 함께 하도록 하는 것이다. 이러한 동물은 치료도우미견으로 특별히 훈련받고 같은 기관에서 동물매개중재 활동에 활용될 수 있다.

6) 인간과 동물의 유대(Human Animal Bond; HAB)

사람과 동물의 긍정적 상호반응을 유도하는 관계로 인간과 동물의 상호작용(Human Animal Interaction: HAI)이라고도 한다.

7) 대상자(Client, 내담자)

① 도움을 필요로 하는 사람
② 동물매개중재 활동의 목표가 되는 증상이나 질병, 주호소문제를 가지고 있는 사람

8) 동물매개심리상담사(Animal Assisted Psychotherapist)

한국동물매개심리치료학회에서 인증을 받은 동물매개치료 프로그램을 운영하는 전문가 = 이전 용어: 동물매개치료사(Animal Assisted Therapist)

9) 치료도우미동물(Therapy animal)

① 동물매개중재 활동에 활용될 수 있는 일정한 자격을 갖춘 동물
② 한국동물매개심리치료학회의 정해진 기준에 따른 수의학적 관리, 훈련, 동물복지적 기준을 충족하는 동물로서 평가에 합격하고 인증된 동물
③ 치료도우미견(Therapy dog)
④ 치료도우미 고양이(Therapy cat)

10) 펫파트너(Pet Partner)

동물매개치료 활동에서 치료도우미동물과 파트너로 활동할 수 있는 자격을 한국동물매개심리치료학회에서 취득한 자

11) 도우미동물 평가사(Evaluator for therapy animal)

동물매개치료 활동에 있어서 치료도우미동물을 평가할 수 있는 자격을 한국동물매개심리치료학회에서 취득한 자

12) 동물행동상담사(Animal Behavior Counselor)

동물행동상담을 수행할 수 있는 자격을 한국동물매개심리치료학회에서 취득한 자

13) 동물에 따른 동물매개치료 종류

(1) 치료도우미견을 이용한 동물매개치료

Canine Visiting Program, Canine Assisted Therapy, Pet Therapy, 동물보조요법

(2) 말을 이용한 동물매개치료(재활승마)

승마치료, 재활승마, Equine Assisted Therapy, Hippotherapy

(3) 돌고래를 이용한 동물매개치료(돌고래 매개 치료)

Dolphin Assisted Therapy, Dolphin Therapy

14) 적용 분야에 따른 분류

(1) 동물매개심리치료(Animal Assisted Psychotherapy)

심리치료를 목표로 하는 동물매개중재 활동

(2) 동물매개재활치료(Animal Assisted Therapy in Rehabilitation)

재활치료를 목표로 하는 동물매개중재 활동

(3) 동물매개심리상담(Animal Assisted Counselling)

심리상담을 목표로 하는 동물매개중재 활동

(4) 동물매개교육(Animal Assisted Education)

대상자의 교육을 목표로 하는 동물매개중재 활동

동물매개치료와 관련된 용어를 정리하면 <표 1-2>와 같다.

표 1-2 동물매개치료 관련 용어

중재 명칭		중재 참여 구성원			
		대상자 (내담자, 수혜자)	동물매개 심리상담사 (중재전문가)	중재단위(IU)	
				펫파트너 (동물중재 테크니션)	치료 도우미견
동물매개중재 (AAI)	동물매개활동 (AAA)	○	-	○	○
	동물매개치료 (AAT)	○	○	○	○
	동물매개교육 (AAE)	○	○	○	○
	동물매개평가 (AAEv)	○	○	○	○
	동물상주프로그램 (ARP)	○	-	-	○

제2절 인간과 동물의 유대

1 인간과 동물의 유대 역사

 기원전 1만 2천 년 전의 구석기 원시인들이 이미 개를 길들여 함께 생활한 것을 화석이나 여러 가지 유물을 통하여 알 수 있다. 개를 인류가 길들인 목적으로는 야생 동물의 공격으로부터 집을 지키거나 사냥에 도움을 주는 목적이었을 것으로 추정하고 있으나, 흥미로운 화석으로는 구석기 원시인 무덤에서 온전한 개의 뼈가 발굴된 예가 있다. 이러한 사실로부터 구석기 원시인들조차도 개와 교감을 나누며 함께 생활하는 반려동물로 여겼다는 것을 알 수 있다.

오늘날 반려동물로 가장 대표적인 동물은 개와 고양이라 할 수 있다. 개는 가장 먼저 인류가 길들여온 반려동물로 인간과 상호 교감이 가장 뛰어난 동물이라 할 수 있다. 고양이는 기원전 약 5,000년 전에 가축화되었다. 인류가 정착생활을 하여 식량으로 곡물을 생산하면서 수확한 곡물창고에 쥐떼가 모여들자 쥐를 사냥하기 위해서 고양이를 창고지기로 활용하였고 이 후 왕실이나 귀족사회에서 애완동물로 사육된 것으로 알려져 있다.

이와 같이, 반려동물들은 처음부터 사람들의 필요에 의해 실용적으로 야생동물로부터 길들여져 사람과 함께 살게 되었으나, 사람과 상호 교감이 지속적으로 발달하여 오늘날 가족과 같은 반려동물로 받아들여지게 되었다.

인간과 동물의 유대(human and animal bond, HAB)는 이와 같이 동물과 사람 간의 끈끈한 감정을 말한다. 인간과 동물의 유대는 구석기 무덤의 주인과 개의 관계에서 보듯이 사람이 가장 먼저 가축화한 개와 가장 먼저 이루어졌을 것으로 판단되며, 오늘날 인간과 동물의 유대는 개와 고양이 같은 반려동물들뿐만 아니라 말이나 야생동물과 같은 다양한 동물 종에서도 접촉하는 사람과 동물 간에 이루어지고 있다.

인간과 동물의 유대는 사람과 동물과의 상호작용에서 생기는 사람과 동물 쌍방에 정신적, 신체적으로 생기는 좋은 효과를 인식해 사람과 동물 쌍방의 행복을 증진시키고 양자의 복지를 증진할 수 있다. 인간은 사육하는 동물과의 상호 교감으로부터 많은 이로운 반응들을 얻을 수 있다. 최근 인간과 동물의 유대에 대한 체계적인 연구가 활발히 수행되고 있으며, 이를 이용한 사람의 치료, 즉 동물매개치료가 수행되고 있다.

2 HAB를 이용한 동물매개치료

인간과 동물의 유대감과 관계에 대한 많은 연구들과 애완동물이 인간에게 주는 이점들에 대한 많은 연구들이 있다. 많은 전문가들은 동물들이 사람의 사회성을 증가시키고 통증을 잊게 해 주기도 한다고 하였다. 많은 연구가들이 동물이 인간의 삶의 질을 향상시킨다고 보고하고 있다. HAB를 활용하여 환자의 마음을 안정시키고 심리적 치료를 돕거나, 관련 프로그램을 활용하여 환자의 재활을 돕는 치료적 목적의 동물 중재 활동을 동물매개치료(animal assisted therapy, AAT)라 한다.

동물매개치료의 환자에 대한 치료 효과 유발의 기원은 환자가 중재활동을 하고 있는 동물들에서 느끼는 유대감, 즉 HAB로부터 나올 수 있다고 할 수 있다. 동물매개치료는 다양한 프로그램들로 구성되는데, 동물매개심리상담사가 환자에 적합한 프로그램을 준비할 때, 가장 중요한 요소는 HAB가 가장 활발히 이루어질 수 있는 방향이라 할 수 있다. HAB의 실제적인 적용은 임상 활동으로 환자들의 치료를 도울 수 있는 동물매개치료라 할 수 있으며, 동물매개치료의 프로그램들은 대상 환자들의 HAB를 활성화할 수 있는 방법들을 동원하여 이루어지고 있다. 최근 동물매개치료 프로그램을 통하여 환자의 건강을 향상시킨다는 많은 보고들이 있으며 과학적인 연구를 위한 다양한 활동들이 수행되고 있다.

CHAPTER 02
동물매개치료의 역사

제1절 동물매개치료 기원과 발전

1 동물매개치료의 기원

기원전 1만 2천 년 전, 구석기 원시인들도 그들이 키우던 개들과 교감을 통하여 인간과 동물의 유대를 형성하였을 것으로 추정된다. 동물매개치료의 역사는 이와 같이 구석기 시대 인류의 역사부터 시작한다고 할 수 있다. 이 후 인류는 다양한 동물을 길들여 가축화하여 함께 살게 되었고, 인간과 동물의 유대는 자연스럽게 형성되었을 것으로 추정된다.

인간과 동물의 유대의 역사는 이와 같이 인류의 시작부터 형성되었고, 자연스레 형성된 인간과 동물의 유대는 사람의 건강에 대한 다양한 효과를 불러일으키고 이러한 현상을 활용한 동물매개치료로 발전되게 되었다.

2 동물매개치료의 발전에 기여한 사람들

1) 나이팅게일

간호 영역에서 애완동물을 활용한 치료는 1800년대부터 존재하였다. Florence

Nightingale(간호사 나이팅게일, 1820~1910)은 동물을 활용한 치료인 동물매개치료의 효과에 대하여 실질적인 발견을 하였다. 나이팅게일은 동물들이 환자들의 좋은 동반자 역할을 한다고 추천하였고 환자의 치료 촉진을 위하여 동물을 활용한 간호 활동을 적극 활용하였다.

나이팅게일은 "장기입원 환자에게 작은 애완동물이 우수한 동반감을 제공한다. 케이지 안의 애완용 새가 수년 동안 같은 병실에 갇혀져 있는 환자들에게 종종 유일한 즐거움을 제공할 수 있다."고 하였다

2) 프로이드

상담 영역에서의 동물매개치료는 이미 정신분석학 분야에서 저명한 프로이드(지그문트 프로이트, 1856~1939) 박사가 그의 애견 차우차우 종인 조피와 함께 심리상담을 실시하면서 상담에서 보조치료사로서 개의 역할은 잘 알려져 있다. 프로이드 박사는 상담 영역에서 치료도우미동물의 활용이 치료 효과를 높이는 것을 확인하고 상담의 한 분야로 동물매개치료를 병합하여 즐겨 수행하였다.

3) 보사드

1944년에 제임스 보사드(James H.S. Bossard) 박사는 애완동물로서 개를 기르는 것이 그 주인에 치료적 이점을 주는 것에 대하여 보고하였다. 이 연구 보고에는 애완동물을 기르는 이점에 대하여 여러 가지를 서술하고 있다. 애완동물은 주인에게 무조건적인 사랑의 원천, 사랑을 표현하기 위한 사람들의 욕구를 받아줄 수 있는 대상, 아동에게 배변훈련이나 성교육과 책임과 같은 주제들에 대한 선생님의 역할, 사회적 윤활제, 반려동반자 역할을 할 수 있는 것으로 알려져 있다(Fine, 2000).

4) 레빈슨

1962년에 미국의 소아정신과 의사인 보리스 레빈슨 박사는 현대 의학적인 관점에서 동물매개치료를 정립하고 발전시키는 데 크게 기여하였다. 보리스 레빈

슨 박사는 '보조치료사로서 개(The dog as a co-therapist)'라는 제목으로 출판한 논문에서 사람의 치료 영역에서 동물들의 중재 활동들의 이점에 대한 보사드 박사의 생각을 더욱 정립하여 밝혔다(Fine, 2000).

레빈슨 박사는 '애완동물치료(pet-therapy)', '애완동물 기반 심리치료(pet-oriented psychotherapy)', '사람-반려동물치료(human-companion animal therapy)'라는 명칭을 도입하였다(Fine, 2000).

레빈슨 박사는 자기 방어적이고 조용한 아동과 개가 신뢰관계를 형성하는 라포(rapport) 형성을 쉽게 한다는 것을 발견하였다. 레빈슨 박사는 개를 이용한 세션 과정에서 참여 대상 아동들이 활동의 중재 매체로서 이용된 개와 이야기를 나누게 되는데 오랜 시간이 소요되지 않는다는 것을 또한 발견하였다.

제2절 국내외 동물매개치료의 현황

1 국외 동물매개치료 역사와 현황

동물매개치료의 국외 발전 현황을 간략히 살펴보면 아래와 같다.

1) 동물매개치료 태동기

(1) 기원전 1만 2천 년 전

구석기 원시인들: 개와 인간과 동물의 유대 형성

(2) 인간과 동물의 유대 발전

인류의 역사 발전과 더불어 개와 고양이 뿐 아니라 다양한 동물의 가축화와 더불어 인간과 동물의 유대 관계 발전

2) 체계화된 동물매개치료 발전 현황

(1) 초창기: 1700년대~1800년대

① 9세기: 벨기에 길(Gheel)지방에 장애를 가진 환자들을 위한 동물을 활용한 치료 프로그램 적용
② 1790년: 영국 요크 지방에 정신 병원 환자를 위한 토끼와 닭을 치료 프로그램에 적용
③ 1830년: 영국 자선 위원회(Charity Commission)가 정신 병원 기관에 동물을 활용한 치료를 권장
④ 1867년: 독일 빌레펠트 안에 있는 베텔에서 간질 환자에게 새나 고양이, 개, 말 등을 돌볼 수 있게 하는 프로그램 적용

(2) 도입기: 1900년대~1950년대

① 1900년대 초 – 프로이드(지그문트 프로이트, 1856~1939) 박사: 애견을 중재로 활용한 심리상담 요법 시행
② 1901년: 영국의 헌트와 선즈가 재활승마 치료
③ 1919년: 미국 래인이 정신 질환을 앓는 군인의 치료에 개를 활용
④ 1942년 – 미국 뉴욕에 있는 파울링 공군요양병원 부상 병사 치료: 농장동물 프로그램을 적용
⑤ 1944년: 제임스 보사드 박사. 애완동물 개의 치료적 이점 연구 보고. 개를 기르는 사람의 정신 건강 'The Mental Hygiene of Owning a Dog' 저술
⑥ 1958년: 영국에서 장애인 조랑말 승마단체가 설립

(3) 발전기: 1960년대~1970년대

① 1962년대: 미국 소아과 의사인 레빈슨 박사가 애견 '징글'을 치료매개로 활용. 보조치료사로서 개 'The Dog as the Co-therapist' 저술
② 1964년: 유럽지역 재활승마 단체 간 협력 위원회가 결성
③ 1966년: 노르웨이의 베이토스톨런 장애인 재활센터에서 말 치료요법 적용

④ 1969년: 영국 재활승마협회(RDA, Riding for the Disabled Association) 결성

(4) 성장·보급기: 1970년대 이후

① 1970년: 미국 미시간에 있는 'Ann Arbor' 아동 정신병원 정신과 의사 'Michael McCulloch'는 아동 환자들에 애완견과 함께 놀기를 처방
② 1970년대: 맬런은 발달 및 정서·행동장애아의 '치료농장 프로그램' 운영
③ 1972년: 보리스 레빈슨 박사 조사 결과, 미국 뉴욕의 심리치료사 3분의 1 이상이 심리상담에 애견을 활용.
④ 1973년: 미국 파이크스 피크지역의 요양원 환자를 위한 '이동 애완동물 방문프로그램' 적용
⑤ 1975년: 오하이오 주립대학의 코손은 반려동물을 이용해 양로원 환자를 치료
⑥ 1976년: 영국에서 미국으로 이주한 스미스는 국제치료견협회(TDI)를 설립
⑦ 1977년: Dean Katcher 박사와 Erika Friedmann 박사. 혈압과 생존율에 애완동물의 이점 연구 보고
⑧ 1980년: 미국에서 델타협회(Delta Society)가 발족
⑨ 1980년: 세계장애인승마연맹(FRD) 창립
⑩ 1990년: 국제인간-동물상호작용연구협회(IAHAIO) 발족(22개국 30단체)
⑪ 2012년: 미국에서 델타협회(Delta Society)가 Pet Partners로 명칭 변경

2 국내의 동물매개치료 현황

1) 국내 동물매개치료 발전 현황

(1) 국내동물매개치료 활동 연혁

① 1990년: 한국동물병원협회. '동물은 내 친구' 활동 시작
② 1994년: 삼성화재 안내견 학교 설립

③ 2001년: 삼성 재활승마단 발족
④ 2002년: 삼성 치료도우미견센터 발족
⑤ 2008년: 한국동물매개심리치료학회 설립
⑥ 2012년: 한국동물매개심리치료학회지 창간

(2) 국내 동물매개치료 교육활동 현황

2008년: 원광대학교 보건·보건의학 대학원 동물매개심리치료학과 신설

2) 국내 동물매개치료 활동 현황

국내의 동물매개치료는 초창기 한국동물병원협회 주도로 '동물은 내친구' 활동(1990년)이 동기가 되어, 1994년에는 삼성화재 안내견 학교가 설립되었으며, 2001년에는 삼성 재활승마단이 발족되었다. 이후, 2002년에는 삼성 치료도우미견센터 발족으로 국내 동물매개치료 활동이 확산되는 계기가 되었다. 2008년에 원광대학교에 보건보완의학 대학원에 동물매개심리치료학과가 설립되어 동물매개치료에 대한 학술적 연구와 전문가 육성 교육이 이루어지게 되었다. 2008년 9월 한국동물매개심리치료학회가 설립되어 정기 학술대회와 학회지 발간을 통하여 국내 동물매개치료 관련 연구자들의 학술 교류가 이루어지고 있다.

국내 동물매개치료 적용의 기간은 다른 대체보완요법에 비해 짧지만, 다른 대체요법에 비교하여 효과 달성이 빠르고, 대상자들의 높은 참여율 및 능동성이 우수하기 때문에, 다양한 분야의 대상자들에 적용이 확대되고 있으며, 시스템을 갖춘 동물매개치료 상담 지원센터들이 늘어나고 있다.

최근에는 한국동물매개심리치료학회에서 다양한 연구와 임상 연구를 통한 과학적인 결과들이 도출되고 있어, 국내 실정에 맞는 다양한 동물매개치료 프로그램이 보급되고 임상에서 적용될 수 있을 것으로 기대되고 있다.

국내 동물매개치료 관련 기관

1. 한국동물매개심리치료학회
    전북 익산시 익산대로 460.
    원광대학교 동물자원개발연구센터(內) 한국동물매개심리치료학회 사무국
    (063) 850-6089, 6668
    http://www.kaaap.org/ e-mail: kaaap@daum.net

2. 원광대학교 보건보완의학 대학원 동물매개심리치료학과
    전북 익산시 익산대로 460.
    원광대학교 보건보완의학대학원 교학팀
    (063) 850-5878, 6668
    http://hcmed.wku.ac.kr/e-mail: kimoj@daum.net

CHAPTER
03 동물매개치료의 구성요소

제1절 동물매개치료 구성요소

1 동물매개치료란?

1) 동물매개치료의 정의

동물매개치료(Animal assisted therapy, AAT)는 살아있는 동물을 활용하여 사람 대상자의 치유 효과를 얻는 보완대체의학적 요법이라 할 수 있다.

자격을 갖춘 치료도우미동물을 활용하여 도움을 필요로 하는 사람 대상자인 내담자(client)의 심리치료와 재활치료를 돕는 것이 동물매개치료이다.

동물매개치료는 사람과 동물의 유대(human animal bond)를 통하여 내담자의 질병을 개선하거나 보완하는 대체요법이다.

2) 동물매개치료 구성과 역할

<그림 3-1>은 동물매개치료의 구성과 역할을 보여주는 도식도이다. 동물매개치료의 구성 요소는 치료도우미동물, 펫파트너, 대상자, 동물매개심리상담사를 들 수 있다. 한국동물매개심리치료학회에서 인증을 받은 치료도우미동물과 이를 잘 다루고 활동의 호흡이 맞을 수 있는 펫파트너와 함께 중재단위를 구성

한다. 동물매개심리상담사는 중재단위를 활용하여 대상자와 상호작용을 유발하는 프로그램을 운영하고 효과를 평가한다. 이 과정에서 동물매개심리상담사는 중재단위인 펫파트너와 치료도우미동물의 활동을 계획하고 지시하며 모니터링하고, 대상자와도 상호 작용을 유도한다. 대상자는 동물매개심리상담사 및 치료도우미동물과 직접 상호작용을 하게 된다.

그림 3-1 동물매개치료의 구성과 역할

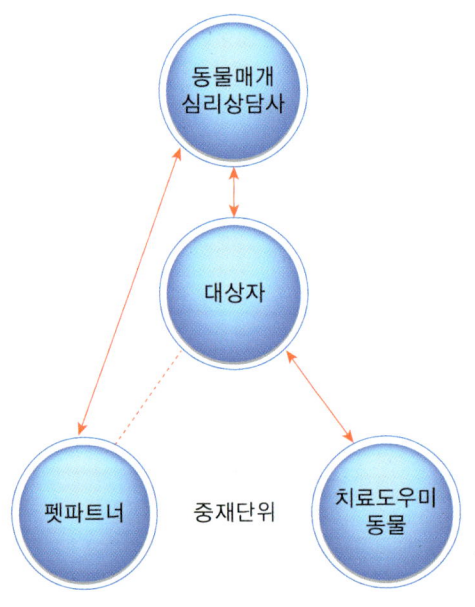

2 동물매개치료의 4대 구성 요소

동물매개치료의 4대 구성 요소는 <표 3-1>과 같이 도움을 필요로 하는 대상자와 도움을 줄 수 있는 전문가인 동물매개심리상담사 및 훈련과 위생 등의 일정한 자격을 갖춘 매개체인 치료도우미동물, 동물매개중재 프로그램을 구현하는 실천현장과 같이 4대 요소로 구성된다.

표 3-1 동물매개치료 구성 4대 요소

- 대상자(Client, 내담자, 사용자, 중재 수혜자)
- 동물매개심리상담사(Animal Assisted Psychotherapist, 중재전문가, 동물매개치료사)
- 치료도우미동물(Therapy animal)
- 실천 현장(Field)

동물매개치료의 목표는 <그림 3-2>와 같이 동물매개심리상담사가 치료도우미동물을 활용하여 대상자의 심리치료 또는 재활치료를 수행하는 것이다.

그림 3-2 동물매개치료의 구성과 목표

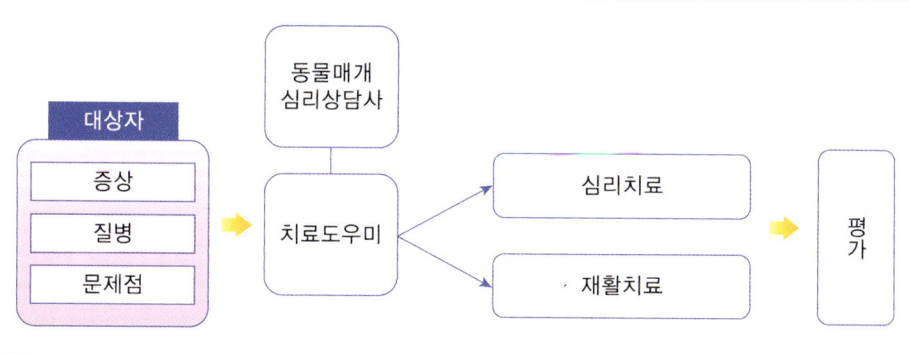

1) 동물매개심리상담사

동물매개심리상담사란 동물매개치료를 담당하는 전문가로서 치료도우미동물을 활용하여 내담자의 심리적 치료와 재활적 치료 프로그램을 수행한다. 한국동물매개심리치료학회에서는 동물매개심리상담사와 치료도우미동물의 인증을 실시하고 있다. 자격을 취득한 동물매개심리상담사가 인증된 치료도우미동물을 활용하여 내담자의 문제를 해결하고자 하는 활동이 동물매개치료라 할 수 있다.

2) 치료도우미동물

치료도우미동물이란 동물매개치료 프로그램 동안에 중재 역할을 하는 동물로서 한국동물매개심리치료학회 가이드라인에 따라 선발과 훈련, 위생관리 등의 일정한 기준에 맞는 동물로서 동물매개치료에 활용되어 치료의 중재 역할을 수행하는 동물이다.

표 3-2 동물매개치료 활용 동물의 종류에 따른 장·단점

종류	사육성	운반성	상호 접촉성	감정 소통성	안전성	인간의 운동성	동물 자신의 즐거움	감염의 안전성
물고기	★	▽	▽	◇	★	▽	◇	☆
파충류	◇	◇	◇	◇	☆	▽	◇	☆
조류	★	◇	☆	◇	★	▽	◇	☆
햄스터	★	★	◇	◇	☆	◇	◇	☆
기니피그	★	★	★	◇	★	◇	◇	☆
토끼	★	★	★	☆	★	◇	◇	☆
양, 염소	◇	◇	★	☆	☆	☆	◇	☆
소	◇	◇	☆	☆	☆	☆	◇	☆
돼지	◇	◇	☆	☆	☆	☆	☆	☆
고양이	☆	☆	★	★	☆	☆	★	☆
개	☆	☆	★	★	☆	★	★	☆
말	◇	▽	☆	★	☆	★	☆	☆
돌고래	▽	▽	☆	☆	☆	★	☆	☆
원숭이	▽	◇	◇	☆	▽	☆	☆	▽
곤충	☆	★	▽	▽	★	▽	▽	★

주: ★=매우 좋음 ☆=좋음 ◇=보통 ▽=나쁨

치료도우미 동물의 선택 기준은 내담자의 특성과 환경에 맞는 종류를 선택하여 동물매개치료가 수행될 수 있다. 치료도우미동물은 선발, 훈련, 위생, 동물복지의 4가지 기준에 충족되어야 하며, 이러한 기준에 의해 평가를 거쳐 한국동물매개심리치료학회에서는 치료도우미동물 인증을 수행하고 있다.

동물매개치료에 활용되는 동물은 현장 상황과 대상자의 특성에 따라 다양한 동물 종류 중에서 적합한 동물 종을 선택할 수 있다. <표 3-2>는 동물매개치료에 활용되는 동물의 종류에 따른 장·단점을 보여주는 표이다.

3) 대상자

대상자는 동물매개치료에 의한 도움을 필요로 하는 사람으로서 내담자(client) 또는 중재수혜자(recipient), 사용자(user)로서 불린다.

동물매개치료 대상자의 범주는 일반적으로 의학적, 정신과적 대상 뿐 아니라, 정신지체아, 발달장애, 자폐, 뇌병변장애, 정신적. 정서적 장애인, 우울증, 심한 스트레스, 치매노인, 교정대상지, 약물남용자 등은 동물매개치료를 제공하는 병원이나 사회복지 실천기관 등에서 일반적인 동물매개치료 대상이다.

4) 동물매개치료 실천현장

동물매개치료의 실천현장을 기관의 서비스 목적에 따라 1차 현장과 2차 현장으로 분류할 수 있다.

1차 현장(primary settings)은 기관의 일차적인 기능이 재활과 치료를 위한 치료서비스 제공을 위한 것으로 치료사들이 중심이 되어 활동할 수 있는 실천현장이다. 병원(일반, 재활, 정신), 보건소, 심리상담 치료센터 및 치료실, 복지관 내 부설 치료실 및 치료센터, 장애아동 재활치료 교육센터 등을 말할 수 있다.

2차 현장(secondary settings)은 치료전문기관은 아니지만 치료서비스가 기관 운영과 서비스의 효과성에 미치는 긍정적인 영향으로 인해 치료서비스의 개입이 부분적으로 이루어지고 있는 실천현장이다.

3 동물매개치료의 4대 특징

동물매개치료는 다른 대체의학적 방법들과 다르게 치료도우미동물을 중재의 도구로 활용하여 중재 활동이 이루어진다. 이러한 이유로 <그림 3-3>과 같은 특징들을 가지고 있다.

그림 3-3 동물매개치료의 4대 특징

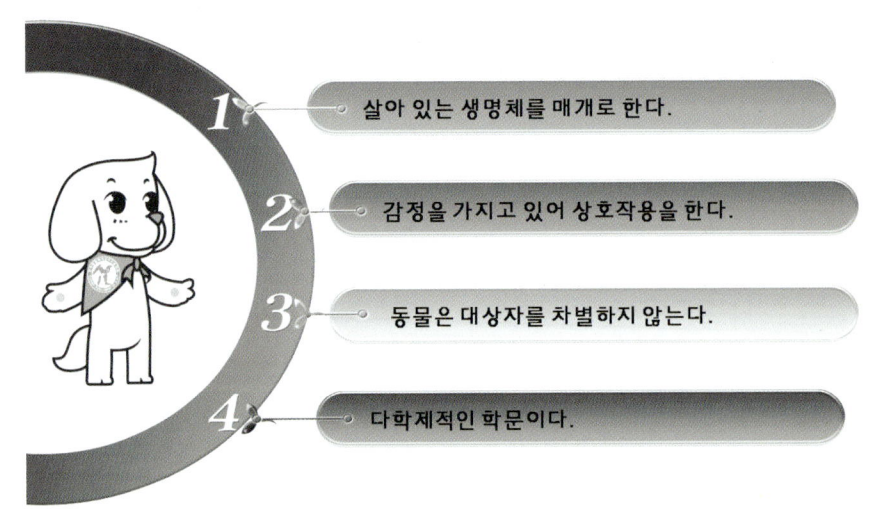

1. 살아 있는 생명체를 매개로 한다.
2. 감정을 가지고 있어 상호작용을 한다.
3. 동물은 대상자를 차별하지 않는다.
4. 다학제적인 학문이다.

제2절 대상자의 종류와 특징

1 대상자의 정의

동물매개치료의 일차적인 대상은 어린이에서 노인까지, 신체적이나 정신적, 정서적, 사회적, 심리적으로 어려움을 겪고 있는 모든 사람들이다.

동물매개치료 대상자의 범주는 일반적으로 의학적, 정신과적 대상 뿐 아니라, 정신지체아, 발달장애, 자폐, 뇌병변장애, 정신적·정서적 장애인, 우울증, 심한 스트레스, 치매노인, 교정대상자, 약물남용자 등은 동물매개치료를 제공하는 병원이나 사회복지 실천기관 등에서 일반적인 동물매개치료 대상이다.

2 대상자의 종류와 특성

1) 아동

(1) 정의

교육법에서는 만 6세~만 12세까지를 초등학교 의무교육을 받아야 할 학령아동으로 규정하고 있다. 또 아동기는 신체적·사회적·정서적·지적 발달의 속도가 매우 현저하므로, 이를 다시 아동전기와 아동후기로 나누기도 한다. 즉 6~8세까지를 아동전기, 9~12세까지를 아동후기로 하여 발달단계를 구분한다.

2) 노인

(1) 정의

나이가 많이 들어 늙은 사람을 뜻한다. 어르신이라고도 부르나 그 외에도 늙은이, 고령자(高齡者), 시니어, 실버 등으로 교체해서 사용하기도 한다.

3) ADHD

(1) 정의

부주의, 충동성 및 과잉행동을 보이는 아동들은 일반적인 아동들이 보여주는 수준보다 부적절성의 강도가 높은 특징을 포함한 장애를 주의력 결핍 과잉행동장애(Attention Deficit Hyperactivity Disorder, 이하 ADHD)라 한다.

4) 자폐

(1) 정의

자폐증은 하나의 행동적 증후군으로서 사회적 상호작용에 있어서의 발달장애, 의사소통과 상상력에 의한 활동의 장애 및 현저하게 한정된 활동 및 관심이 특징을 갖는 장애를 자폐라 한다.

5) 발달장애

(1) 정의

정신이나 신체적인 발달에서 나이만큼 발달하지 않은 상태를 말한다.

6) 치매

(1) 정의

성장기에는 정상적인 지적 수준을 유지하다가 후천적으로 인지기능의 손상 및 인격의 변화가 발생하는 질환이다.

7) 우울증

(1) 정의

우울장애는 의욕 저하와 우울감을 주요 증상으로 하여 다양한 인지 및 정신 신체적 증상을 일으켜 일상 기능의 저하를 가져오는 질환을 말한다.

8) 조현병

(1) 정의

Schizophrenia, 정신분열증이라고도 부르며, 사고(思考), 감정, 지각(知覺), 행동 등 인격의 여러 측면에 걸쳐 광범위한 임상적 이상 증상을 일으키는 정신 질환을 말한다.

9) 신체 장애

(1) 정의

시각, 청각, 사지 및 구간, 언어, 평형기능, 내장 등의 신체적 기능에 장애가 있는 상태의 총칭이고 정신지체, 정서장애 등의 정신결함과 정신병을 제외한 개념을 말한다.

10) 약물 및 알콜 중독

(1) 정의

① **약물 중독**: 사용된 약물에 심리적 또는 신체적 의존성을 보이는 증상을 말한다.
② **알콜 중독**: 정신 질환으로 술과 같은 알코올음료에 의존증이 있어 정상적인 사회생활에 어려움이 있는 상태를 말한다.

11) 난독증 및 학습장애

(1) 정의

① **난독증**: 문자를 읽는 데에 어려움이 있는 증세를 말한다. 이는 읽고 말하고 철자를 구분하는 데 정확성이나 유연성에 장애가 있는 학습 장애를 가리킨다.
② **학습장애**: 보통 혹은 그 이상의 지능을 가지고 있음에도 불구하고, 개인의 내적인 요인으로 인해 기본적인 학습 능력에 심한 어려움이 있는 상태이다.

12) 말기 환자

(1) 정의

증상이 점점 악화되어 수개월내로 사망할 것으로 예상되는 상태의 환자를 일컫는 말이다.

13) 교도소 수용자

(1) 정의

수형자·미결수용자·사형 확정자, 그 밖에 법률과 적법한 절차에 따라 교도소·구치소 및 그 지소에 수용된 사람을 말한다.

CHAPTER 04
동물매개심리상담사

제1절 동물매개심리상담 개요

1 동물매개심리상담사란?

동물매개심리상담사는 동물매개치료 프로그램을 계획하고 활동의 수행을 감독하며, 대상자의 변화를 평가하는 역할을 수행한다. 동물매개심리상담사는 치료도우미동물을 활용하여 대상자의 심리적 치료와 재활적 치료 프로그램을 수행한다.

현재 동물매개치료 관련 민간자격 등록은 '동물매개심리상담사'가 유일하며, 이를 주관하는 기관은 '한국동물매개심리치료학회'이다.

2 동물매개심리상담사 자격 취득하기

1) 자격증의 종류

현재 동물매개치료를 관장하는 전문가인 동물매개심리상담사는 한국동물매개심리치료학회에서 인증을 하고 있으며 동물매개심리상담사 자격증의 종류는 다음과 같다.

① 2급 동물매개심리상담사
② 1급 동물매개심리상담사
③ 동물매개심리상담사 전문가
④ 동물매개심리상담사 슈퍼바이저

2) 자격증별 역할

동물매개심리상담사 자격증별 역할은 다음과 같다.

(1) 2급 동물매개심리상담사

① 동물매개심리상담 기관에서의 상담 행정업무
② 동물매개 봉사활동

(2) 1급 동물매개심리상담사

① 2급 동물매개심리상담사 및 동물매개활동의 교육 및 지도
② 개인 및 집단의 동물매개심리상담
③ 동물매개심리상담 프로그램 개발

(3) 동물매개심리상담사 전문가

① 동물매개심리상담 센터 운영
② 1급 이하 동물매개심리상담사의 교육 및 지도
③ 동물매개심리상담 프로그램 개발 및 학술 연구 활동

(4) 동물매개심리상담사 슈퍼바이저

① 동물매개심리상담 연구 및 학술활동
② 동물매개심리상담사 교육 및 슈퍼비전
③ 동물매개심리상담 센터 운영

3) 자격요건과 구비조건

동물매개심리상담사 자격증별 자격요건과 구비조건은 다음에 해당하는 자로서 한국동물매개심리치료학회 자격위원회에서 그 자격을 인준 받은 자로 한다.

(1) 2급 동물매개심리상담사

① 2년제 이상 대학 재학 이상자로 1항, 2항의 자격을 모두 갖춘 자.
　단, 관련 전공자는 학회 주관 워크샵 이수로 1항과 2항을 대체함.
② 한국동물매개심리치료학회 또는 지정기관에서 교육과정 36시간을 이수한 자
③ 한국동물매개심리치료학회의 학술활동을 6시간 이수한 자

관련 전공은 동물매개치료학, 심리상담학, 애완동물학, 수의학, 동물자원학, 사회복지학, 미술치료, 음악치료, 간호학, 의학 등과 자격위원회에서 인정하는 전공이 이에 해당된다.

(2) 1급 동물매개심리상담사

① 한국동물매개심리치료학회 정회원 이상으로 동물매개심리치료 전공 석사과정 재학 이상이면서 아래 3항, 4항, 5항, 6항, 7항의 자격을 모두 갖춘 자 또는 2급 자격증 취득 후 1년 경과한 자로서 2항, 3항, 4항, 5항, 6항, 7항의 자격을 모두 갖춘 자
② 한국동물매개심리치료학회 또는 지정기관에서 교육과정 60시간을 이수한 자
③ 한국동물매개심리치료학회의 학술활동을 12시간 이수한 자
④ 동물매개치료관련 임상활동을 80시간이상 하고 임상기관의 임상확인서를 제출한 자
⑤ 임상감독 20시간 이상 이수한 자
⑥ 동물매개치료 임상 사례발표 1회 이상인 자
⑦ 동물매개치료관련 사례회의 3회 이상 참석한 자

(3) 동물매개심리상담사 전문가

① 한국동물매개심리치료학회 정회원 이상으로 동물매개심리치료 전공 석사학위 이상 소지자로서 아래 3항, 4항, 5항, 6항, 7항, 8항의 자격을 모두 갖춘 자 또는 동물매개심리상담사 1급 자격증 취득 후 3년 이상 임상경력자로서 아래 2항, 3항, 4항, 5항, 6항, 7항, 8항의 자격을 모두 갖춘 자
② 한국동물매개심리치료학회 또는 지정기관에서 교육과정 80시간을 이수한 자
③ 한국동물매개심리치료학회의 학술활동을 18시간 이수한 자
④ 동물매개치료관련 임상활동을 150시간 이상 이수하고 임상기관의 임상확인서를 제출한 자
⑤ 임상감독 40시간 이상 이수한 자
⑥ 동물매개치료 임상 사례발표 2회 이상인 자
⑦ 동물매개치료관련 사례회의 5회 이상 참석한 자
⑧ 전국 단위 이상 학술지에 동물매개치료 관련 논문을 1회 이상 게재한 자

(4) 동물매개심리상담사 슈퍼바이저

① 한국동물매개심리치료학회 정회원 이상으로 동물매개심리상담사 전문가 자격증 취득 후 동물매개치료 관련 임상 4년 이상 경력자로서 아래 2항, 3항, 4항, 5항의 자격을 모두 갖춘 자
② 한국동물매개심리치료학회의 학술활동을 36시간 이수한 자
③ 300시간 이상의 동물매개치료관련 임상활동 또는 교육 경력이 있는 자
④ 동물매개치료 임상 사례발표 5회 이상인 자
⑤ 전국 단위 이상 학술지에 동물매개치료 관련 논문(저서 포함)을 3회 이상 게재한 자

제2절 동물매개심리상담사의 역할과 비전

1 동물매개심리상담사의 역할과 조건

1) 동물매개심리상담사의 역할

동물매개심리상담사는 동물매개치료를 운영하는 중재 전문가로서, 치료도우미동물을 중재도구로 활용하여 대상자의 심리치료와 재활치료를 수행하는 동안에, <표 4-1>과 같은 역할을 수행한다.

표 4-1 동물매개심리상담사의 역할

진단자	동물관리자	설계자	의사결정자
상담자	조력자	강화자	평가자

2) 동물매개심리상담사의 조건

동물매개심리상담사는 효율적인 면담기술, 사정기술, 개입기술이 있어야 한다.

(1) 면담기술

동물매개치료 프로그램 운영 과정에 대상자와 효율적인 의사소통 및 관여기술이 있어야 한다.

(2) 사정기술

개인과 환경의 상호작용 맥락에서 대상자의 문제나 어려움을 발견할 수 있어야 한다.

(3) 개입기술

동물매개치료 프로그램 운영 과정에 대상자의 문제나 어려움을 해결할 수 있는 능력이 있어야 한다.

3) 전문적인 조력관계 형성의 요소

동물매개심리상담사는 동물매개치료 프로그램 운영 과정에 대상자에게 전문적인 조력관계 형성을 하기 위해 아래와 같은 요소를 갖추고 있어야 한다.

① 공감(empathy)에 바탕을 둔 의사소통
② 긍정적 존중
③ 온화함
④ 진솔성
⑤ 강점 및 가능성의 발견

4) 동물매개심리상담사의 자세

능력 있는 동물매개심리상담사는 아래와 같은 자세를 갖추고 있어야 한다.

① 적극적 관심과 참여
② 수용
③ 대인관계기술
④ 동물매개치료사의 자기인식

5) 동물매개심리상담사의 자기인식

자기인식(self-awareness)의 의미는 자신에 대한 이해와 함께 사회전반에 관련된 기술, 지식, 가치 및 개인적 경험을 의도적으로 활용하여 자신의 업무를 향상 시키는 것이다.

동물매개심리상담사의 자기인식으로 갖추어야 할 요소는 아래와 같다.

① 주변 상황 파악
② 타인 수용

③ 비차별적 비심판적 행동과 태도
④ 자기주장
⑤ 자기통제
⑥ 직관력
⑦ 자기노출하기
⑧ 전문적인 경계선 유지하기

2 동물매개심리상담사의 비전

동물매개심리상담사는 동물매개치료 활동을 관장하는 중재전문가로서 <표 4-2>와 같은 다양한 진로와 비전을 가지고 있다.

표 4-2 동물매개심리상담사의 진로

- 동물매개심리상담사로 동물매개심리상담센터 경영
- 동물매개심리상담사로 복지관, 요양원, 병원 등의 치료시설에서 동물매개치료 전문가로 근무
- 대학원 진학
- 교수 또는 강사로 교육 활동

3 동물매개치료의 효율적 운영을 위한 2가지 형태

동물매개치료를 운영하는 형태는 <표 4-3>과 같이 2가지 형태로 나누어 볼 수 있다. 가장 이상적인 형태는 다학제 팀을 구성하여 활동하는 것이다. 동물매개심리상담사가 중재단위인

표 4-3 동물매개치료 운영의 2가지 형태

구성	다학제 팀 활동	중재단위 활동
	• 동물매개심리상담사 • 치료도우미동물 + 펫파트너(IU) • 정신과 의사 및 의료 스텝 • 수의사 • 심리상담사 • 사회복지사 • 해당 전문가	• 동물매개심리상담사 • 치료도우미동물 + 펫파트너(IU)

CHAPTER
05 치료도우미동물

제1절 치료도우미동물의 개요

1 치료도우미동물이란?

치료도우미동물이란 동물매개중재 활동에 활용될 수 있는 일정한 자격을 갖춘 동물을 말한다. 치료도우미동물은 한국동물매개심리치료학회의 정해진 기준에 따른 수의학적 관리, 훈련, 동물복지 기준을 충족하는 동물로서 평가에 합격하고 인증된 동물을 말한다.

2 중재도구로서 치료도우미동물의 이점

1) 동물매개치료의 특징과 치료도우미동물의 이점

<표 5-1>은 치료도우미동물의 중재 역할로 인한 동물매개치료의 특징을 보여주고 있다.

표 5-1 치료도우미동물의 중재 역할로 인한 동물매개치료의 특징

- 동물매개치료는 다른 대체요법과 다르게, **살아있는 동물이 매개체**로 작용하는 점이 가장 큰 특성이라 할 수 있다.
- 동물매개치료는 다른 어떤 보완대체의학적 방법들 보다 대상자들이 **능동적이며 즐겁게 참여하고 효과 또한 빠르고 지속적**이다.
- 동물은 살아있고, 감정을 표현하며, 사람 대상자들과 빠른 상호반응을 하기 때문에 내담자인 대상자들에 **빠른 신뢰 형성**과 치료 프로그램에 **적극적인 참여**를 유도하여 **빠른 치유 효과**를 유발할 수 있다.

2) 동물매개치료 과정에서 치료도우미동물의 역할

<표 5-2>는 동물매개치료 과정에서 치료도우미동물의 역할을 정리한 것이다. 동물매개치료 과정 동안에 치료도우미동물은 대상자에게 사회적 윤활제, 감정의 촉매자, 선생님으로서 역할, 중간 연결체 역할을 할 수 있다.

표 5-2 동물매개치료 과정에서 치료도우미동물의 역할

역할 1	사회적 윤활제
역할 2	감정의 촉매자
역할 3	선생님
역할 4	동물매개심리상담사와 대상자(내담자)의 중간 연결체

제2절 치료도우미동물의 조건과 기준

1 치료도우미동물의 조건

1) 치료도우미동물의 일반 조건

- 성숙한 연령(개의 경우는 최소 1살 이상)
- 공격성이 없어야 함
- 기초적인 복종이 되어야 함
- 수의학적인 관리가 수행되어야 함
- 동물매개심리상담사와 호흡이 맞아야 됨

2) 치료도우미견의 선발을 위한 4대 평가

표 5-3 　치료도우미동물 선발을 위한 4대 평가

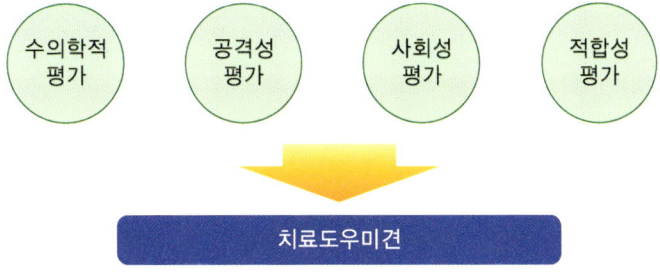

2 치료도우미동물의 종류 선택 기준

1) 치료도우미동물 선택을 위한 8가지 기준

　치료도우미동물 선택을 위한 8가지 기준은 <표 5-4>와 같이 '사육성, 운반성, 상호 접촉성, 감정 소통성, 안전성, 인간의 운동성, 동물 자신의 즐거움, 감염의 안전성'이다.

표 5-4 치료도우미동물 선택을 위한 8가지 기준

1	사육성	집에서 쉽게 기를 수 있는가?
2	운반성	사람이 직접 운반할 수 있는 편리성
3	상호 접촉성	사람과 동물과의 신체접촉의 용이성
4	감정 소통성	사람과의 친밀도
5	안전성	동물의 사람에 대한 공격성
6	인간의 운동성	동물과 사람이 함께 운동할 수 있는 정도
7	동물 자신의 즐거움	사람과 같이 지내는 것을 좋아하는지에 대한 정도
8	감염의 안전성	동물로 인해 감염될 수 있는 질병의 위험도

2) 치료도우미동물의 종류와 특성

동물매개심리상담사는 다양한 동물에 대한 지식과 응용기술이 있어야 한다. 국내에서는 대부분 개를 동물매개치료의 치료도우미동물로 활용하고 있으나, 프로그램에 따라 다양한 동물이 동물매개치료나 활동에 활용될 전망이다.

동물매개심리상담사는 동물매개치료 프로그램을 설계할 때, <표 5-5>의 도표를 참고하여 적합한 동물 종류를 선택하도록 한다.

표 5-5 동물 종류에 따른 치료도우미동물 선택을 위한 8가지 적합성 비교

종류	사육성	운반성	상호 접촉성	감정 소통성	안전성	인간의 운동성	동물 자신의 즐거움	감염의 안전성
물고기	★	▽	▽	◇	★	▽	◇	☆
파충류	◇	◇	◇	◇	☆	▽	◇	☆
조류	★	◇	☆	◇	★	▽	◇	☆
햄스터	★	★	◇	◇	☆	◇	◇	☆
기니피그	★	★	★	◇	★	◇	◇	☆
토끼	★	★	★	☆	★	◇	◇	☆
양, 염소	◇	◇	★	☆	☆	☆	◇	◇
소	◇	◇	☆	☆	☆	☆	◇	◇
돼지	◇	◇	☆	☆	☆	☆	☆	◇
고양이	☆	☆	★	★	☆	☆	★	☆
개	☆	☆	★	★	☆	★	★	☆
말	◇	▽	☆	★	☆	★	★	☆
돌고래	▽	▽	☆	☆	☆	★	★	◇
원숭이	▽	◇	◇	☆	▽	☆	☆	▽
곤충	☆	★	▽	▽	★	▽	▽	★

★ = 매우 좋음 ☆ = 좋음 ◇ = 보통 ▽ = 나쁨

3) 동물 종류에 따른 장단점

(1) 개

치료도우미 동물 중에서 가장 많이 동물매개치료와 활동에 활용되는 것이 개다. 일반적으로 소형견 중에서는 시츄, 말티즈, 코카스파니엘 등이 많이 활용되며 중대형견에서는 라브라도 래트리버, 골든 래트리버 종들을 많이 활용하는 편이다.

(2) 고양이

치료도우미 고양이로서는 침착하고 낯선 사람이 고양이를 안거나 만지더라도 공격을 하거나 두려워하지 말고 안정되어야하며 많은 사람과의 접촉에도 인내하며 스트레스를 받지 말아야 한다.

일반적으로 고양이는 활동적이기 보다는 대상자의 무릎 위에 조용히 앉아 있을 수 있어야 한다.

(3) 토끼

치료도우미 토끼로 활용하기 위해서는 어렸을 때부터 사람과 자주 어울리고 안아주어 사람이 토끼를 안았을 때 얌전히 있을 수 있도록 훈련하는 것이 필요하다. 어린 아동이나 거동이 불편한 어르신들에게 활용할 수 있다.

(4) 햄스터

햄스터는 야성의 습성이 남아있어 치료도우미 동물로 활용하기 위해서는 사람들과 친해지고 거부감을 갖지 않도록 시간을 갖고 훈련을 해야 한다. 우선 햄스터에게 사람을 신뢰할 수 있도록 하는 것이 필요하다. 사람과 충분히 친해지고 손위에서 먹이를 받아먹고 안심하고 놀 수 있을 때 치료도우미 동물로 활용할 수 있을 것이다.

(5) 새

장애아동이나 어르신들이 생활하는 시설이나 클라이언트들에게 새장 속에 가두어진 새를 사육하게 하거나 새를 데리고 방문하여 새들의 노는 모습을 보도록 하는 방법도 있고 길들여진 새를 활용하여 새들을 직접 만지고 먹이를 주면서 새들과 함께 어울리는 시간을 갖도록 할 수도 있다. 간혹 알레르기가 있는 사람들에게는 새의 비듬이나 먼지 등이 문제가 될 수 있다.

(6) 관상어(물고기)

물고기를 이용하는 것은 동물매개치료 중에서 수동적 매개치료의 대표적인 예이다. 이 수동적 동물매개활동은 돌물의 털에 대한 알레르기가 있거나 동물을 싫어하는 대상자들에게 적당하며 질병과 기생충 감염의 위험이 적고 비교적 관리가 쉬운 장점이 있다.

(7) 동물원을 이용한 동물매개치료

동물원 동물매개치료 프로그램의 효과로 아래 내용을 들 수 있다.

① 동물원 동물들을 그냥 보고 즐기는 것이 아니고 실제 관리 등에 참여하도록 함으로서 교육의 효과를 높인다.
② 과제 수행을 적절히 조정하고 성과에 대하여 격려를 해 준다.
③ 다른 사람의 도움을 받던 환경에서 다른 생명을 돌봄으로써 본성적인 만족감과 자존감을 느낄 수 있다.
④ 친숙하지 않은 동물과의 접촉으로 생기는 두려움을 감소시키고 자신감을 갖게 해준다.
⑤ 동물사육의 기술을 습득하여 양육능력을 길러준다.
⑥ 동물을 만지고 상호작용을 통하여 다른 사람들과의 사회성 향상과 감정 표현의 능력을 향상시킨다.
⑦ 여러 동료들과 함께 함으로서 협동심과 사회성을 배운다.
⑧ 본능적으로 행동하는 동물의 행동을 관찰함으로서 관찰력과 긍정적 사고력을 갖도록 한다.
⑨ 체험활동 내용을 기록하고 발표하도록 함으로서 문제를 정리하는 능력과 발표력의 향상을 기대할 수 있다.
⑩ 동물과 자연 환경에 주의를 기울임으로써 문제를 감소시키는 기회를 가질 수 있다.
⑪ 만지며 말하는 대화법으로 동물에 대한 애정 표현력을 키워준다.

(8) 말

말을 이용한 치료는 승마요법(hippotherapy), 승마 치료(riding therapy), 재활승마(riding for rehabilitation), 도약(vaulting)과 같은 4가지로 분류된다. 향

상된 균형과 팔 다리 근육의 공동작용 그리고 증가된 근력, 이동성, 자존감, 주의집중 기간, 그리고 극기 등의 이점을 제공한다.

(9) 농장 동물

농장 동물과의 교류로 얻어진 긍정적인 결과에는 향상된 의사전달, 증가된 가치 의식, 그리고 필요한 존재 의식 등이 있다.

(10) 돌고래

돌고래 AAT는 전통적인 치료의 신선한 대안을 제공하고, 동기, 주의집중 기간, 대근육과 소근육 운동 기술, 그리고 말하기와 언어 등의 증가 등을 기대할 수 있다.

(11) 유기동물

유기동물은 버려지거나 보호자가 잃어버린 동물로 인수공통전염병 전파에 대한 우려와 더불어 안락사에 따른 동물복지 문제 등으로 사회적 문제를 야기하고 있다.

이에 따라, 유기동물을 활용한 동물매개치료는 안락사 처지에 놓인 동물을 구제하여 도움을 필요로 하는 사람에 희망을 주는 매우 뜻 깊은 활동이라 할 수 있다.

(12) 곤충

곤충은 사육이 용이하고 크기가 작아 이동이 편리하며, 색깔과 모양이 다양하여 호기심 유발이 크다는 장점을 가지고 있다.

최근 이러한 장점을 활용하여 곤충이 동물매개치료 프로그램의 치료도우미 동물로서 아동의 ① 학습 효과 자극, ② 정서 안정, ③ 생명 존중, ④ 작업치료로서 통합치료 방법이 도입되고 있다.

4) 치료도우미동물의 선택

사람과 동물이 서로 신체적인 접촉을 할 수 있는 동물은 기니피그, 토끼, 양이나 염소이고 개나 고양이도 안아주거나 쓰다듬기 등 상호 접촉성이 좋은 동물이다. 사람과 동물이 친밀감을 느낄 수 있고 서로 감정을 주고받을 수 있는 동물은 개, 고양이, 말 등이다.

동물이 사람에 대한 공격을 하지 않아 안전한 동물은 물고기, 새, 기니피그, 토끼 등이며 원숭이는 사람에게 공격을 할 수 있어서 조심해야 한다. 동물과 사람이 함께 운동할 수 있는 동물은 개, 말, 돌고래 등이며 물고기나 파충류, 새 등은 함께 운동하기는 어려운 동물이다.

사람과 동물이 함께 어울리는 것을 좋아하고 사람도 즐겁고 동물도 즐거워 할 수 있는 동물은 개와 고양이 들이다. 동물의 질병이 사람에게 전염될 수 있는 동물은 사람과 유사한 질병을 가지고 있는 원숭이류를 제외하고는 대부분의 동물들이 안전한 편이다.

동물매개치료에 활용되는 동물의 선택은 대상자에 따라서 선호도 다르고 알레르기 등이 있어 특정한 동물을 기피하는 경향이 있지만 대상자에 의해서 선택되는 것이 아니라 동물매개치료사에 의해서 이루어지는 것이다.

CHAPTER 06
치료도우미동물의 선택과 평가

제1절 치료도우미동물 선발

1 치료도우미동물 선발기준

1) 치료도우미동물의 선발을 위한 4가지 평가

치료도우미동물로 활용되기 위해서는 아래와 같은 4가지 평가를 통과하여야 한다.

(1) 수의학적 평가

동물매개치료는 엄격한 치료도우미 동물의 선발과 훈련 과정을 거칠 뿐 아니라 위생 관리에 대한 지침을 따라 철저한 관리를 받아야 한다. 치료도우미 동물은 수의사에 의하여 정기적 검진과 적절히 예방접종 및 위생 관리를 위한 수의학적 진료를 받고 평가 인증을 받아야 한다.

(2) 공격성 평가

동물매개치료 치료도우미동물로 활용하기 위해서는 여러 가지 치료 환경에서도 당황하지 않고 예의 바르게 행동할 수 있어야 하고, 공격성 평가를 통해 평가인증을 받아야 한다.

(3) 사회성 평가

① 동물매개치료에 활용되는 동물은 상호작용을 전제로 하기 때문에 동족 또는 사람과의 사회성이 절대적으로 필요하므로 동물의 사회화 시기에 사회성을 향상시키는 것은 꼭 필요하다. 사회성 평가를 통해 동물매개치료활동에 적합한지 파악을 한다.
② 치료도우미동물의 경우 사람과 관계를 맺는 사회화는 대체로 3~12주령, 최적기는 6~8주령이며, 생후 14주령에 이르기까지 사람의 접촉 없이 자란 개는 사회화를 시키기에 매우 어려우며, 야성이 남아 있을 수도 있다고 한다.
③ 사회화 하는 방법은 치료도우미 동물이 아주 어릴 때부터 행동수정기법의 체계적 둔감법을 활용하여 약한 자극으로부터 점진적으로 강한 자극에 이르기까지 다양한 자극을 경험하도록 해야 한다.

(4) 적합성 평가

① 동물매개치료 동물의 선택기준은 이들 동물이 신뢰할 수 있는지, 조정가능한지, 예측할 수 있는지, 그리고 AAA/T과제, 대상자, 일하는 환경에 적합한지를 알아본다. 동물의 종/품종, 종류, 성별, 나이, 크기, 건강, 적성, 적합성, 역량 등에 주의해야 한다. 더불어 조련사와 동물간의 질적 교류도 고려되어야 한다.
② 적합성이란 목적에 맞거나 적격하다는 것을 의미한다. 여기서 목적이란 동물매개심리상담사가 프로그램에서 확인할 특수한 목표이다. 동물과 펫파트너는 대상자가 이 목표를 향해 갈 수 있도록 도와야 한다. 또한 동물이나 펫파트너 모두 대상자에게 위험을 주지 않는 건강상태이어야 한다.

2) 치료도우미동물 인증을 위한 절차

치료도우미동물 인증은 한국동물매개심리치료학회에서 수행하고 있다. 후보 동물이 치료도우미동물 선발을 위한 4가지 평가에 합당하도록 준비된 경우에, 보호자는 한국동물매개심리치료학회에 치료도우미동물 인증을 신청하고, <표 6-1>과 같은 절차에 따라 평가를 받은 후, 통과된 경우에 치료도우미동물 인증을 받을 수 있다.

2 치료도우미 동물 평가

1) 수의학적 평가

치료도우미동물 인증을 받기 위해서는 후보 동물의 피부질환, 내·외부기생충 유무, 인수공통감염병 검사 등의 수의학적 평가를 통과하여야 한다.

2) 공격성 평가

후보 동물은 보호자와 함께 인증을 위해 <표 6-1>과 같은 공격성과 성격에 대한 평가를 받고, 각 항목의 평가점수를 받아 총 4점을 받아야 한다.

표 6-1 치료도우미동물의 공격성 평가 양식

평가	구성	변화	행동표현	점수
공격성	다른 치료도우미 동물과의 관계	다른 치료도우미동물과 함께 같은 대기실(치료실)안에 5분간 같이 있음	다른 치료도우미동물에게 공격하거나 으르렁거림	0
			다른 치료도우미동물에게 적대감이 없음	1
	사람과의 관계	대기실(치료실)안에서 낯선 사람과 같이 있음	낯선 사람에게 으르렁거림	0
			머리를 숙이거나 웅크리는 자세 또는 사람에게 접근함	1
성격	물리적 자극주기	낯선 사람이 치료도우미동물과 가깝게 접근하여 친근감을 표시하거나 접촉을 시도(몸, 다리, 귀, 이빨 등)	도망치거나 침착하지 못한 행동 또는 점프를 함	0
			웅크리거나 의뢰자의 손을 혀로 핥거나 꼬리를 흔듦	1
	거칠게 다룸	낯선 사람이 품에 안고 조이듯 안아보거나 밀쳐 봄	물거나 저항 또는 도망감	0
			불안해하거나 행동의 멈춤이 없고 의뢰인의 접근에 반항감이 없음	1
합격점수 (합격: 4점 이상, 불합격: 4점 미만)				4

3) 사회성 평가

후보 동물은 보호자와 함께 인증을 위해 <표 6-2>와 같은 사회성에 대한 평가를 받고, 각 항목의 평가점수를 받아 총 10점 이상을 받아야 한다. 이 때, 다른 치료도우미동물과 만났을 때의 습성 부분인 2-(d)항목은 필히 1점 이상을 받아야 한다.

표 6-2 치료도우미동물 사회성 평가

항목	구성	변화	행동표현	점수
1. 시작/기본	치료도우미동물 행동 관찰	의뢰자가 대기실(치료실) 근처에서 5분 동안 대기시킴	대기실(치료실)에서 기다리지 않음	0
			대기실(치료실)에서 기다리다가 3분 이상 유지를 못함	1
			대기실(치료실)에서 기다리다가 5분 동안 유지함	2
	대기실(치료실) 문이 열렸을 때 치료도우미동물의 행동	검사 후 대기실(치료실) 문을 개방함	한 번 이상 나옴	0
			한 번 나옴	1
			전혀 안 나옴	2
2. 사교성/정숙성	친분이 있는 사람이 대기실(치료실)에 들어왔을 때	의뢰자가 대기실(치료실) 치료도우미 동물을 부름	치료도우미동물이 도망감	0
			펫 파트너 근처에 오지 않고 주시함	1
			꼬리치며 의뢰자 쪽으로 힘차게 뛰어옴	2
	치료도우미동물이 사람에게 점프하는 습성	의뢰자가 직접적으로 치료도우미동물에 접근하여 팔을 벌리며 부름	의뢰자의 근처에 오지 않음	0
			치료도우미동물의 점프시도가 한 차례 이상	1
			의뢰자 근처에 오고 반응함	2
	다른 치료도우미동물과 만났을 때의 습성	의뢰자와 같이 대기실(치료실)안에 있으면서 다른 치료도우미동물을 대기실(치료실)근처에 접근시킴	으르렁거림	0
			의뢰자 뒤로 숨으면서 자신을 보호하려 함	1
			다른 치료도우미동물과의 접촉을 허락함	2
	대기실(치료실)안으로 다른 사람을 들어오게 함	낯선 사람은 안으로 들어오고 치료도우미 동물 이름을 부름	치료도우미 동물이 낯선 사람에게 다가감	0
			의뢰자 근처에 오지 않음	1
			의뢰자 쪽으로 대기하고 있음	2

항목	구성	변화	행동변화	점수
3. 반응성	강한 자극에 대한 반응	치료도우미동물이 인식하지 못하는 상태에서 단단한 물건을 바닥에 떨어뜨려 소음을 유발시킴	치료도우미동물이 으르렁거리거나 도망감	0
			치료도우미동물이 제자리에 있음	1
			주위 상황에 관심을 가지나 짖거나 도망가지 않음	2
합격점수 (합격: 10점 이상, 불합격: 10점 미만) * 2-(d)항목은 필히 1점 이상을 받아야 함				10

4) 적합성 평가

후보 동물은 보호자와 함께 인증을 위해 <표 6-3>과 같은 적합성에 대한 평가를 받고, 각 항목의 평가점수를 받아 총 12점 이상을 받아야 한다.

표 6-3 치료도우미동물 적합성 평가

항목	구성	변화	행동변화	점수
1. 치료도우미동물 줄을 매고 따라 걷기	의뢰자와 함께 계단을 올라갈 때	치료도우미동물이 자유로운 상태에서 의뢰자와 같이 계단을 올라갈 때	앞에서 의뢰자를 끌어당김	0
			끌어당김 없이 앞장 섬	1
			의뢰자를 쫓아 올라감	2
	의뢰자와 함께 걷기	의뢰자와 함께 도보 중 그에 대한 관심	치료도우미동물이 줄을 집요하게 당김	0
			가끔 치료도우미동물이 줄을 당김	1
			치료도우미동물이 줄을 당기지 않고 걸음	2
	의뢰자와 걷기 중 치료도우미동물의 관심	함께 도보 중에 다른 치료도우미동물의 접근	의뢰자의 뒤로 숨음	0
			다른 곳으로 가려다 부르면 의뢰자와 함께 다시 걸음	1
			단지 의뢰자에게만 관심을 집중함	2
2. "앉아" 명령 수행	명령에 대한 이해	의뢰자의 "앉아"명령어 실시: 훈련이 안된 상태에서 반복적인 명령어 실행	3회 이상 또는 자세를 취하지 않음	0
			2회 명령 시	1
			1회 명령 시	2
	명령에 대해 빠른 행동 능력	명령 후 얼마 후에 자세를 취하는가?	3회 이상 또는 자세를 취하지 않음	0
			2회 명령 시	1
			1회 명령 시	2
	명령에 대한 지속성	명령 후 얼마나 오래 행동을 취하는가?	행동을 취하지 않음	0
			5초 이내	1
			새로운 명령이 있을 때까지	2

3. "기다려" 명령 수행	명령에 대한 이해	의뢰자의 "일어서"명령어 실시: 훈련이 안된 상태에서 반복적인 명령어 실행	명령 없이 일어섬	0
			10초 이내	1
			5초 이내	2
	명령에 대한 이해	의뢰자의 "일어서" 명령에 대한 행동 시간	명령 없이 일어섬	0
			10초 이내	1
			5초 이내	2
4. 놀이	테니스 공(애견용 공)을 가지고 노는 사람을 볼 때	의뢰자의 "앉아"명령어 실시: 훈련이 안된 상태에서 반복적인 명령어 실행	자세를 취하지 않음	0
			2회 명령 시	1
			1회 명령 시	2
	명령에 대한 빠른 행동능력	명령 후 얼마 후에 자세를 취하는가?	명령 없이 일어섬	0
			10초 이내	1
			5초 이내	2
합격점수 (합격: 12점 이상, 불합격: 12점 미만)				12

3 유기견 치료도우미동물 평가 및 선발

유기동물을 치료도우미동물로 인증받기 위해서는 유기동물보호소에서 후보 동물로 선발된 동물을 수의학적 관리와 훈련 과정을 거친 후 한국동물매개심리 치료학회의 가이드라인에 따라 4가지 선발 평가인 수의학적 평가, 공격성 평가, 사회성 평가, 적합성 평가를 통과하여야 한다.

4 치료도우미동물의 활동에 관한 지침

한국동물매개심리치료학회는 치료도우미동물의 인증을 수행하고 있고, 인증된 치료도우미동물에 관한 지침 <표 6-4>를 마련하고 있다.

표 6-4 치료도우미동물의 활동에 관한 지침

동물매개치료 활동에 참여하는 모든 치료도우미동물은 등록되어 있어야 한다.
치료도우미동물은 수의학, 공격성, 사회성, 적합성에 대한 평가를 통과하여야 한다.
치료도우미동물은 건강하여야 하고 최근까지 예방접종이 빠지지 않고 접종되어있어야 한다.
- 수의사에 의한 치과 검사와 피부병에 대한 검사를 포함한 건강검사를 반드시 매년 실시하여야 한다. 치료도우미동물은 전염성 질병, 기생충, 이 등이 없어야 한다. 주요 전염병은 톡소플라즈마, 에키노코스, 지알디아, 살모넬라, 파스튜렐라, 고양이 면역결핍 바이러스, Bordetella bronciseptica, 클라미디아, 백선(ring worm) 등을 포함한다.
- 치료도우미동물의 건강에 대한 검진 기록이 작성되어 보관되어야 한다.
- 치료도우미동물은 병원내 이동이나 병원 밖으로 이동 시, 이동장을 이용하거나 짧은 목줄로 통제가 가능하도록 한다. 치료도우미동물은 식별할 수 있는 스카프나 신분카드 또는 목줄을 하도록 한다.
- 방문 활동 24시간 이내에 치료도우미동물은 알레르기의 원인 물질을 줄여주는 성분이 함유된 샴푸를 사용하여 목욕을 시키도록 한다.
- 가정 애완동물의 경우 방문 전에 진행 담당자에게 적절한 주의사항을 들어야 한다. 방문에 참여시키려는 가정 애완동물의 건강, 위생, 행동 등에 대한 지침이 만들어져야 한다.
- 치료도우미동물이 환자와 만날 때는 반드시 1인 이상의 동물매개심리상담사, 펫파트너, 핸들러, 병원스텝 등의 동물매개치료 프로그램 진행 구성원이 함께 있어야 한다.

제2절 치료도우미동물 관련 자격

1 펫파트너

펫파트너란 동물매개치료 활동에서 치료도우미동물과 함께 중재단위를 구성하여 대상자와 활동하는 자격을 한국동물매개심리치료학회로부터 취득한 자이다. 펫파트너는 치료도우미동물을 훈련하고 관리하며 치료도우미동물과 파트너가 되어 중재단위를 구성한다.

펫파트너는 동물매개심리상담사의 계획과 지시에 따라 동물매개치료 활동 과정에 치료도우미동물과 활동을 수행하여 대상자의 삶의 질을 증진시키며, 치료도우미동물과의 조화로운 관계성을 통해서 동물매개치료 활동의 중추적인 역할을 담당하는데 기여한다.

펫파트너 인증을 받고자 하는 후보자는 자신의 치료도우미동물 또는 치료도우미동물 후보 동물과 함께 한국동물매개심리치료학회에 인증을 신청하여 평가를 통과한 경우 자격증을 취득할 수 있다. 이 과정은 펫파트너 단독 인증으로 진행될 수도 있고, 치료도우미동물 인증과 함께 동시에 수행될 수도 있다. 즉, 치료도우미동물 후보 동물을 육성한 보호자가 자신의 후보 동물을 치료도우미동물로 인증 신청하면서, 보호자 자신 또한 펫파트너 인증을 함께 받는 것으로 신청이 가능하다.

2 도우미동물평가사

도우미동물평가사는 동물매개치료 활동에 중재단위로 활동하는 치료도우미동물의 인증 절차에 참여하여 치료도우미동물 인증 가능 여부를 평가할 수 있는 자격을 한국동물매개심리치료학회에서 취득한 자이다.

도우미동물평가사는 치료도우미동물의 선발과 관리 및 도우미 동물의 훈련과 평가를 할 수 있는 전문인을 말한다. 동물을 매개로 하는 동물매개치료 활동에 있어서 치료도우미동물의 적합성을 평가하여 동물매개치료 활동의 효율성과 유익함을 증진시키는 역할을 한다.

3 동물행동상담사

동물행동상담사는 동물행동상담을 수행할 수 있는 자격을 한국동물매개심리학회에서 취득한 자이다. 동물행동상담사는 인간과 반려동물과의 상호작용을 이해하고 반려동물의 행동상담을 통해 동물보호자 가족과 반려동물의 올바른 관계성을 맺도록 도와주며, 인간과 반려동물의 삶의 질을 개선하는데 도움을 주고, 나아가 동물복지 향상에 기여할 수 있다.

4 펫 헬스 테라피

펫 헬스 테라피(pet health therapy)는 반려동물인 개와 고양이의 건강 증진을 위한 테라피를 수행할 수 있는 자격을 한국동물매개심리학회에서 취득하여 수행하는 요법을 말한다.

펫 헬스 테라피(pet health therapy)는 반려동물인 개와 고양이의 건강 증진을 위해 ① 펫 마사지, ② 펫 요가, ③ 펫 아로마 테라피, ④ 펫 뮤직 테라피, ⑤ 펫 푸드 테라피, ⑥ 펫 하이드로 테라피와 같은 요법들이다.

국내에서 펫 헬스 테라피 관련 자격은 한국동물매개심리치료학회(http://www.kaaap.org/)에서 발급하는 펫 헬스 테라피스트, 펫 마사지사, 펫 요가지도사 자격증이 펫 헬스 테라피 관련 자격증으로 민간자격 인증을 받고 발급하고 있다.

CHAPTER
07
치료도우미동물의 복지

제1절 동물복지 개요

1 동물복지(Animal Welfare)의 개념

OIE(세계동물보건기구)에 따르면 동물복지는 '동물이 건강하고, 안락하며, 좋은 영양 및 안전한 상황에서 본래의 습성을 표현할 수 있으며, 고통, 두려움, 괴롭힘 등의 나쁜 상태를 겪지 않는 것'으로 정의하고 있다.

미국수의학협회에서는 동물복지(animal welfare)는 동물의 복리를 보장하는 윤리적 책임으로서 보다 구체적으로 '동물에게 청결한 주거환경의 제공, 관리, 영양제공, 질병예방 및 치료, 책임감 있는 보살핌, 인도적인 취급, 필요한 경우의 인도적인 안락사 등 동물의 복리와 관련한 모든 것을 제공하는 인간적인 의무'라고 정의하고 있다.

1) 동물의 5대 자유

1979년 영국의 '농장동물복지위원회(Farm Animal Welfare Council: FAWC)'는 동물의 복지를 위하여 <표 7-1>과 같은 '동물의 5대 자유(Five Freedoms)'를 제시하였다.

FAWC의 '동물의 5대 자유'에 의하면 동물복지(animal welfare)는 바로 동물복리(animal well-being)라고 할 수 있다. 이 복리를 보장하기 위해서는 동물에게 불필요한 고통을 가하지 않고, 신체적 및 정신적 건강을 유지할 수 있는 환경을 마련하고, 그들을 보살펴 주어야 한다. 결국 동물복지를 보장하는 것은 인간의 의무인 것이다

표 7-1 동물의 5대 자유

1. 배고픔과 갈증으로부터의 자유(Freedom from hunger and thirst)
2. 불안으로부터의 자유(Freedom from discomfort)
3. 통증, 부상 또는 질병으로부터의 자유(Freedom from pain, injury or disease)
4. 정상적인 행동 표현의 자유(Freedom to express normal behaviors)
5. 공포와 고통으로부터의 자유(Freedom from fear and distress)

2 동물보호법

1) 동물보호법 연혁

한국에서도 '동물보호법'이 1991년 제정되어 동물의 보호와 복지를 위한 세부 규정들을 두고 운영되고 있으며, 그 동안 '동물보호법'은 여러 번의 개정을 통하여 동물복지 향상을 위한 법률로 완성도를 높이고 있다. 동물보호법의 제 3조에 '동물보호의 기본원칙'이 명시되어 있는데, 이 조항들은 FAWC의 '동물의 5대 자유'와 내용을 담고 있다. 즉, 한국의 '동물보호법'의 기본 원칙은 '동물의 5대 자유'를 지켜주는 것이라 할 수 있다.

동물보호법은 동물에 대한 학대행위의 방지 등 동물을 적정하게 보호·관리하기 위하여 필요한 사항을 규정함으로써 동물의 생명보호, 안전 보장 및 복지 증진을 꾀하고, 동물의 생명 존중 등 국민의 정서를 함양하는 데에 이바지함을 목적으로 한다.

표 7-2 동물보호법의 주요 내용

1) 제 1장 제3조(동물보호의 기본원칙)
   누구든지 동물을 사육·관리 또는 보호할 때에는 다음 각 호의 원칙이 준수되도록 노력 하여야 한다.
   ① 동물이 본래의 습성과 신체의 원형을 유지하면서 정상적으로 살 수 있도록 할 것
   ② 동물이 갈증 및 굶주림을 겪거나 영양이 결핍되지 아니하도록 할 것
   ③ 동물이 정상적인 행동을 표현할 수 있고 불편함을 겪지 아니하도록 할 것
   ④ 동물이 고통·상해 및 질병으로부터 자유롭도록 할 것
   ⑤ 동물이 공포와 스트레스를 받지 아니하도록 할 것

2) 제 2장 제7조(적정한 사육·관리)
   ① 소유자 등은 동물에게 적합한 사료와 물을 공급하고, 운동·휴식 및 수면이 보장되도록 노력하여야 한다.
   ② 소유자 등은 동물이 질병에 걸리거나 부상당한 경우에는 신속하게 치료하거나 그 밖에 필요한 조치를 하도록 노력하여야 한다.
   ③ 소유자 등은 동물을 관리하거나 다른 장소로 옮긴 경우에는 그 동물이 새로운 환경에 적응하는 데에 필요한 조치를 하도록 노력하여야 한다.
   ④ 제1항부터 제3항까지에서 규정한 사항 외에 동물의 적절한 사육·관리 방법 등에 관한 사항은 농림축산식품부령으로 정한다.

[개정 2013.3.23. 제11690호(정부조직법)]

제2절 치료도우미동물의 복지

1 치료도우미 동물들의 동물복지에 대한 고려

1) 동물매개치료 활동에서 고려해야 할 동물복지 가이드라인

한국동물매개심리치료학회에서는 동물매개치료 활동에서 고려되어야 하는 치료도우미동물의 복지에 대하여 <표 7-3>과 같은 가이드라인을 마련하고 있다.

표 7-3	동물매개치료 활동에서 고려해야 할 동물복지 가이드라인

1. 치료도우미동물과 활동을 수행함에 있어 가장 중요한 것은 **치료도우미동물의 복지 상태를 고려**하는 것이다.
2. 치료도우미동물에게 **스트레스 징후가 나타나면 즉시 활동을 중단하고 휴식**을 취하게 하면서 그에 대한 불만 표시나 실망을 하지 않도록 한다. 더욱 긍정적인 보상과 함께 칭찬을 치료도우미 동물에게 주고 다음 세션에서는 즐겁게 치료 활동에 함께 임하도록 필요한 조치를 강구해야 한다.
3. 동물매개치료 활동 시 치료도우미동물들은 프로그램 활동 과정 동안에 스트레스와 임상증상에 대한 밀착 모니터링이 수행되어야 한다. 중간에 **치료도우미동물이 피로 증상을 표현하거나 활동 거부를 할 때는 즉시 활동을 중단하고 휴식**을 취하여야 한다.
4. 치료도우미동물의 **활동시간은 45분 전후가 가장 적합**하며, 시간은 처음에는 20분 정도에서 점차 늘려가는 것이 바람직하다.

출처: 한국동물매개심리치료학회 치료도우미동물 복지 가이드라인(www.kaaap.org)

2) 치료도우미동물을 위한 윤리 지침

치료도우미동물을 위한 5가지 윤리적 환경은 <표 7-4>와 같다. 치료도우미동물의 학대 또는 심한 스트레스 상황은 어떠한 경우도 용납되어서는 안 된다.

표 7-4	치료도우미동물을 위한 5가지 윤리적 환경

1	치료도우미동물로 이용되는 모든 동물들은 학대, 불편, 질병으로부터 신체적 정신적으로 보호되어야 한다.
2	동물에 대한 적절한 건강관리가 항상 제공되어야 한다.
3	치료도우미동물은 활동하는 장소에서 멀리 떨어진 곳에서 조용한 휴식을 취할 수 있는 장소가 있어야 한다.
4	대상자와의 상호작용으로 치료도우미동물의 역할을 다 할 수 있도록 동물의 능력을 유지하도록 해야 한다.
5	치료도우미동물의 학대 또는 심한 스트레스 상황은 어떠한 경우도 용납되어서는 안 된다.

표 7-5 대상자와 치료도우미동물의 요구 비교·검토 내용

번호	상황	내용
1	인간 요구의 확인	대상자가 치료도우미동물에게 요구하는 것
		대상자가 동물과 함께하는 시간
		동물과 보내는 접촉하는 시간의 본질
2	동물의 가장 기본적인 요구 확인	적절한 관리, 애정, 조용한 휴식시간
3	인간과 동물의 요구 비교	• 가장 저항하기 어려운 인간의 요구(예를 들어, 심각한 정신적 또는 신체적 상해)는 동물의 기본적인 요구들보다 우선시 될 수 있다. • 어떠한 경우도 치료도우미동물의 학대 또는 심한 스트레스 상황은 용납되어서는 안 된다.

표 7-6 치료도우미동물을 위한 윤리적 결정 내리기 과정의 고려 사항

번호	상황	고려 사항
1	심한 스트레스	만약 대상자가 동물에게 과도하게 스트레스를 준다면 동물매개심리상담사는 그 세션이나 상호작용을 일시 중지시켜야 한다.
2	휴식시간	치료도우미동물을 이용하는 동물매개심리상담사들은 동물에게 하루에 여러 번씩 '휴식시간'을 제공해야 한다.
3	노령화와 스트레스	나이든 동물들과 엄청난 스트레스에 직면한 동물들은 그들의 서비스 규모를 줄이거나 은퇴하여 휴식을 취하게 하여야 한다.
4	치료도우미동물에 대한 학대	그것이 의도적이든 부주의에 의한 것이든 대상자가 치료도우미동물을 학대의 대상으로 삼는 환경에서는 활동이 중단되어야 한다. 활동 중단이 치료도우미동물과 대상자와의 관계 단절을 의미한다고 하더라도 동물의 기본적인 요구들은 존중되어야 한다.
		동물매개심리상담사가 보기에 대상자가 동물을 학대할 가능성이 있다고 의심되는 경우라면 동물의 복지와 권리를 보호하도록 예방대책을 취해야 한다.
		스트레스나 학대의 어떤 증거이든 명확해졌을 때 동물매개심리상담사는 대상자와 치료도우미동물의 관계를 종료시켜야 한다.

3) 동물매개치료 또는 활동에 이용되어지는 동물들의 돌봄과 관리에 대한 윤리적 지침

표 7-7 치료도우미동물의 돌봄과 관리에 대한 윤리적 원칙

1. 치료에 활용되는 모든 동물들은 학대, 불편 및 신체적이나 정신적 스트레스를 받는 것으로부터 자유로워야 한다.
2. 적절한 건강관리가 항상 제공되어야 한다.
3. 활동을 하지 않는 시간에는 조용하고 안락한 장소에서 휴식을 취할 수 있어야 한다.
4. 수의사에 의해 모든 동물들의 질병 예방 관리가 수행 되어야 한다.
5. 사람 대상자들과의 상호반응은 동물의 능력이 유용한 치료 매체로 활용될 수 있도록 구성되어야 한다.
6. 치료도우미동물의 학대 또는 스트레스 상황은 사람 대상자의 심각한 상해, 학대를 피하기 위해 부득이 일시적으로 허락되는 경우를 제외하고는 어떠한 경우도 허락되지 않는다.

2 치료도우미동물들에게 일어날 수 있는 동물복지 문제들

표 7-8 치료도우미동물에게 일어날 수 있는 동물복지 문제점들에 대한 지침

1. 동물매개치료 활동에 필요한 치료도우미동물을 육성하기 위해서는 특별한 사회화 행동을 고려한 교육이 필요하다. 사회화 행동 박탈의 결과들을 회피하는 것뿐만 아니라 그들이 맡은 사회화 환경 자극의 정도를 극복하는 정도를 허용하는 것까지 둘 다 고려하여 교육이 필요하다.
2. 치료도우미동물을 양육하고 훈련하는 과정동안 보호자로부터 훈련사, 또는 핸들러에 보내지는 과정에서 동물이 느낄 수 있는 사회적 유대감의 붕괴로 인한 스트레스를 경감시킬 수 있도록 미리 고려되어져야 한다.
3. 야생동물 재활프로그램과 같은 예외적 상황 이외에는 길들여지지 않은 종류들은 동물매개치료 활동에 사용하지 않는다. 유기견보호소에 수용된 동물들 중에서 적절한 치료도우미동물을 선택하여 육성하는 노력은 동물복지 측면에서 기여할 수 있다.
4. 치료도우미견의 현재상태가 부적합하면 동물매개치료 활동에 활용해서는 안 된다. 치료도우미동물은 발육단계에서부터 활동에 적합하게 육성될 수 있도록 주의를 기울여 육성해야만 한다.

5. 치료도우미동물의 훈련에 체벌이나 스트레스를 주는 훈련법을 사용하지 않도록 대체 훈련법이 개발되어져야 한다.
6. 동물복지를 향상시킬 수 있는 동물친화적 장비들과 동물시설들이 계획되고 구축되어져야만 한다.
7. 치료도우미동물들의 적절한 돌봄에 대하여 치료도우미동물 최종 사용자인 펫파트너와 동물매개심리상담사에 대한 지속적인 교육 프로그램이 이루어져야만 한다.

제3절 치료도우미견의 행동과 복지 평가

1 치료도우미동물들의 행동 및 복지 평가

1) 치료도우미동물 행동학

(1) 개의 생리 상태

표 7-9 건강한 개의 상태

식욕 및 원기	귀의 움직임이 활발하고, 식욕이 왕성하며, 외부자극에 민감하다.
보행	걸음걸이가 활기차고 자세가 바르다.
체온 및 맥박	평균 정상 체온은 38~39°C 내외이며, 정상 맥박은 70~120회/분, 호흡수는 20~25회/분이다.
비만정도	몸이 풍만하고 좌골단의 뼈를 감지할 수 있다.
동작	꼬리의 움직임이 활발하고, 눈은 충혈되지 않으며 움직임이 활발하다.
비경 및 점막	비경은 점액이 나와 축축하게 젖어있고, 콧구멍과 눈꺼풀 안의 점막은 붉지 않으며 입안에는 거품이 흐르지 않고 점막에 궤양이 없다.
피부와 피모	피모는 윤택하고 밀도가 높으며 피부의 탄력이 좋다.
배변상태	변은 설사나 변비가 아니며, 오줌에는 피나 점액이 없고, 항문과 외음부가 깨끗하다.

(2) 개와 고양이의 감정과 자세

표 7-10 개의 감정과 자세

구 분		표정과 자세
부정적 행동	공격적	• 귀를 앞으로 세우고 귀를 당겼다가 내리면서 공격한다. • 눈은 고정된 채로 상대를 주시한다. • 입술은 올라가며 입을 벌리고 콧등에 주름이 생긴다. • 머리는 높이 들어 올리고 몸이 경직되며 긴장한다. • 몸의 중심을 앞쪽으로 기울이며 공격 자세를 취한다. • 털을 엉덩이부터 목까지 세운다. • 앞다리는 공격 방향으로 향한다. • '으르렁'거리는 소리를 낸다.
	공포심 (두려움)	• 귀를 뒤로 눕혀 내리면서 눈을 크게 뜨고 고정되어 있다. • 머리를 조금 숙이고 입이 약간 열려있다. • 털은 목 위로 세워져 있다. • 몸의 중심이 뒤쪽에 있고 꼬리를 다리사이에 넣는다. (그레이하운드는 예외임) • 덜덜 떨고 소변을 자주 눈다. • 도망치려고 준비하며 우는 소리를 낸다.
	복종적	• 귀와 눈을 아래로 내리고 있다. • 머리를 숙이고 뒤로 당겨 수평을 이룬다. • 털이 아래로 향하고 꼬리를 흔들거나 내린다. • 우는 개도 있다.
	수동적	• 머리를 내리고 귀가 쳐진다. • 꼬리를 바짝 붙이고 옆으로 누워 있다. • 소변을 눈다.
긍정적 행동	활동적 (쾌활)	• 귀가 올라가 있고 눈의 움직임이 활발하다. • 털이 몸에 편평하게 약간 뒤쪽으로 향해 있다. • 입은 긴장감이 없다. • 앞발을 들어올리기도 한다. • 꼬리를 위로 향하고 크게 흔든다. • 헐떡거리기도 하고 짖거나 울기도 한다.
	신중함	• 귀를 세우고 눈을 자주 움직인다. • 머리를 올리고 긴장감이 없다. • 털이 편평하고 균일하게 분포되어 있다. • 꼬리는 수평을 이루고 천천히 좌우로 움직인다. • 울거나 짖는 소리를 내지 않는다. • 눈을 지그시 감고 긴장을 풀고 편안한 자세를 취한다.

출처: Delta society, 현재 Pet Partners(2000).

표 7-11 고양이의 표정과 자세

구 분		표정과 자세
공포심 두려움		• 긴장감이 있고 땅에 엎드려 웅크리고 있는다. • 귀를 뒤로 붙이고 머리보다 낮게 내린다. • 눈의 동공이 커지고 상대를 강하게 응시한다. • 콧수염을 뒤로 젖히고 꼬리를 활발하게 움직인다.
부정적 행동	공격성 - 방어적	• 경우에 따라 공격성을 보인다. • 귀를 뒤로 붙인다. • 동공이 확대되고 강하게 응시한다. • 등을 구부리고 동작이 빨라진다. • 앞발을 들고 땅을 내리친다. • 이를 드러내고 성난 소리를 낸다.
	공격성 - 공격적	• 공격의향을 보인다. • 귀를 높이 세우고 머리를 천천히 돌린다. • 눈의 동공이 수축되고 목표물을 주시한다. • 콧수염이 앞으로 펼쳐진다. • 털이 등에서 꼬리까지 세워진다. • 몸이 길게 펴지고 발톱을 내밀면서 앞발을 올린다. • 입술이 위축된다.
	복종적	• 귀를 뒤로 붙이고 턱을 앞발 사이에 넣는다. • 눈을 아래로 내리고 눈맞춤 없이 동공이 작아진다. • 눈꺼풀이 감기고 콧수염을 얼굴쪽으로 향하게 한다. • 꼬리를 내린다.

출처: Delta society, 현재 Pet Partners(2000).

2) 치료도우미견이 스트레스를 받았을 때 이를 어떻게 알 수 있을까?

표 7-12 치료도우미견의 스트레스 증상

- 팬팅(헐떡거림, Panting) 및 침흘림
- 탈모
- 오줌 지림
- 기침
- 강박행동
- 설사, 장운동 과다
- 입술 핥기
- 재채기

- 동공확대
- 몸 흔들기
- 울음
- 으르렁거림
- 행동 감소 또는 과다
- 눈 맞춤 회피하고 멍하게 있음
- 보호자 또는 핸들러 뒤에 숨기
- 떨기
- 하품
- 물건 물어뜯기
- 발바닥 땀 증가(바닥에 땀 발자국)
- 반복적인 발톱 긁기 및 핥기
- 식욕 감소
- 가구 밑에 숨기

출처: http://cwanimalbehavior.com

표 7-13 치료도우미동물의 스트레스 반응

개	• 불안해한다. • 몸을 흔든다. • 헐떡거리고 침을 흘린다. • 눈동자가 커진다. • 지나치게 눈을 깜박 거린다. • 주의 산만하고 혼란스러워 한다. • 눈 맞춤을 피한다. • 하품을 자주한다. • 털이 많이 빠진다. • 울음소리를 낸다. • 입술을 핥는다. • 사람을 피한다. • 자리를 피한다. • 명령에 따르지 않는다. • 배뇨현상을 보인다.	토끼	• 몸이 경직되고 꼬리가 올라간다. • 눈이 커지고 흰자를 많이 보인다. • 귀를 뒤로 젖힌다. • 울음 소리를 낸다. • 사람을 피한다. • 호흡이 빨라진다. • 입술을 핥는다. • 접촉을 피한다.
고양이	• 주의가 산만하고 불안해한다. • 사람에게 매달린다. • 수동적으로 행동한다. • 명령에 따르지 않는다. • 방어적 태도를 가진다. • 털이 많이 빠진다. • 눈동자가 커진다.	새	• 깃털을 곤두세운다. • 사람을 피한다. • 배설하는 횟수가 증가한다. • 쪼는 행동을 반복한다. • 멀리 쳐다본다. • 평소와는 다른 소리를 낸다.

출처: Delta society, 현재 Pet Partners(2000).

3) 치료도우미동물의 스트레스 대처 방안

표 7-14 치료도우미동물의 스트레스 대처 방안

1	즉시 분리하고 쉬도록 하여 안정시킨다.
2	증상이 없어질 때까지 매개치료를 중단한다.
3	자주 증상이 나타날 때는 정밀검사를 하여 적합성 여부를 판정한다.
4	나이가 많은 동물은 은퇴시킨다.
5	치료 활동 후에는 몸을 가볍게 마사지해 준다.

4) 치료도우미견의 활동 시 동물복지 고려

표 7-15 동물매개 치료활동 시 동물복지 고려

요구분야	지표 내용
동물복지	• 공간(활동 공간 및 휴식, 일상생활 공간 등) • 보호관리(건강위생: 피부-피모 관리, 백신 및 구충 등) • 영양관리 • 적절한 놀이와 휴식 안정화 • 기본적인 생리적 욕구와 행동의 자유 해결
동물매개심리상담사	• 펫파트너 자질과 소양 • 생명윤리와 동물사랑 • 기본예절과 대인간 소통 능력 • 심리학적 기초소양 • 동물에 대한 이해와 케어 능력

5) 동물복지 평가를 위한 과학적 접근 방법

동물복지를 평가하기 위해서는 다양한 학문적인 접근방법이 요구되는데 번식, 행동학, 내분비 모니터링, 면역 및 병리학 등의 각종 매개변수가 완전하게 신뢰성을 가져야 될 필요성이 있다.

복지평가를 위한 핵심적인 요소들로 생물학적 효율성, 행동검사에 대한 반응성, 스테로이드 호르몬 분비, 백혈구 반응(임파구와 호중구의 비), IgG생성 및

사토카 인 분비능, 염증반응(체세포수나 C-RP 등) 등을 중심으로 조사를 한다.
사람과의 친밀성(관계) 즉, Human-animal interaction과 BCS(body condition score), 피부와 모발 상태, 청결, 파행(lameness), 상처 그리고 행동이상 등이 농장에서의 복지평가가 주된 요소가 된다.

6) 동물매개치료 활동에 있어 기초 소양 교육

표 7-16 공인된 치료도우미견과 함께 활동하는 펫파트너의 최소한의 기준

자질을 갖춘 펫파트너는 아래 내용에 대한 책임을 져야 한다.
1. 활동에 참여하는 개를 존중하고 사랑을 가지고 다루어야 한다.
2. 프로그램에 참여하는 모든 대상자와 기관 스텝들을 존중하는 마음으로 대하여야 한다.
3. 활동에 참여하는 개의 자연적 행동을 유지해 주어야 한다.
4. 활동에 참여하는 개의 배설물을 깨끗이 치워야 한다.
5. 요구되어지는 적합한 신분증을 가지고 있어야 한다.
6. 활동에 참여하는 개는 잘 미용이 되고 잘 관리되어져야 한다.
7. 활동에 참여하는 개의 건강을 잘 유지해주어야 한다.
8. 활동에 참여하는 개의 정기 건강검진과 예방접종을 실시해야 한다.
9. 활동에 참여하는 개는 목줄을 해야 한다.
10. 활동에 참여하는 개는 프로그램 수행 과정 동안에 통제될 수 있고 편안하게 유지될 수 있도록 해주어야 한다.
11. 활동에 참여하는 개는 적절한 훈련을 마치고 수의학적 평가를 받아 인증을 받고, 유지될 수 있도록 관리하여 정기적인 재평가를 통과하여야 한다.
12. 활동에 참여하는 개는 자신의 보호자와 팀워크를 형성하고 펫파트너 인증을 받도록 한다.
13. 펫파트너는 인증된 개의 공적 활동에 대한 책무를 이해하고 개인적인 욕심에 의한 활동을 자제하여야 한다.

출처: Assistance Dogs Europe; ADEu

7) 동물복지 평가

한국동물매개심리치료학회에서는 <표 7-17>과 같은 동물복지 평가서를 마련하여 모든 동물매개치료 활동 시, 치료도우미견의 복지가 지켜지고 있음을 확인할 수 있도록 하고 있다.

표 7-17 한국동물매개심리치료학회 동물복지 평가서

동물복지 평가서

년   월   일

1. 동물매개치료 회기 전 동물복지 평가

	Yes	No	평가
회기 30분 전에 내담하고자 하는 시설에 도착하였는가?			
도착하여 충분한 휴식을 취하고 있는가?			
휴식을 취할 시 물 급여와 사료 급여는 충족되었는가?			
휴식을 취하며 대소변을 볼 수 있게 해주었는가?			
휴식을 취하는 공간이 너무 좁지는 않은가?			
스트레스를 줄 수 있는 자극은 없었는가?			

2. 동물매개치료 회기 중 동물복지 평가

	Yes	No	평가
회기를 시작하며 내담자와 첫 대면 시 자극요인은 없었는가?			
내담자가 회기 중에 동물을 꼬집지는 않았는가?			
내담자가 동물의 털을 세게 잡아당기지는 않았는가?			
내담자가 동물의 신체를 때리지는 않았는가?			
내담자가 동물에게 함부로 대하지는 않았는가?			
내담자가 소리를 지르며 동물을 학대하진 않았는가?			
회기 중에 물 급여와 대소변 문제를 해결해 주었는가?			
동물이 스트레스를 받아 힘든 경우 휴식 시간을 주었는가?			
동물이 스트레스를 심하게 받을 때 프로그램을 중단했는가?			
주위 환경이 동물에게 스트레스를 주는지 파악되었는가?			
기본 복종훈련 반복 시 스트레스 정도를 평가할 수 있는가?			

3. 동물매개치료 회기 후 동물복지 평가

	Yes	No	평가
회기 후에 충분한 휴식을 취할 수 있게 도와주었는가?			
물 급여와 사료 급여, 간식 급여를 해 주었는가?			
스트레스로 인한 증상을 파악하고 평가하였는가?			
신체 이상 시 즉시 동물병원으로 진료를 받으러 갔는가?			

※ 1,2,3의 동물복지 평가에 의하여 치료도우미동물(   )의 동물매개치료 회기에 동물복지가 이루어지고 있음을 인정합니다.

20   년   월   일

담당자   (인)

CHAPTER 08
동물매개치료 활동 가이드라인

제1절 치료도우미동물 위험 요소

1 병원내 동물매개치료 활동 관련

표 8-1 병원내 동물매개치료의 도입에 대한 부정적 도전

1. 치료도우미동물에 대한 병원 스텝들의 보수적 분위기
2. 병원에 동물매개치료 도입에 의한 변화에 대비한 정책을 만들어야 될 필요성
3. 면역억제 환자에서의 전염병 문제에 대한 의학적 걱정

동물매개치료의 도입은 병원이나 요양 시설들에서 변화에 대한 준비를 하는 것을 요구하고 있다(Animals in Institutions, 1996).

환자의 돌봄과 간호의 주요 목적들 중 하나는 환자에게 건강을 회복하고 활동할 수 있도록 하는 것이다. 이러한 목적을 달성하기 위하여 동물매개치료가 무슨 역할을 하는지에 대하여 검토하고, 도입하는 병원에서 갖추어야 될 정책과 지침에 대한 표준이 필요하다.

그러나 일부 환자들은 동물을 싫어하고 두려움을 가질 수 있다. 이러한 의견은 또한 동물매개치료의 도입에 무시할 수 없는 부분이다. 또한 동물매개치료

과정에서 동물이 환자를 물거나 동물로부터 사람에 올 수 있는 인수공통감염병(zoonosis)이 발생할 수 있다는 우려도 있다(Hart, 1997; Tan, 1997).

환자가 면역저하 환자라면 전염병이 걸릴 확률이 더욱 높아진다. 따라서 이를 예방하기 위한 특정 지침이 필요하다. 이는 환자와 동물의 전염병 검사, 전염병 관리에 대한 지침 및 발생한 사고와 상해에 대하여 즉시 보고할 수 있는 프로토콜이 포함된 지침이 필요하다(Schantz, 1990).

동물매개치료에 반대하는 여러 의견 중 가장 큰 것은 청결, 알레르기 및 전염의 위험이다. 가장 큰 염려가 동물로부터 환자에게 병원체의 전염이다. 동물은 사람의 병원체를 옮길 수 있는 매개체로 작용할 수 있고 교차감염(cross infection)으로 인수공통감염병의 원인이 될 수 있다. 이 부분에 대한 자료는 많지 않다. 캘리포니아주의 Huntington Memorial Hospital에 도입된 동물매개치료의 결과는 5년 동안 1,690명의 환자에게 3,281건의 치료견 방문 동안에 인수공통전염병의 발병이 없었다(Jorgenson, 1997). 아동병원에서 2년 동안 수행된 또 다른 연구에서도 치료도우미견의 활동 후 병원내 감염율에 변화가 없었다.

인수공통감염병 이외에 동물매개치료에 대한 다른 염려는 알레르기이다. 이를 예방하기 위하여 치료도우미견은 방문 24시간 이내에 알레르기를 줄여주는 성분이 함유된 샴푸로 목욕을 시켜야 한다. 치료도우미견에 옷을 입히는 것도 알러지 물질의 배출을 줄여준다(Barba, 1995).

다른 문제로는 동물매개치료의 과정에 결정이 이루어져야 하는 핵심문제들이 있다. 이에는 치료도우미견 선택, 치료견의 건강과 관리, 훈련 등이 있다. 동물매개치료를 위한 교육, 방법, 수행평가 및 조직, 행정, 관리, 전염병 예방에 대한 정책과 프로토콜의 수립, 결과 평가의 점검 등이 필요하다.

동물매개치료 진행 담당자는 전문가적인 방법으로 활동을 조절하는 것이 필요하다. 동물매개치료의 효과를 극대화하기 위하여 표준 지침이 만들어지더라도 지속적인 재평가와 재개정이 이루어져야 한다. 이러한 표준지침은 환자에게 동물매개치료의 효과를 극대화하기 위하여 그리고 환자에게 끼칠 수 있는 위험을 줄이기 위한 방향으로 만들어져야 한다.

2 치료도우미동물의 적합성

치료도우미동물들은 병원내 환자의 음식 준비 또는 서비스를 위한 구역에 출입이 제한된다(Barba, 1995). 전염병 관리 과정은 치료동물을 만진 누구든지 간에 손을 철저히 씻는 것으로부터 출발한다. 동물매개치료 참여 병원 스텝과 자원자는 활동하는 동안에 치료도우미동물과의 반응에 대한 모든 것을 관찰하여야 한다. 동물매개치료에 필요한 공간의 크기는 계획된 프로그램의 종류와 치료동물의 종류 및 크기에 따라 달라진다. 동물매개치료를 위한 방문 시간은 가능한 조용한 시간에 잡도록 한다. 소음은 치료도우미동물들의 주의력을 분산시킬 수 있다.

3 환자의 적합성

알레르기 환자와 개방 창상(open wound) 환자 및 면역저하 환자는 특별한 주의가 필요로 한다.

치료도우미동물의 보호와 치료동물로부터 환자에게 질병이 전염되는 것을 막기 위하여 결핵, 살모넬라, 캠필로박터, 시겔라, 연쇄상구균, MRSA, ringworm, giardia, 아메바 감염증이 있는 환자에게 치료도우미동물의 방문은 허락되지 않는다. 비장을 적출(splenectomy)한 환자는 동물과의 접촉이 허락되지 않는다. 비장 적출이 개의 침에 상재하는 dysgenic fermenter type 2(DF-2)에 감수성이 증가하기 때문이다(Findling 등, 1981). 면역저하 환자에게도 동물과의 접촉이 제한되지만 연구보고들에 의하면 암환자 및 장기이식 환자에서 동물매개치료 프로그램이 성공적으로 수행될 수 있다고 한다(Dossey, 1997).

4 정책과 과정

치료도우미동물로 선택된 동물들은 활동하려는 병원 또는 기관의 전염병위원회(infectious disease committee)의 평가를 받아야 한다. 치료도우미동물로 가장 많이 선택 되는 동물은 개이다. 고양이나 토끼에 비교하여 훈련이 쉽고, 성격이 다루기 쉽기 때문이다.

새들은 동물매개치료의 치료동물로 허락되지 않는 경우가 많다. 새들은 인수공통감염병인 조형 결핵균(Mycobacterium avium)과 같은 전염병에 감염되어있을 확률이 높기 때문이다(Waltner−Toews와 Ellis, 1994). 고양이와 토끼는 동물매개치료 활동을 위하여 개와 동일한 기준의 평가를 받아야 한다. 그러나 고양이와 토끼는 명령에 대한 복종 평가는 필요 없다. 고양이와 토끼는 치료 활동 동안에 환자가 접촉할 때 바구니에 있도록 훈련되어야 한다.

고양이와 토끼는 발톱에 세균을 가지고 있을 수 있다. 개 발바닥 또한 환자가 직접 접촉하지 않도록 한다. 만약 치료도우미견이 점프를 해서 환자를 발톱으로 상처를 내게 된다면 간호사는 바로 기록보고를 하고 의사에게 환자를 보여야 한다. 만약 환자가 침대에 치료도우미견을 올려두기를 원한다면 수건이나 시트 등을 깔아 침대에 직접 접촉하지 않도록 한다. 치료도우미동물의 크기와 모양 등에 대하여 환자가 선호하는 것이 있어 요구한다면 가능한 환자의 요구를 맞추도록 한다.

5 인수공통감염병

동물매개치료의 적용에 가장 큰 걸림돌은 많은 의료 전문가들이 병원, 장기요양시설 등의 의료시설에 치료도우미동물의 반입을 반대한다는 것이다. 특히 면역 저하 우려가 있는 환자의 경우에 더 큰 반대에 부딪히게 된다.

동물매개치료 과정 동안의 치료동물에 의한 문제들의 발생에 대한 연구들이 수행되었고 이들 연구 결과 동물에 의한 문제는 거의 없는 것으로 보고되고 있다(Jorgenson, 1997; Lerner−Durjava, 1994).

동물매개치료는 엄격한 치료도우미동물의 선발과 훈련 및 펫파트너가 지켜야 될 지침서를 가지고 있다. 인수공통감염병에 대한 염려는 수의사에 의한 치료동물의 정기적인 예방접종, 월 1회 내부기생충 구충, 정기적으로 외부기생충 예방 및 검사, 알레르기 감소 물질 함유 샴푸로 정기적 목욕 등의 지침서 내용을 따르면서 최소화될 수 있다.

6 동물매개치료의 평가

목표의 성취도를 평가하고 환자의 필요에 더 맞추기 위한 프로그램의 개발을 위하여 수행한 동물매개치료의 평가가 필요하다(Barba, 1995).

평가의 방법은 설문지, 사례연구, 발생한 사건보고 등을 이용할 수 있다. 평가는 간호의 일부로서 수행되어야 한다. 발생한 사건보고는 치료도우미동물에게 물리거나 할퀴게 되거나, 치료도우미동물 유래 인수공통감염병 질병으로 추정되는 것을 모두 포함한다.

제2절 치료도우미동물의 수의학적 관리

1 개의 전염성 질병

1) 바이러스 감염증

개의 전염병으로 병원체가 바이러스인 것은 다양한 것이 있으나, 대부분 개에게만 문제가 되는 질병을 유발한다. 인수공통감염병인 바이러스성 질병은 광견병이 있다.

(1) 광견병(Rabies): 인수공통감염병

모든 온혈 포유동물에 감염될 수 있는 치명적인 법정전염병으로서 사람이나 다른 동물을 물었을 때 타액을 통해 전파되어 사람에게는 공수병을 일으킨다.

(2) 개 파보 바이러스 감염증(canine parvovirus infection): 개과 동물 감염증

본 질병은 개와 늑대, 여우와 코요테 등의 개과 동물과 족제비, 밍크, 페렛 등의 족제비과 동물에 전염력과 폐사율이 매우 높은 질병으로 어린 연령의 개일수록, 백신 미접종의 개체일수록 증상이 심하게 나타나며, 심한 구토와 설사가 따르므로 강아지에게는 치명적인 질병이다.

(3) 개 홍역(canine distemper): 개과 동물 감염증

본 질병은 개와 늑대, 여우와 코요테 등의 개과 동물과 족제비, 밍크, 페렛 등의 족제비과 동물에 전염성이 강하고 폐사율이 높은 전신감염증으로서 눈곱, 소화기증상, 호흡기증상, 신경증상 등의 임상증상을 보이며 병이 경과하는데 소수의 사례에서는 발바닥이나 코가 딱딱해지고 균열이 생기는 경우도 있다.

(4) 개 전염성 간염(canine infectious hepatitis): 개과 동물 감염증

본 질병은 개와 늑대, 여우와 코요테 등의 개과 동물과 족제비, 밍크, 페렛 등의 족제비과 동물에 감염되며 개의 홍역(canine distemper)과 유사한 증상을 나타내는 질병으로서 강아지 때 급사되는 경우를 제외하고는 사망률이 10% 정도로 가볍게 나타나는 경우가 대부분이며 국내에서 판매되는 백신에 의하여 비교적 잘 방어가 되는 질병이다.

(5) 개 코로나 바이러스 장염(Canine coronavirus infection): 개과 동물 감염증

본 질병은 개와 늑대, 여우와 코요테 등의 개과 동물과 족제비, 밍크, 페렛 등의 족제비과 동물에서 전염성이 강하고 구토와 설사를 주 증상으로 한다.

(6) 개 감기(canine parainfluenza virus infection): 개과 동물 감염증

본 질병은 개와 늑대, 여우와 코요테 등의 개과 동물과 족제비, 밍크, 페렛 등의 족제비과 동물에 감염되는 개의 감기로서 켄넬코프와 증상이 유사하지만 병원체가 다르다.

(7) 개 허피스바이러스(canine herpesvirus infection) : 개과 동물 감염증

본 질병은 개와 늑대, 여우와 코요테 등의 개과 동물과 족제비, 밍크, 페렛 등의 족제비과 동물에 감염된다. 개에서 한 번 감염되면 어린 연령에 치명적인 허피스바이러스 감염증으로 유사산의 원인이 된다.

2) 세균성 감염증

개의 전염병으로 병원체가 세균인 것은 다양한 것이 있으나, 대부분 개에게만 문제가 되는 질병을 유발한다. 인수공통감염병인 세균성 질병은 렙토스피라증, 브루셀라병, 라임병이 있다.

(1) 렙토스피라증(leptospirosis) : 인수공통감염병

1898년 이래 유럽 등지에서 많이 발생한 질병으로 갑작스런 고열, 오한, 황달 그리고 유산을 일으키는 등의 증상을 보이며, 사람에게도 전파되어 비슷한 증상을 보이는 인수공통감염병으로서 렙토스파이라 세균에 감염된 들쥐에 의하여 전파되는 질병이다.

(2) 켄넬코프(kennel cough) : 개과 동물 감염증

본 질병은 개와 늑대, 여우와 코요테 등의 개과 동물과 족제비, 밍크, 페렛 등의 족제비과 동물에 감염된다.

(3) 개 부루셀라병(canine brucellosis) : 인수공통감염병

유산을 제외한 특별한 임상증상을 나타내지 않고, 진단상 어려움이 많고, 항상 보균동물로 존재함으로써 집단적으로 사육하고 있는 번식장에서는 매우 중요한 전염병이다.

(4) 개 라임 병(canine Lyme Disease. canine Borreliosis) : 인수공통감염병

진드기에 의하여 전파되는 질병으로 사람에 감염이 일어나는 인수공통감염병이다.

3) 기생충 감염증

대부분의 기생충 감염은 개와 사람에 모두 감염될 수 있는 인수공통감염병이다. 따라서 개의 기생충에 대한 구충과 예방과 공중보건학적으로 매우 중요하다고 할 수 있다.

(1) 심장사상충(Heartworm): 개와 고양이 감염병

심장사상충(Heartworm, Dirofilaria immitis)은 현재 가장 광범위하게 퍼져 있는 기생충으로 중간 숙주인 모기를 통해 전염된다. 모기가 있는 계절에는 개에게 심장사상충 예방약을 매달 먹여야 한다.

(2) 원충감염(protozoa infection)

① 지알디아증(Giardia infection): 인수공통감염병

주원인은 Giardia canis이며 2개의 핵과 편모를 가진 이자형의 원충으로 개의 상부소장에 기생하면 돌발적으로 악취가 나는 수양성 설사와 식욕감퇴를 주증상으로 하는 급성형과 만성적으로 흡수장애를 일으키는 만성형으로 구분된다.

② 트리코모나스증: 인수공통감염병

비위생적인 견사에서 사육되는 자견에 Trichomonas spp 편모를 가지며 운동성이 있는 원충이 감염되어 발생하는 질병으로서 수양성 설사를 유발하는 원인이 된다.

③ 크립토스포리디아증(Cryptosporidium infection): 인수공통감염병

콕시디아 속 원충인 크립토스포리디움(Cryptosporidium)의 중요한 보균 가축은 소이지만 개와 고양이의 분변에서도 검출되며 이 원충은 많은 동물을 감염시키고 감염된 동물의 대변으로 나온 낭포체는 전염성을 가지고 있다.

④ 톡소플라즈마증(Toxoplasma infection): 인수공통감염병

톡소플라즈마증은 편성 세포내 원충인 톡소플라스마 곤디(Toxoplasma gondii)의 감염에 의해 발생하며 사람에 감염되면 인체의 면역능력에 따

라 무증상에서 뇌염, 폐렴 등의 증상을 나타낼 수 있으면 급성형으로 나타나거나 만성화할 수 있다.

⑤ 아메바증(Entamoeba infection): 인수공통감염병
이질아메바(Entamoeba histolytica)가 개, 고양이, 쥐, 돼지 등에 감염되어 소화기관 내에서 궤양을 일으키며 점액성 설사를 유발하기도 한다.

⑥ 바베시아증(Babesia infection): 인수공통감염병
진드기 매개성 주혈원충증(住血原蟲症)으로서 Babesia canis, Babesia gibsoni 등의 원충이 문제가 되며 주 증상으로는 발열, 빈혈증상, 혈색소뇨, 황달이 특정인 증상을 보이며 종대된 간이나 비장 등이 촉진된다.

(3) 외부 기생충

① 개 선충(scabies): 인수공통감염병
주 원인은 개 선충(Sarcoptes scabies)의 감염으로 '옴'이라고도 불리는 증상을 유발한다.

② 개 모낭충(demodex): 인수공통감염병
주 원인은 개 모낭충(Demodex canis)의 감염으로 모낭충에 감염된 개는 모낭 안에 기생충 감염에 의한 염증으로 털이 빠지고 가려워 긁은 피부에 2차 세균감염으로 염증이 유발된다.

③ 귀 이(Ear mite): 인수공통감염병
주 원인은 ear mite의 감염으로 증상이 유발된다.

④ 이(lice) 및 벼룩(flea): 인수공통감염병
주 원인은 이와 벼룩으로 이와 벼룩의 감염은 위생적 관리로 예방할 수 있다.

4) 내부 기생충 감염증

(1) 선충류(線蟲類): 인수공통감염병

선 형태의 모양을 한 견회충(Toxocara canis), 견소회충(Toxocara leonina), 개편충(Trichuris vulpis) 등이 있으며 구충류(鉤蟲類)는 갈고리가 있는 형태를

갖춘 견십이지장(Ancylostoma caninum), 비경구충(Uncinaria stenocephais)이 있다.

(2) 조충류(條蟲類): 인수공통감염병

납작한 선모양의 형태를 한 기생충으로서 긴촌충(Diphyllobothrium latum), 촌충(Echinococcus spp.), 일반조충(Taenia spp.), 두상조충(Taenia pisifomis), 고양이 조충(Taeniataenia formis), 다두조충(Multiceps spp.) 등이 있다.

(3) 흡충류(吸蟲類): 인수공통감염병

창형흡충(D. lanceolatum), 묘흡충(O. tenuicollis), 간흡충(Fasciola hepatica), 페디스토마(P. westermanii) 등이 있다.

5) 곰팡이 감염증

피부 곰팡이 감염증은 진균에 의하여 유발되며 대부분 인수공통감염병으로 사람 피부에도 감염이 유발된다.

다양한 곰팡이에 의하여 피부 병변이 유발되며 세균과 외부 기생충 감염증과 감별 진단이 필요하다. 우드 램프에 의하여 피부에 자외선을 쬐어 형광을 발하는 것을 확인하여 피부 곰팡이 감염증을 진단할 수 있다. 피부를 긁어 도말하여 현미경으로 관찰하여 곰팡이 포자를 관찰하는 것으로 진단하기도 한다. 곰팡이는 치료가 어렵고 흔히 재발하기 때문에 주의를 요한다.

2 고양이 전염성 질병

1) 바이러스 전염병

(1) 광견병(Rabies): 인수공통감염병

광견병 바이러스 감염에 의하여 유발되며 광견병에 걸린 야생동물 또는 다른 동물에 의해 물릴 때 생긴 상처로 체내에 들어온 바이러스가 신경세포를 타고

뇌로 들어가 뇌세포를 손상시켜 신경마비와 광폭증상을 보이다 치명적으로 사망한다.

(2) 고양이 범백혈구감소증(Feline panleukopenia, FPV): 고양이과 동물의 감염증

고양이과 동물들에만 감염이 이루어진다. 고양이 홍역(distemper) 또는 고양이 전염성 장염이라고 불리기도 하는 바이러스 질환으로 고양이 파보바이러스 감염에 의한다.

(3) 고양이 백혈병바이러스 감염증(Feline leukemia virus, FeLV): 고양이과 동물의 감염증

고양이과 동물들에만 감염이 이루어진다. 레트로바이러스에 속하는 고양이 백혈병바이러스 감염에 의해 유발된다. 백혈구에 암이 유발되는 것으로 이 병에 걸린 고양이의 타액에는 대량의 바이러스가 존재하므로 같은 식기로 먹던가, 몸을 서로 핥는 것으로 감염된다.

(4) 고양이 바이러스성 호흡기 질환: 고양이과 동물의 감염증

2개의 바이러스(비기관염바이러스, 칼리시바이러스)에 의해 발생하는 경우가 많다.

① 고양이 비기관염(Feline rhinotracheitis): 고양이과 동물의 감염증
   고양이과 동물들에만 감염이 이루어진다. 고양이 허피스 바이러스(Feline herpesvirus) 감염에 의한다.
② 고양이 칼리시바이러스(Feline calicivirus): 고양이과 동물의 감염증
   고양이과 동물들에만 감염이 이루어진다. 고양이 칼리시 바이러스(Feline calicivirus)감염에 의한다.

(5) 고양이 전염성 복막염(Feline infectious peritonitis, FIP): 고양이과 동물의 감염증

고양이과 동물들에만 감염이 이루어진다. 고양이 코로나바이러스가 원인으로 생기는 병으로 전신의 장기를 침입한다.

(6) 고양이 면역결핍증 바이러스(Feline immunodeficiency virus, FIV): 고양이과 동물의 감염증

고양이과 동물들에만 감염이 이루어진다. 고양이 면역결핍바이러스가 원인으로 생기는 병으로 면역 저하로 만성 구내염, 치은염, 기도염, 임파절부종, 설사와 빈혈 증상을 보인다.

2) 클라미디아: 인수공통감염병

Chlamydia Pschittasi 감염에 의한다. 사람에서 결막염이 유발된다.

3) 기생충

대부분의 고양이 기생충은 인수공통감염병이다.

(1) 톡소플라즈마: 인수공통감염병

원충에 의한 전염병으로 사람과 고양이에 공통된 인수공통감염병이다. 원충은 고양이 몸 어딘가를 침입, 발열, 폐렴, 설사, 간장애(황달) 등의 여러 가지 증세를 일으킨다.

(2) 회충: 인수공통감염병

고양이 회충은 고양이가 회충 충란에 오염된 음식물이 등의 섭취를 통하여 전염된다.

(3) 조충: 인수공통감염병

고양이 조충은 길이가 15~40cm로 체절을 가지고 있으며 고양이의 소장에 기생한다.

(4) 콕시디움 감염증: 인수공통감염병

몸이 약한 고양이가 감염되면 증상이 특히 심하며 장에 많은 병변을 일으킨다.

(5) 벼룩 감염증: 인수공통감염병

벼룩은 고양이 및 다른 동물에 감염되어 피를 빨아 먹는다.

4) 진균(곰팡이) 감염증

주로 털 관리가 제대로 되지 않아 곰팡이에 감염되어서 발생하는 피부병이다. 증상은 털이 많이 빠지고 가려움증을 동반하며 몸 전체로 번진다. 또한 피부에서 하얀 비듬이 많이 떨어진다.

3 인수공통감염병

1) 인수공통감염병의 정의

공중보건 분야 중에 가장 중요한 부분으로 인수공통감염병을 꼽을 수 있는데 이는 동물과 인간에 공통으로 감염되는 질병으로 정의된다. 인수공통전염병은 원래 Greece어로 Anthropozoonosis, Anthropos=인류, Zoo=동물, nosis=질병을 의미하며, '사람과 동물이 같이 감염되는 전염병'을 말한다.

2) 개의 인수공통감염병

<표 8-2>는 개에서 주로 발생할 수 있는 인수공통감염병을 정리한 것이다. 바이러스로는 광견병이 있고, 세균으로 렙토스피라, 파스튜렐라, 부르셀라,

라임병이 있다. 그 외는 기생충이 인수공통감염병으로 문제가 되고 있다.

표 8-2 개의 주요 인수공통전염병

병명	병원체	감염경로
광견병	*Rabies virus*	감염된 개에게 물린 경우
렙토스피라증	*Leptospora inerrogans*	감염동물의 요충으로 나온 병원체가 물과 토양을 오염시키고, 이를 접촉하는 경우 감염된다.
파스튜렐라증	Pasteurella spp.	감염동물에 물리거나, 입맞춤 등에 의해 직접 감염된다.
부르셀라증	*Bruella Canis*	유산태아 등의 접촉
라임병	*Borrelia burgdorferi*	감염동물을 흡혈한 진드기에 의해 감염된다.
톡소카라증	*Toxacara canis*	견회충란을 섭취
분선충증	분선충	오심지역에서 휴지기를 보내는 제3기 유충의 경피 감염
심장사상충증	견사상충	감염동물을 흡혈한 모기에 물린 경우
개조충	개조충	감염 유충을 가지고 있는 벼룩을 섭취하는 경우
개선충	진드기	감염동물과 직접접촉
벼룩교상	개벼룩, 고양이 벼룩	오염 환경중의 번데기
피부진균증	Microsporum spp,. Trichoophyton spp.	감염동물과의 직접적인 접촉

4 병원체의 예방

1) 기생충의 예방 및 치료

다양한 전파방법으로 감염되는 기생충의 감염예방은 단순한 구충제 투여만으로는 예방에 어려움이 있다. 다음과 같은 요령으로 관리하면 구충은 물론 건강한 동물의 상태를 유지할 수 있다.

① 조속한 분변 청소 및 위생적 처리
② 동물 자체 및 주변 정기적인 소독
③ 청결하고 영양이 풍부한 먹이 급여
④ 이, 벼룩, 모기 등의 해충 구제
⑤ 쥐의 구제
⑥ 선충류 및 조충류, 흡충류 구충이 가능한 종합구충제 투여

기생충 감염은 어린동물에게 특히 피해가 크기 때문에 어린 동물은 동물병원을 방문하여 건강진단과 분변검사를 받아 보아야 한다. 생후 4~6주경에 구충한 후 생후 4개월이 되면 3주 간격으로 구충제를 투여한다. 심장사상충 예방을 위해서는 모기가 발생하는 계절에 심장사상충 예방제를 월 1회 경구 투여한다.

2) 예방접종

(1) 개의 예방접종

표 8-3 개 예방접종의 종류와 접종 프로그램

백신 종류	예방 목적 질병	접종 프로그램
종합백신 (DHPPL)	개 홍역, 개 간염, 개 감기, 개 파보장염, 렙토스피라	• 생후 6주부터 2~4주 간격으로 5회 접종 • 이후 매 년 1회 보강 접종
코로나 장염	Canine corona virus	• 생후 6주부터 2~4주 간격으로 2~3회 접종 • 이후 매 년 1회 보강 접종
켄넬코프	Boardetella brochiceptica Parainfluenza virus	• 생후 8주부터 2~4주 간격으로 2~3회 접종 • 이후 매 년 1회 보강 접종
광견병	Rabies virus	• 생후 3~4개월령 1회 접종 • 이후 6개월 마다 보강 접종

(2) 고양이 예방접종 종류

고양이 종합백신은 국내에서 3종 백신이 주로 사용되며, 4종 백신 또한 일부 이용되고 있다.

① 3종 종합백신: 고양이 범백혈구감소증(Feline panleukopenia virus, FPV)과 바이러스성 호흡기 질환으로 고양이 바이러스성 비기관염(Feline viral rhinotracheitis, FVR), 고양이 칼리시 바이러스(Feline Calici virus, FCV)의 3개 병원체에 대한 예방

② 4종 종합백신: 3종 종합백신 병원체 + 고양이 백혈병 바이러스(Feline leukemia virus)의 4개 병원체에 대한 예방

③ 단독백신
  ㉠ 고양이 전염성 복막염(Feline infectious peritonitis, FIP)
  ㉡ 고양이 광견병: Rabies virus 예방
  ㉢ 클라미디아: Chlamydia pschittasi 병원체 예방
  ㉣ 고양이 면역 결핍 바이러스(Feline immunodeficiency virus, FIV): lentivius 일종

표 8-4 고양이 예방접종의 종류와 접종 프로그램

연 령	백신 종류
6~8주령	1차: 3종종합백신「백혈구감소증(FPV) + 바이러스성 호흡기질환(FVR, FCV)」
12주령	2차: 3종종합백신「백혈구감소증(FPV) + 바이러스성 호흡기질환(FVR, FCV)」 1차: 백혈병(FeLV)
16주령	1차: 전염성복막염(FIP), 광견병(rabies) 2차: 백혈병(FeLV) 3차: 3종종합백신「백혈구감소증(FPV) + 바이러스성 호흡기질환(FVR, FCV)」
매년	3종종합백신「백혈구감소증(FPV) + 바이러스성 호흡기질환(FVR, FCV)」, 백혈병, 광견병

* FPV: 고양이 백혈구감소증, FVR: 고양이 바이러스성 비기관염, FCV: 고양이 칼리시바이러스, FeLV: 고양이 백혈병, FIP: 고양이 전염성복막염

5 치료도우미동물의 위생 관리

동물매개치료는 엄격한 치료도우미동물의 선발과 훈련 과정을 거칠 뿐 아니라 위생 관리에 대한 지침을 따라 철저한 관리를 받아야 한다.

동물매개치료 프로그램 과정 동안에 인수공통감염병에 대한 배제를 확신할 수 있도록 고려되어야만 한다. 예를 들어 광견병, 앵무병, 살모넬라, 톡소플라즈마, 캠필로박터, 지알디아 감염증과 같은 동물로부터 사람에 감염될 수 있는 감염병에 대한 대책이 마련되어야 한다. 프로그램 참여 수의사에 의해 이러한 인수공통감염병은 예방될 수 있고 문제가 없음을 검사하여 확인할 수 있다.

치료도우미동물들은 적절히 예방접종이 실시되어야 하고 그에 따른 증명서를 첨부하여야 한다. 만약 활동 동물이 시설에 거주한다면 치료도우미 동물의 먹는 것과 음수, 사육시설, 미용과 운동이 적절히 이루어지는지 감독이 이루어져야 한다.

치료도우미 동물들과 관련된 소음과 배설물 문제도 해결 방안이 마련되어 있어야 한다.

인수공통감염병에 대한 염려는 수의사에 의한 치료도우미 동물의 정기적인 예방접종, 월 1회 내부기생충 구충, 정기적으로 외부기생충 예방 및 검사, 알레르기 감소 물질 함유 샴푸로 정기적 목욕 등의 지침서 내용을 따르면서 최소화될 수 있다.

제3절 동물매개치료 활동 시 유의 사항

1 동물매개치료 활동 시 요구 조건

표 8-5 동물매개치료 활동 시 요구 조건

요구 분야	지표 내용
동물복지	• 공간(활동 공간 및 휴식, 일상생활 공간 등) • 보호관리(건강위생: 피부-피모 관리, 백신 및 구충 등) • 영양관리 • 적절한 놀이와 휴식 안정화 • 기본적인 생리적 욕구와 행동의 자유 해결
동물매개심리상담사	• 펫파트너 자질과 소양 • 생명윤리와 동물사랑 • 기본 예절과 대인간 소통능력 • 심리학적 기초 소양 • 동물에 대한 이해와 돌보기 능력

2 치료도우미동물을 위한 윤리 지침

표 8-6 치료도우미 동물을 위한 윤리적 환경

1	치료도우미동물로 이용되는 모든 동물들은 학대, 불편, 질병으로부터 신체적 정신적으로 보호되어야 한다.
2	동물에 대한 적절한 건강관리가 항상 제공되어야 한다.
3	치료도우미동물은 활동하는 장소에서 멀리 떨어진 곳에서 조용한 휴식을 취할 수 있는 장소가 있어야 한다.
4	대상자와의 상호작용으로 치료도우미동물의 역할을 다 할 수 있도록 동물의 능력을 유지하도록 해야 한다.
5	치료도우미동물의 학대 또는 심한 스트레스 상황은 특별한 경우를 제외하고는 용납되어서는 안 된다. 어떠한 경우도 치료도우미동물의 복지가 보장되어야 한다.

표 8-7 치료도우미동물에 대한 윤리적인 원칙

번호	상황	내용
1	인간 요구의 확인	• 대상자가 치료도우미동물에게 요구하는 것 • 대상자가 동물과 함께하는 시간 • 동물과 보내는 접촉하는 시간의 본질
2	동물의 기본적인 요구 확인	적절한 관리, 애정, 조용한 휴식시간
3	인간과 동물의 요구 비교	가장 저항하기 어려운 인간의 요구(예를 들어, 심각한 정신적 또는 신체적 상해)는 동물의 기본적인 요구들보다 우선시 되어야 한다.

표 8-8 치료도우미 동물에 대한 윤리적인 상황 대처법

번호	상황	대처법
1	심한 스트레스	만약 대상자가 동물에게 과도하게 스트레스를 준다면 동물매개심리상담사는 그 세션이나 상호작용을 일시 중지시켜야 한다.
2	휴식시간	치료도우미동물을 이용하는 동물매개심리상담사들은 동물에게 하루에 여러 번씩 '휴식시간'을 제공해야 한다.
3	노령화와 스트레스	나이든 동물들과 엄청난 스트레스에 직면한 동물들은 그들의 서비스 규모를 줄이거나 은퇴를 시켜 휴식을 취하도록 해야 한다.
4	치료도우미 동물에 대한 학대	• 의도적이든 부주의에 의한 것이든 대상자가 치료도우미 동물을 학대의 대상으로 삼는 환경에서 비록 그것이 그 동물과 대상자와의 관계 단절을 의미한다고 하더라도 동물의 기본적인 복지 요구들은 존중되어야 한다. • 동물매개심리상담사가 보기에 대상자가 동물을 학대할 가능성이 있다고 의심되는 경우라면 동물의 복지와 권리를 보호하도록 예방책을 취해야 한다. • 스트레스나 학대의 어떤 증거이든 명확해졌을 때 동물매개심리상담사는 동물과 대상자와의 관계를 종료시켜야 한다.

3 동물매개치료 과정에서 동물복지 향상을 위한 권장 사항

표 8-9 동물매개치료 과정에서 동물복지를 향상하기 위한 권장 사항

1. 치료도우미동물을 선택하고 육성하는 과정에서 변화된 환경에 적응하고 극복하는데 스트레스를 받지 않도록 배려가 필요하며, 잘 계획된 교육을 제공하여야 한다.
2. 치료도우미동물을 양육하고 훈련하는 과정에서 훈련소에 보내는 것과 같이 낯선 환경에 보내지게 됨에 따라 느끼게 되는 사회적 유대감의 붕괴를 미리 예측하고 이러한 스트레스를 경감시킬 수 있는 사전 배려가 있어야 한다.
3. 야생동물 재활프로그램과 같은 예외적 상황이 아니라면 길들여지지 않은 동물들은 동물매개치료 프로그램 활동에 활용하지 않는다.
4. 치료도우미동물은 임무를 수행하도록 적절히 준비될 수 있도록 발육단계에서부터 환경과 교육에 주의를 기울여야만 한다.
5. 치료도우미동물의 훈련을 위해 단시간적 훈련 방법이 아닌 동물복지 관점에서의 방법이 개발되어 적용되어야 한다.
6. 동물매개치료 프로그램에 동물 친화적 장비와 시설이 계획되고 구축되어야 한다.
7. 치료도우미동물의 최종 사용자인 동물매개심리상담사와 대상자에게 동물복지 관점에서 동물의 돌보기와 대하기에 대한 지속적인 교육 프로그램이 확산되어야 한다.

4 치료도우미동물의 복지와 기대 효과

동물매개치료 프로그램 과정 동안, 치료도우미동물들은 프로그램의 일부를 형성하는 중요한 부분이지, 대상자들에 보상으로 제공되는 애완동물이 아니라는 점을 명심하여야 한다(Serpell et al., 2006).

동물매개치료는 대상자와 치료도우미동물의 양자의 복지를 향상시키기 위하여 수행되어야 한다. 동물매개치료 과정은 철저히 동물복지 관점에서 치료도우미동물의 복지가 보장될 수 있도록 계획되고 수행되어야 한다.

동물매개치료 프로그램 계획과 수행과정에서 활동에 포함된 치료도우미동물들이 원하지 않는 것, 따라 하기 힘든 일들이 강요되는 것은 없는지 엄격히 고려되고 평가 되어야 한다.

한국동물매개심리치료학회에서는 동물매개치료 프로그램 과정에서 치료도우

미동물의 스트레스를 평가하는 기준과 치료도우미동물의 복지 향상을 위한 가이드라인을 개발하여 보급하고 있다.

동물매개심리상담사는 동물매개치료 프로그램의 설계와 운영 시 최우선적으로 중재 역할을 하는 치료도우미동물의 복지를 고려하여야 한다. 이와 같이 동물복지에 대한 가이드라인을 마련하고 준수한다면, 치료도우미동물의 복지 침해에 대한 우려는 발생하지 않을 것이며, 동물매개치료가 사람 대상자와 치료도우미동물의 쌍방의 복지를 향상시킬 수 있는 행복한 과정이 될 것이다.

5 치료도우미동물 활동 가이드 라인

1) 동물매개치료 진행담당자(coordinator or designate)

① 사람과 치료도우미동물의 반응에 관여하는 모든 구성(환자, 병원스텝, 펫파트너, 치료도우미동물, 병원시설 등)에 관한 문자화된 정책을 만들어야 한다.
② 병원 또는 기관의 관리지침을 벗어나지 않도록 치료도우미동물 방문 활동을 수행한다.
③ 환자의 적합성을 검토한다. 치료도우미동물 방문이 특정 환자에게 알레르기, 공포 등의 부작용을 가질 수도 있다.
④ 치료도우미동물 방문 전에 환자의 동의서를 받고, 병원 또는 기관 스텝들과 역할과 책임에 대하여 상의하고, 활동에 대한 평가와 위험관리에 대한 점검을 수행한다.
⑤ 치료도우미동물과 접촉을 한 환자를 비롯한 참여자는 손을 위생적으로 철저히 씻도록 한다.
⑥ 치료도우미동물 방문이 기록되고 기록이 유지되도록 한다.
⑦ 동물매개치료의 효과에 대한 보고서를 작성하고 제출한다.
⑧ 동물매개치료 구성원들 중 참여를 원하지 않는 환자, 병원스텝 등의 권리를 존중하여야 한다.
⑨ 참여 환자에 대한 비밀보장(confidentiality)이 항상 이루어져야 한다.
⑩ 정기적으로 동물매개치료 정책과 과정에 대하여 검토한다.

2) 치료도우미동물에 관한 지침

① 동물매개치료에 참여하는 치료도우미동물은 학회가 인증하는 치료도우미동물로 등록되어있어야 한다.
② 치료도우미동물은 수의학적, 적합성, 공격성, 사회성 평가를 통과하여야 한다.
③ 치료도우미동물의 건강에 대한 검진 기록이 작성되어 보관되어야 한다.
④ 치료도우미동물은 병원 내 이동이나 병원 밖으로 이동 시 이동장을 이용하거나 짧은 목줄로 통제가 가능하도록 한다.
⑤ 방문 전 치료도우미동물은 알레르기 원인 물질을 줄여주는 성분이 함유된 샴푸를 사용하여 목욕을 시키도록 한다.
⑥ 가정 애완동물의 경우에 방문 전에 진행담당자에 의한 적절한 주의사항을 들어야 한다. 방문에 참여시키려는 가정 애완동물의 건강, 위생, 행동 등에 대한 지침이 만들어져야 한다.
⑦ 치료도우미동물이 환자와 만날 때는 반드시 1인 이상의 동물매개심리상담사, 펫파트너 병원 또는 기관 스텝 등의 동물매개치료 프로그램 진행 구성원이 함께 있어야 한다.
⑧ 동물매개치료 프로그램 활동 중인 치료도우미 동물을 환자가 아닌 외부인이 갑작스레 쓰다듬거나 하는 등의 접촉은 피한다.
⑨ 치료도우미 동물에게 활동 중에 프로그램 구성 또는 동물매개심리상담사의 지시에 따라 제공하는 먹이 외에는 먹을 것을 주지 말아야 한다.
⑩ 동물매개치료 프로그램 활동 과정 동안 치료도우미동물을 외부인이 부르거나 잡지 말아야 한다.

3) 동물매개치료에 참여하는 환자에 관한 지침

(1) 적합한 참여 대상 환자

① 소아과부터 노인병학 영역의 환자
② 장기 입원환자 및 급만성 질환 환자
③ 장기이식 환자를 포함하는 면역저하 환자의 경우에는 의사의 동의가 있을 때

기관 또는 병원 스텝, 동물매개치료 진행 담당자가 환자의 적합성을 결정한다.
④ 신체적 또는 정신적으로 어려움을 가지고 있는 환자

(2) 참여가 부적합한 환자

① 비장적출(splenectomy) 환자: 개의 침에 상재하는 dysgenic fermenter type 2(DF2)에 감수성이 높아져 패혈증이 유발될 수 있다.
② 개 알레르기가 있는 환자
③ 결핵이 있는 환자
④ 원인불명의 발열 환자
⑤ 항생제내성균(Methicillin-resistant Staphylococcus aureus) 감염 환자

4) 치료도우미동물 펫파트너/자원자

① 치료도우미동물은 학회가 인정하는 치료도우미동물로 등록되어 있어야 하고 방문 전에 치료도우미 동물 평가가 이루어져야 한다.
② 치료도우미동물 방문으로부터 문제될 수 있는 전염병으로부터 환자를 보호할 수 있는 적절한 방법과 주의사항이 포함된 지침서를 따라야 한다.
③ 기관 또는 병원 방문 동안 동물매개치료 프로그램에 참여하는 펫 파트너 또는 자원자들은 치료도우미동물의 행동과 보호에 책임이 있다.
④ 동물매개치료 프로그램 활동 과정에서 질병에 노출되거나 다른 사고가 발생하는 경우는 기관 또는 병원 스텝에 보고하여야 한다.

5) 동물매개치료 활동 시 지침

① 치료도우미동물은 기관 또는 병원 전염관리부서에서 출입을 제한하는 구역(식당, 조리실, 멸균제품 준비실 등)에 출입해서는 안 된다.
② 동물매개치료 프로그램 활동 과정 동안 치료도우미동물의 접촉 전후 손을 씻고 위생 관리를 하여야 한다.

③ 동물매개치료 프로그램 활동 과정 동안 치료도우미동물이 배변이나 배뇨를 하는 경우 동물매개심리상담사 또는 참여자는 즉시 치우고 소독제를 이용한 위생관리를 하여야 한다. 또한 위생관리를 위한 장비들이 미리 준비되어야 한다.
④ 상처를 가진 환자들은 치료도우미동물과의 직접 접촉을 막기 위하여 시트 등을 이용하여 환자를 보호하도록 한다.
⑤ 치료도우미동물의 방문 시간은 치료도우미동물의 상태, 펫파트너 및 환자의 요구에 따라 다르다.
⑥ 프로그램 진행 담당자는 모든 동물매개치료 프로그램 활동 과정 동안 방문을 모니터링을 하도록 한다.

6) 동물매개치료 활동을 위한 지침

표 8-10 치료도우미동물에 관한 지침

1	동물매개치료에 참여하는 치료도우미동물은 등록되어 있어야 한다.
2	치료도우미동물은 건강, 태도, 성격, 훈련에 대한 검사를 통과하여야 한다.
3	치료도우미동물은 건강하여야 하고 최근까지 예방접종이 빠지지 않고 접종되어 있어야 한다. 자격증을 가진 수의사에게 의한 치과 검사와 피부병에 대한 검사를 포함한 건강검사를 반드시 매년 실시하여야 한다.
4	치료도우미동물의 건강에 대한 검진 기록이 작성되어 보관되어야 한다.
5	치료도우미동물은 병원 내 이동이나 병원 밖으로 이동 시 이동장을 이용하거나 짧은 목줄로 통제가 가능하도록 한다. 치료동물은 식별할 수 있는 목줄을 하도록 한다.
6	방문 전 치료도우미동물은 알레르기 원인 물질을 줄여주는 성분이 함유된 샴푸를 사용하여 목욕을 시키도록 한다.
7	가정의 반려동물이 방문할 경우에는 진행 담당자에 의한 주의사항을 들어야 한다. 방문에 참여하기 전에 위생과 행동에 의한 지침이 필요하다.
8	치료도우미동물이 환자와 만날 때는 반드시 1인 이상의 동물매개심리상담사, 진행 담당자, 펫파트너, 핸들러, 병원스텝 등의 동물매개치료 프로그램 구성원이 함께 있어야 한다.

표 8-11 전염병 관리를 위한 지침

1	동물매개치료 프로그램으로 유발될 수 있는 전염관리에 관련되는 정책과 과정의 지침서를 개발하여야 한다.
2	동물매개치료 참여 구성원들에게 전염병 예방 및 관리 훈련을 제공하여야 한다.
3	새로운 동물매개치료를 진행하기 전 검토와 허가를 수행한다.
4	환자와 치료도우미동물 사이에 발생할 수 있는 결과의 형태를 예상하고 전염병 예방의 조언을 제공한다.
5	방문하는 치료도우미동물의 질병에 관련된 지침을 개발한다.
6	위생장갑, 소독제, 손 세척을 위한 물품을 구비하고 항시 준비를 지시한다.
7	동물매개치료 프로그램 동안 발생할 수 있는 상해와 사고를 미리 예측하고 예방한다.
8	최근 인수공통감염병 등이 발병한 구역에 주의하고, 프로그램 진행 담당자에게 조언한다.
9	동물매개치료 참여 구성원들에게 사전에 조사해야 할 검사와 샘플링을 조언해준다.
10	동물매개치료 활동 동안 전염병과 사고에 관련되는 업무일지를 작성한다.

표 8-12 환자 대상자의 동물매개치료 참여 적합 여부

참여가 적합한 환자	참여가 부적합한 환자
• 장기 입원 환자 • 울혈성 심장 질환, 심근경색증 환자, 노인성 질환 • 장기이식 환자를 포함하는 면역저하 환자의 경우에는 의사의 동의를 구해야 한다. • 병원 스텝 또는 동물매개치료 진행 담당자가 환자의 적합성을 결정한다. • 환자의 상처는 동물매개치료 프로그램 동안 반투과성의 붕대를 이용하여 상처부위를 덮도록 한다.	• 비장적출환자: 개의 침에 상재하는 dysgenic fermenter type 2(DF-2)에 감수성이 높아져 패혈증을 유발하게 된다. • 개 알레르기가 있는 환자 • 결핵이 있는 환자 • 원인불명의 발열 환자 • 항생제내성균 감염환자

표 8-13 환자의 동물매개치료 참여 적합성 판단 기준

적합성 판단 기준(Eligibly Criteria)	금기(contraindication)
• 의식이 혼미하거나 무의식 환자의 경우에는 보호자의 동의가 필요하다. • 상처나 화상 환자는 치료도우미동물의 방문 때 상처나 화상 부위가 치료도우미동물과 직접 접촉이 되지 않도록 보호되어야 한다. • 기관절개술을 받은 환자는 산소공급 장치 등이 직접 접촉되지 않도록 치료도우미동물과 보호되어야 한다. • 집중치료를 받는 중환자의 경우 환자와 장비들에 주의하여야 될 사항에 대하여 담당 간호사의 충분한 안내를 받아야 한다. • 아동 환자의 경우 보호자로부터 방문에 대한 구두 동의와 치료에 대한 동의서를 받아야 한다.	• 동물에 알레르기 반응이 있는 환자 • 개방 창상 또는 화상 환자 • 개방 기도절개술 환자 • 면역저하 환자 • 흥분 또는 공격성 환자 • 격리 병동 환자 • 동물에 대한 공포감을 가지고 있는 환자

표 8-14 동물매개치료 수행을 위한 병원 지침

1	치료도우미동물은 병원의 감염관리부서에서 출입을 제한하는 구역에 출입해서는 안 된다.
2	동물매개치료 프로그램 활동 과정 동안 치료 도우미 동물의 배변과 배뇨 현상에 대해서 즉시 관리하고 소독제 등을 미리 준비한다.
3	프로그램 과정 동안에 치료도우미동물의 접촉 전후 손을 씻고 위생관리를 하여야 한다.
4	환자가 입원 전에 키우던 반려동물의 방문이나 치료도우미동물의 방문은 병원 동의를 받은 접견실에서 전염병 관리에 안전하게 진행되어야 한다.
5	상처를 가진 환자들은 치료도우미동물과의 직접 접촉을 막기 위하여 시트 등을 준비한다.
6	치료도우미동물의 방문 시간은 동물의 상태와 환자의 요구에 따라서 정한다.
7	프로그램 진행 담당자는 모든 동물매개치료 프로그램 활동 과정 동안 방문을 모니터링 하도록 한다.

표 8-15 동물매개치료 활동을 위한 확인 사항 대조표

1	동물매개치료의 필요성에 대하여 현재 존재하는 다른 치료와 조화롭게 진행되는가를 평가한다.
2	실제적이고 측정 가능한 목표를 정하고 동물매개치료가 실현이 가능한 정도로 훈련의 정도와 시설기관의 재정과 요건을 파악한다.
3	프로그램을 진행하려는 시설의 담당자에게 허락을 취득하고 프로그램을 제작할 때 충분히 상의한다.
4	프로그램을 적용하려는 대상자들의 신체적, 정신적 문제를 사전에 검토한다.
5	수행하고자 계획하는 시설의 기존의 동물들과 관련된 규칙을 확인한다.
6	치료도우미동물들의 사육을 위한 시설이 복지와 위생이 확립되어 있는지 검토한다.
7	동물매개심리상담사와 펫파트너에게 치료도우미동물의 훈련과 관련된 프로토콜을 개발하여 제공하도록 한다.
8	인수공통감염병의 위험도를 평가하고 발생 위험도를 사전에 최대로 예방하는 방법을 개발한다.
9	프로그램 수행 후 성공과 실패를 평가한다.

표 8-16 개인 반려동물의 병원 방문시 수의학적 지침

1	일부 병원이나 기관에서는 개인 반려동물의 방문에 대하여 아래와 같은 지침을 사용한다.
2	방문 전 24시간 반려동물은 목욕을 하여야 한다.
3	반려동물은 예방접종 프로그램에 따라 빠지지 않고 최근 예방 접종까지 실시되어야 한다.
4	병원 내로 이동하거나 외부로 반려동물이 이동하려면 훈련된 직원을 동반하여야 한다.
5	반려동물은 환자 주인과만 접촉 할 수 있다.
6	방문은 시간에 제한을 두어야 한다.(보통 1주에 30분)
7	병원이나 기관의 정책은 청각도우미견, 시각안내견, 발작검출견과 같은 치료도우미견을 보호하는 내용이 포함된 미국 장애인법에 저촉되지 않아야 한다.

출처: Connor & Miller.(2000).

표 8-17 병원내 전염관리 부서의 동물매개치료 관리 지침

1. 동물매개치료 프로그램으로 유발될 수 있는 전염관리에 관련되는 정책과 과정 지침서를 개발하여야 한다.
2. 동물매개치료 참여 구성원들에게 전염병 예방 및 관리 훈련을 제공하여야 한다.
3. 전염관리위원회는 동물매개치료 프로그램에 새로이 추가되는 요소에 대한 검토와 허가를 수행한다.
4. 환자와 치료도우미동물 사이에 발생할 수 있는 결과의 형태를 예상하고 잠재 전염병의 예방을 위해 적합한 조언을 제공한다.
5. 방문하는 치료도우미동물이 가지고 있지 말아야 할 질병에 대하여 지침을 마련하고 참여 구성원들에 알려주도록 한다. 이들 질병에는 세균성(앵무병, 기니피그에서 유래될 수 있는 클라미디아 눈병, 살모넬라, 캠필로박터, 시겔라, 브루셀라, 파스튜렐라, 보데텔라, 라임병, 렙토스피라, 돈단독, 연쇄상 또는 포도상구균), 기생충(에키노코커스, 지알디아, 크립토스포리디아, 톡소플라즈마, 회충, 개선충), 곰팡이(dermatophtosis), 바이러스(광견병) 등이 포함된다.
6. 위생장갑, 소독제, 손 세척을 위한 물품 등의 필요한 물품을 예측하고 준비를 지시한다.
7. 동물매개치료 프로그램 동안 발생할 수 있는 상해와 사고를 예측하고 정보를 수집한다.
8. 동물매개치료 활동을 위해 방문하는 구역의 최근 전염병 발생에 대하여 검토하고 동물매개치료 프로그램 진행 담당자에게 조언하도록 한다.
9. 동물매개치료 참여 구성원들에게 조사되어야 할 검사와 샘플링에 대하여 조언한다.
10. 동물매개치료 활동 동안 전염병과 사고에 관련되는 업무일지(logbook)를 작성한다.

표 8-18 동물매개치료 활동을 중단 해야 되는 상황

1. 특정 치료도우미동물이 대상자들 간에 경쟁의 대상이 될 때
2. 참여 대상자 중에 특정 치료도우미동물에 대한 소유욕이 지나치게 강할 때
3. 부적절한 핸들링 또는 관리 부주의로 치료도우미동물의 상해 위험이 있을 때
4. 무의식적으로 중재 동물을 자극하고 성나게 하는 참여 대상자가 포함되어 있을 때
5. 동물에 대한 알레르기 반응이 있는 대상자가 있을 때
6. 개방성 창상 환자가 포함되어 있을 때
7. 동물에 대한 두려움을 가진 대상자가 포함되어 있을 때
8. 동물학대 경력이 있는 자가 포함되어 있을 때
9. 다른 문화적 배경을 가지고 있는 대상자가 있어 치료도우미동물에 대한 의미와 가치에 부정적 견해를 가지고 있을 때

10. 사고나 상해에 대한 법적 규제가 고려되지 않았을 때
11. 기본적인 동물복지가 보장되지 않을 때
12. 치료도우미동물이 방문 활동을 즐거워하지 않을 때
13. 치료도우미동물이 인수공통감염병을 가지고 있을 때

출처: Delta Society(현재 Pet Partners)

CHAPTER
09 동물매개치료 차별성과 효과 기전

제1절 동물매개치료의 차별성

1 동물매개치료의 특징

1) 동물매개치료의 특징

동물매개치료의 가장 큰 특징은 생명이 있고 따뜻한 체온이 있으며 사람과 같은 감정을 갖고 있는 치료도우미 동물과의 생활이나 상호작용에 의하여 이루어진다는 것이다.

따라서 동물매개치료에서 활용되는 치료도우미 동물은 동물매개치료의 성공적인 목표 달성을 위해 가장 중요한 역할을 수행하는 부분이라 할 수 있다. 치료도우미동물은 엄격한 기준에 따라 선발과 훈련, 수의학적 관리 및 동물복지 평가 등이 적용되어야 동물매개치료에서 활동할 수 있다.

동물매개치료의 중재 역할로 치료도우미 동물이 활용되는 점은 이와 같이 동물매개치료의 특징이며 큰 장점으로 작용하지만, 반드시 지켜져야 될 전제 조건은 동물복지가 보장되어야 한다는 것이다.

그림 9-1 동물매개치료의 다학제적 전문성

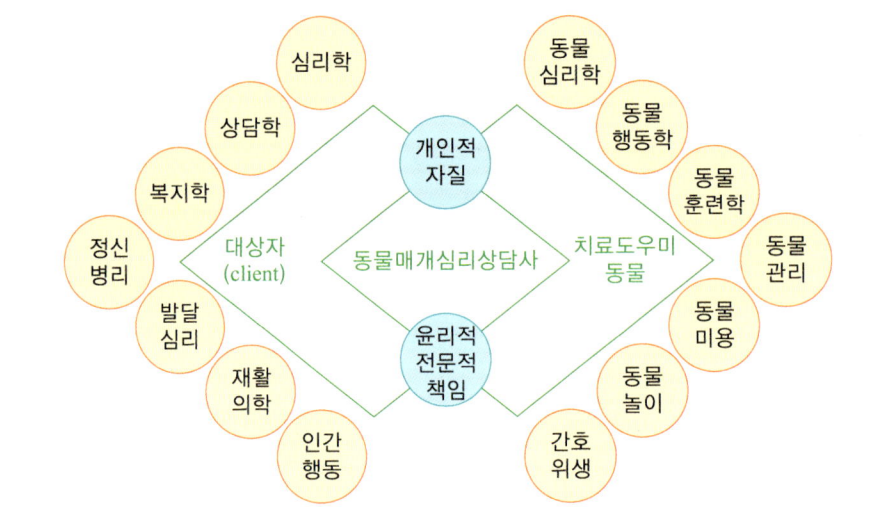

2 동물매개치료의 차별성

1) 동물매개치료의 차별성

표 9-1 동물매개치료의 차별성

1. 즐겁고 능동적으로 대상자들이 참여하며 효과가 빠르고 지속적이다.
2. 동물은 동적으로 살아 움직이며, 긍정적 감정에 적극적으로 표현하는 살아있는 동물이 매개하기 때문에 상호반응이 빨라 내담자의 정서적 심리적 개선 효과가 높다.
3. 동물은 자연의 일부라 동물과의 놀이 활동은 자연친화적 행동으로 자연스런 치유활동을 유도할 수 있다.
4. 동물은 따뜻한 체온과 부드러운 털을 가지고 있어 만지고 쓰다듬기에 좋아 접촉의 자극에 따른 인지기능 발달이나 정서적 안정감을 유도할 수 있다. 접촉의 이점으로 접촉 자극에 의해 내담자는 정서안정감이 증가하고, 인지능력이 향상될 수 있다.
5. 동물은 복종과 사랑을 주는 상호반응을 주기 때문에 사회적 동반감을 촉진할 수 있다. 내담자의 불안을 감소시키며, 스트레스 감소와 자존감 향상에 기여한다.

6. 동물은 사료주기, 빗질해주기, 목욕해주기, 산책하기 등의 간단한 과제를 내담자가 수행하기에 적합하여 대상동물의 돌봄 행동을 수행할 수 있고, 이를 통한 성취감과 자아존중감 향상에 기여할 수 있다.
7. 동물은 즐거운 놀이활동에 상호교감의 반응을 적극적으로 보여주기 때문에, 대상자들이 다른 사람들을 대하는 방법을 개선하여 사회성 향상, 대인관계 기술 향상 및 대처 능력 향상에 기여할 수 있다.
8. 동물과의 접촉 활동을 통하여 상호교감이 자연스레 증가하고, 사회통합감과 대인기술 향상, 대처능력이 향상되며, 인지능력이 개선되고 감성이 개선되며 삶의 질 개선 효과를 얻을 수 있는 것으로 보고되고 있다.
9. 동물매개치료는 미술치료, 음악치료, 놀이치료, 식물 치유 등의 다른 보완대체의학적 방법과의 비교 실험에서 가장 우수한 효과를 보여주는 것으로 확인되고 있다.

제2절 동물매개치료의 효과 기전

1 반려동물이 사람에게 줄 수 있는 7대 효과

올브리치(Olbrich, 1995)에 의하면 반려동물이 사람에게 줄 수 있는 7대 효과는 도구적 효과, 건강 효과, 스트레스 감소와 대처 기술 효과, 인지 효과, 그리고 정서적 효과와 자아존중감과 자기효능감의 향상 효과 및 카타르시스(catharsis) 효과와 같이 7가지 영역으로 구분하였다.

1) 도구적 영향

장애인도우미견은 신체적, 정신적으로 불편한 장애인이나 노인 등에게 도구적인 도움을 제공하여 일상생활상의 불편을 해소하며, 독립적일 수 있도록 하여 자존감을 가질 수 있도록 하며 소외되고 외로운 장애인 친구와 인생의 동반자 역할을 하고 장애인과 비장애인 간의 가교적인 역할을 한다.

2) 건강효과

올브리치(Olbrich, 1995)는 운동량이 부족한 사람들에게 반려동물은 놀이 및 산책을 함께 할 수 있게 하고 규칙적인 생활에 소홀하기 쉬운 독신이나 노인들에게도 보다 규칙적인 생활을 할 수 있도록 도움을 주어 건강증진에 긍정적인 효과를 가져다준다고 설명하고 있다.

(1) 소근육과 대근육의 운동과 발달

반려동물과의 산책, 미용관리, 쓰다듬기, 놀기 등의 활동을 통하여 아동이나 노약자의 소근육을 발달시킬 수 있고, 동물과 함께 달리기, 어질리티, 프리스비, 썰매타기 등을 통해 대근육이 발달된다.

(2) 근육계 및 평형감각의 재활

재활승마는 말의 자극을 그대로 받기 때문에 몸체의 반동형성, 근육의 이완과 긴장, 평형감각의 자극 등으로 근육과 평형감각 기관의 치료와 자세를 교정하고 좌우의 균형을 유지하는 각 부분의 협동성을 개선하는 데 효과적이다.

(3) 규칙적인 운동습관 형성

운동량이 부족한 사람들에게 반려동물과 산책 및 운동, 놀이 등을 일정한 시간에 하게 됨으로서 규칙적인 생활에 소홀하기 쉬운 독신자나 노인들에게 좀 더 규칙적인 생활을 할 수 있도록 하는 데 도움을 줄 수 있다.

3) 스트레스 감소 및 대처 기술

올브리치(Olbrich, 1995)는 반려동물로부터 항상성과 안정감을 유지할 수 있을 때, 사람들이 하는 행동의 효과성이 가장 좋을 수 있는 각성단계에 용이하게 들어갈 수 있어 스트레스 유발을 최소화시킬 수 있다고 하였다. 스트레스 요인에 대한 인식은 자극을 위협 또는 도전으로 활발하게 받아들이는 과정이다.

4) 인지 효과

올브리치(Olbrich, 1995)는 병원에 있는 대부분의 환자들이 애완동물에 반응을 보였으며 병원 환경에 대한 환자들의 전반적인 반응이 향상되었음을 발견하였다. 사람들은 자신이 보살피고 먹이를 주어야하는 반려동물을 가질 때 인지적으로 더 활발해져 특히 노인들에게 인지적 능력감을 자극하는데 반려동물은 매우 유익하다.

(1) 자아존중감과 자기효능감의 향상

생명이 있고 체온이 있고 감정이 있는 동물을 보살피는 행위는 사람들에게 양육성을 높여주고, 자신이 누군가에게 필요한 소중하고 책임감 있는 존재임을 확인하게 하여 부모로부터 사랑을 받아보지 못한 아동이나 부모의 학대, 친구들로부터의 따돌림 등을 경험한 아동들의 자아존중감 및 자기효능감을 향상시키는데 매우 긍정적인 영향을 준다.

(2) 지적 호기심과 관찰력 배양

동물들을 관리하고 일상생활 속에서 자주 접하게 되면서 새로운 지식과 기술을 습득하게 되고 동물의 활동에 대한 지적 호기심과 관찰력이 생기게 된다. 이를 통해 아동의 ADHD(주의력결핍과잉행동장애), 품행장애 등 다양한 장애 유형과 부적응행동의 예방과 치료에 도움을 줄 수 있다.

(3) 언어발달에 효과적

동물매개치료 활동 중 동물과의 많은 대화를 통해 어휘구사 능력이 향상되고 동물과의 의사소통을 통해 사람들과의 사회성 향상과 대인관계가 좋아질 수 있다.

(4) 기억력 향상

반려동물은 인지적 촉매(cognitive catalyst) 역할을 한다고 할 수 있다.

5) 사회적·정서적 효과

반려동물과의 상호작용을 통하여 사람들은 다른 사람들에 대한 감정이입과 양육성을 발달시키고, 자아존중감과 자기효능감을 향상시킨다. 또한 사회접촉을 증가시키고 상호작용을 통한 의사소통과 사회기술 향상을 가져다주며, 환기와 정당화 효과를 주는 사회적 지지를 제공해 주는 것이다.

(1) 사회적 효과

① **다른 사람에 대한 이해심 향상**: 동물들과 접촉하면서 직선적이며 그 순간의 감정대로 행동하는 동물의 행동을 이해하는 마음은 다른 사람들과의 관계에서도 상대방을 이해하고 포용할 수 있어 원만한 대인관계를 갖는데 도움이 된다.

② **의사소통 기술 및 사회기술 향상**: 동물과의 대화는 비밀이 보장되고, 비판받지 않기 때문에 부정적인 감정이나 생각도 마음대로 표현할 수 있는 효과를 얻을 수 있고 사람을 기피하지만 동물과는 대화를 할 수 있는 자기개방과 자기수용이 어려운 사람들에게 동물은 대인관계에서 의사소통을 연습할 수 있는 중요한 상담역이 될 수 있다. 이런 동물과의 의사소통은 대인관계에서의 의사소통기술 및 사회기술 향상에 도움이 될 수 있다.

③ **조건 없는 사랑과 친화력 습득**: 동물은 사람들에 대해 성별이나, 생활수준, 외모나 장애 등에 관계없이 비판적이지 않고 무조건적으로 수용하기 때문에 이런 동물들의 행동을 통해서 조건 없는 사랑과 친화력을 배우게 해준다.

④ **공동체 의식 향상**: 살아있는 동물을 관리하면서 서로 역할 분담을 함으로서 각자 맡은 역할에 충실하고 다른 사람들과 더불어 함께하는 생활을 통해 서로의 권리를 존중하게 되어 마음을 열고 다른 사람들과 더불어 살아가는 방법을 배울 수 있다.

⑤ **긴장완화와 사회적 접촉 확대**: 반려동물과의 상호작용을 통하여 사람들은 다른 사람들에 대한 감정이입과 양육성을 발달시키고, 자아존중감과 자기효능감을 향상시키고 사회접촉을 증가시키며 상호작용을 통한 의사소통과 사회기술 향상을 가져다주며, 환기와 정당화 효과를 주는 사회적 지지를

제공해 주는 것이다.

(2) 정서적인 효과

① **심리적 안정과 즐거움**: 사람들은 동물과의 쓰다듬기 등 신체적인 접촉이나 산보, 또는 다양한 놀이를 통하여 본능적으로 편안하고 즐거운 감정을 갖게 된다.
② **기분개선과 흥미유발**: 반려동물은 우울증, 심한 스트레스 등과 배우자 상실, 만성질환 및 은퇴 후의 전환기 등과 같이 인생의 주요 사건에 대처하는데 도움이 된다. 이는 사람들이 여러 가지 어려운 상황에 처해 있더라도 자신과 익숙하고 우호적인 반려동물과 상호작용을 하면서 여전히 항상성 및 안정감을 얻을 수 있기 때문인 것으로 해석된다. 올브리치(E. Olbrich)는 반려동물에게서 항상성과 안정감을 유지할 수 있을 때 스트레스 유발을 최소화시킬 수 있다고 주장했다(Olbrich, 1995).

6) 자아존중감과 자기효능감 향상

생명이 있고 체온이 있고 감정이 있는 동물을 보살피는 행위는 사람들에게 양육성을 높여주고, 자신이 누군가에게 필요한 소중하고 책임감 있는 존재임을 확인하게 하여 부모로부터 사랑받지 못한 아동이나, 부모의 학대, 친구들로부터의 따돌림 등을 경험한 아동들의 자아존중감 및 자기효능감을 향상시키는데 매우 긍정적인 영향을 준다.

7) 카타르시스(catharsis)

치료도우미 동물은 위협적이지 않고, 비판적이지 않으며 무조건적으로 수용하기 때문에 동물과의 상호작용은 사람들이 방어적이지 않고 솔직하게 자신의 감정과 생각을 표현할 수 있다. 동물과의 놀이를 통해 아동들은 자신이 경험한 외상적 사건이나 강한 스트레스적 사건들을 무의식적으로 표현하고 이를 정서적으로 극복하기 위한 시도를 하게 된다.

2 동물매개치료 효과

1) 동물매개치료의 프로그램 목표

그림 9-2 동물매개치료의 프로그램 목표

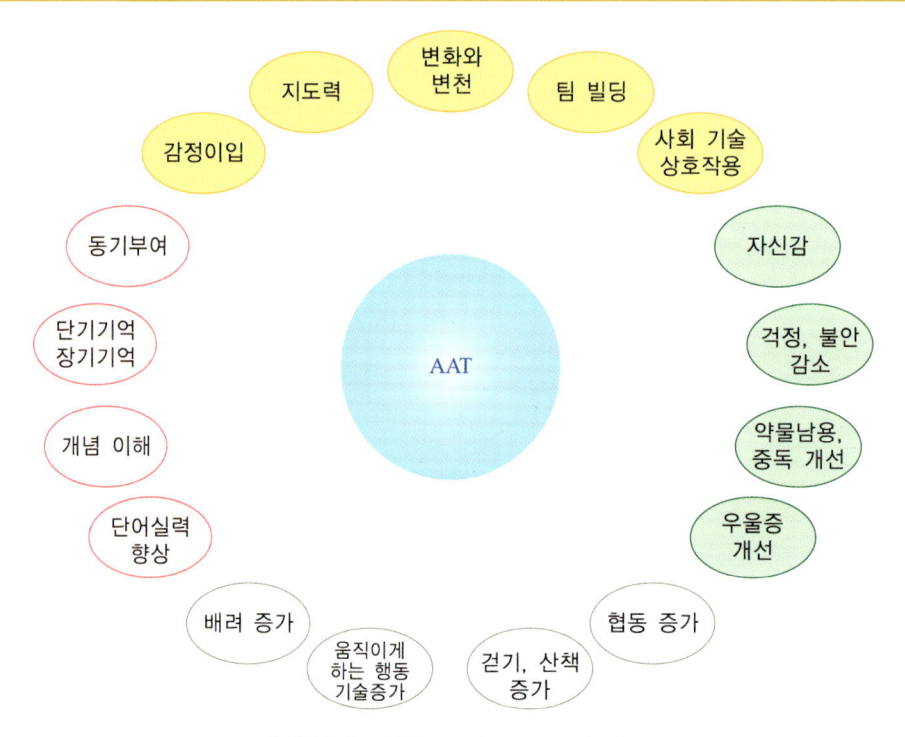

2) 동물매개치료의 4대 효과 영역

(1) 인지적 효과

대상자의 지적 호기심과 관찰력 향상, 어휘구사능력 향상, 기억력 향상, 집중력 및 판단력 향상, 생명존중감 형성 등

(2) 정서적 효과

심리적 안정, 즐거움 선사, 정신적 흥미 유발, 스트레스 해소, 기분 개선과 여가 선용 등의 효과

(3) 사회적 효과

타인에 대한 이해심 향상, 사회적 지지와 사회화 증진, 외부에 대한 관심 증진, 사람과 친화력 습득, 공동체 생활 터득, 긴장완화와 불안감소, 고립감 해소와 사회적 접촉 확대

(4) 신체적 효과

근육운동과 발달, 근육계 및 평형감각의 재활, 규칙적인 운동습관 형성

3) 동물매개치료의 의료적 이점

그림 9-3 동물매개치료의 의료적 이점

- 혈압 감소
- 콜레스테롤 수치 감소
- 생존율 향상
- 고독감 개선
- 의사소통 향상
- 신뢰 증진
- 주의력 분산으로 통증에 대한 약물처방의 필요성 감소
- 인지기능 향상
- 신체적 상태의 향상
- 환자와 가족들에게 스트레스와 근심 감소
- 조건 없는 사랑을 치료동물이 보여줌으로써 화상과 같은 신체 변화 환자에게 사회성 향상
- 환자에게 빠른 회복에 대한 동기 부여
- 수술 등에 대한 두려움 회복
- 간질 환자의 임박한 발작에 경보 제공

3 동물매개치료 작용원리로서 효과 기전

1) 동물매개치료 작용 원리는?

표 9-2 동물매개치료의 작용 원리로서 효과 기전

1. 동물이 주는 동반감과 심리적 안정 효과는 대상자의 긴장을 완화시키고 스트레스를 감소시키며, 혈관의 이완을 유도하여 혈압 감소, 심박수 감소와 같은 의료적 이점을 유도하고 심리적 이점 또한 얻을 수 있다.
2. 동물은 자연의 일부라 사람과의 유대감이 강하고, 만지고 쓰다듬기에 좋아 접촉 자극의 이점을 가지고 있으며, 사회적 동반감 촉진, 대상 돌봄 촉진, 사람들을 대하는 방법의 개선, 사회성 향상 및 자존감 향상을 가져올 수 있다.
3. 동물과의 상호작용을 통하여 상호교감이 증가되며, 이러한 활동은 사회통합감 향상, 대인기술의 향상, 대처능력의 향상, 인지능력 개선, 감정적 이점, 삶의 질 개선의 효과를 얻을 수 있다.
4. 동물과의 즐거운 놀이 활동은 대상자에게 불안감소, 자기강화 증가, 통증의 경감, 정신문제 감소, 집중력 증가, 감정조절 능력 향상 등의 효과를 가져올 수 있다.
5. 동물과의 상호작용을 통해 수명 연장과 혈압의 감소, 혈중 지질의 감소 및 스트레스 감소, 행복 호르몬 엔도르핀의 증가, 스트레스 관련 지표 코티졸 호르몬의 감소 효과를 얻을 수 있다.
6. 동물과의 유대는 대상자의 운동촉진 향상, 돌봄 제공을 통해 유용감의 증가, 사회활동과 대인관계 향상, 소회감 향상을 가져오며, 노인의 치매 예방과 인지능 향상, 자살률 감소, 정신질환 개선, 신체기능 향상, 우울증 개선에 기여한다.
7. 동물매개치료의 의료적 이점으로 입원 환자의 혈압 감소, 콜레스테롤 감소, 생존율의 증가, 고독감 개선, 약물처방 감소, 신체 상태의 개선 효과를 얻을 수 있다.

표 9-3 동물매개치료의 효과 기전

이 론	효 과
인지이론	동물매개치료 동안에 대상자는 산책하기 등의 간단한 작업을 통하여 성취감을 느끼며, 자기효능감을 높일 수 있다.
애착이론	본성으로 어머니와 강한 애착을 갖는 유아기에 머물러 있는 문제 대상자들에게 동물과의 유대 형성 경험을 통하여 건전한 애착의 경험을 갖게 하고, 주변 대상자들에 자연스러운 애정 분산 효과를 얻을 수 있으며, 발달된 사회적 유대로 확장할 수 있다.
자연친화설	사람은 자연의 일부이고 동물 또한 자연의 일부라, 양자 간에는 자연스러운 친화에 의한 유대감을 가지고 있다. 대상자들은 동물과의 접촉을 통하여 강한 유대감을 얻을 수 있으며, 이러한 유대감이 대상자의 심리적, 정신적 안정감을 유도한다.
학습이론	대상자는 동물을 돌보는 활동을 통하여 대처능력이 향상되고, 자존감 향상 및 자기효능감 향상과 자기지지가 높아진다.

2) 치료 공헌자로서 동물의 역할

(1) 불안과 각성의 감소

동물과 함께하는 상호반응이나 동물의 존재가 사람에 안정된 효과들을 유도한다는 내용이 동물매개치료 관련 문헌에서 자주 인용되고 있다. 이런 현상에 대한 대중적인 설명 중 하나는 E. O. Wilson의 자연친화설(biophilia hypothesis)이다. 이 이론에 의하면 '인간은 유전적으로 다른 살아있는 유기체들에 속하며, 자연적으로 서로 좋아하는 경향을 가지고 있다'는 것이다(Kahn, 1997). Wilson은 '생명과 살아 있는 현상들에 집중하려는 타고난 경향'을 추가로 이야기 하고 있다(Gullone, 2000. 재인용).

자연친화설의 근거는 '진화적 관점에서 인간들은 그들의 태도와 지식, 환경 단서들에 따라 생존의 기회가 증가된다'는 것이다.

임상적으로 말하면, 대상자를 동시에 참여하고 안정시키는데 이 보다 더 좋은 공헌들을 상상하는 것은 어렵다(Melson 2001. 인용).

동물의 존재가 안정 효과와 각성의 감소 효과를 유도한다는 많은 문헌들이 있다(Bardil과 Hutchinson, 1997; Brickel, 1982; Friedmann 등, 1983; Mallon, 1994a, b; Mason과 Hagan, 1999; Reichert, 1998; Reimer, 1999).

(2) 사회적 중개

동물이 사람의 사회적 상호반응의 매개체 또는 촉매로서 역할을 할 수 있다는 것과 대상자와 동물매개심리상담사 사이의 라포 형성을 촉진한다는 관찰 내용이 동물매개치료 관련 문헌에서 자주 인용되고 있다.

임상가와 이론가들은 동물의 존재가 자연스런 주제를 제공하여 대화와 활동을 촉진한다고 추정하고 있다(Fine, 2000; Levinson, 1969).

(3) 애착 이론, 이행 대상, 사회적 요구

동물매개중재 문헌들에는 사람과 동물들 사이에 만들어진 사랑의 유대감에 관한 일화와 같은 이야기들이 많이 있다(Bardill과 Hutchinson, 1997; Harbolt 와 Ward, 2001; Kale, 1992; Mallon, 1994b). 이러한 애착이 대상자의 치료 목표를 달성하는데 도움을 준다는 추정을 해볼 수 있다.

3) 인지와 행동 변화의 도구로서 동물의 역할

(1) 인지와 사회적 인지 이론

인지와 사회적 인지 이론은 사람의 인지들과 행동들 및 환경 사이에 연속적인 상호 관계가 있다는 믿음 위에 세워진다.

치료의 목표는 대상자의 자기 인식을 긍정적으로 변화시키는 것이다. 예를 들어 자기 존중, 자기 기대, 내재된 조절 등을 통해 그들의 행동을 변화시킬 수 있다. 학습과 변화가 관찰, 흉내, 지도, 함께 모이는 것을 통해서 일어난다(Allen, 2000; Lajoie, 2003).

대상자들이 관찰을 통하여 적절한 행동들을 배울 수 있다는 내용이 동물매개중재 문헌들에서 많이 있다(Fine, 200; Rice 등, 1973; Taylor, 2001; Vidrine 등, 2002). Bandura 등(1961)에 의해 처음으로 이러한 개념은 'modelling'이라는 용어로 언급되었다.

동물매개중재의 다른 이점으로 동물은 사람들이 적절한 사회적 상호반응하는 것을 돕는다는 것이다.(Brooks, 2001; Nebbe, 1991).

동물들은 즐거운 자극에 반응하여 솔직하고 직선적이고, 즉각적인 반응에 의해 대상자의 사회적 행동에 feed-back을 제공하는데 도움을 준다.

(2) 역할 이론

역할 이론은 사회적 환경이 발달 과정을 형성하는 것을 강조하고 있으며, 사회적 인지 이론과 유사하다. 이러한 이론적 틀에서, 역할은 사회적으로 동의된 기능과 규범을 가진 일련의 행동들로 정의되어진다(Biddle; Newman과 Newman, 1995.에서 인용). 이 이론에 따르면, '새로운 역할을 맡은 사람은 그 역할이 기대하는 사람으로 변하게 된다'는 것이다(Newman과 Newman, 1995).

4 동물매개치료 기법과 동물 중재의 역할

1) 치료도우미동물의 중재 기술과 중재의 예

표 9-4 치료의 측면으로서 동물매개중재에 관한 고찰(O'Callaghan, 2008)

	5가지 대표 기술	보고자에 의한 각 기술의 대표적 개념
1	동물매개심리상담사가 치료도우미동물과 함께 내담자의 관련된 내용들에 대하여 들어주고 이야기함.	치료 관계에 라포 형성
2	동물매개심리상담사가 내담자가 치료도우미동물을 귀여워 해주고 쓰다듬어 주는 활동을 통해 치료도우미동물과 상호반응을 하도록 함.	치료 관계에 라포 형성
3	치료도우미동물들의 가족 관계(품종, 혈통 등)를 내담자와 공유함.	치료 관계에 라포 형성
4	치료도우미동물들과 관련된 스토리를 내담자와 공유함.	치료 관계에 라포 형성
5	동물 이야기와 동물 주제의 은유물들을 동물매개심리상담사에 의해 내담자와 공유함.	통찰력 촉진

2) 동물매개중재의 원칙과 치료도우미동물 중재 목표

표 9-5 문제-중심 기반 치료와 동물매개중재의 원칙(Pichot와 Dolan)

1	어떤 것이 작동하면 더 많이 그것을 수행한다.	치료도우미견과 함께 활동할 때, 누가 개를 좋아하고 누가 방문에 재미있어 하는지가 바로 나온다. 문제-중심 기반 치료를 위해 치료도우미견을 활용하는 동물매개심리상담사는 항상 이런 상황들을 인식하여야 한다. 또한, 원하는 상호반응이 가능한 시점에 의뢰자가 활동에 참여하도록 해야 한다.
2	어떤 것이 작동하지 않으면 다른 것을 수행한다.	중재도구로서 치료도우미견을 활용하는 것은 가치 있는 다른 어떤 것을 제공한다. 치료도우미견은 의뢰자와 동물매개심리상담사가 더욱 효과적인 다른 치료 방법을 제공할 수 있다.
3	작은 과정이 큰 변화를 유도한다.	치료도우미견과 전문가가 활동을 관찰할 때, 각각의 작은 활동이 더해지면, 의뢰자에게 특별히 큰 변화를 가져올 수 있다.
4	해법이 문제와 필수적으로 직접 연결되지는 않는다.	이 접근법은 의뢰자의 문제들에 대한 해법은 자주 의뢰자로부터 문제된 것이 아니라는 것을 믿게 할 수 있다. 치료도우미견이 각 의뢰자에게 다른 방식으로 차이점을 만들 수 있다.
5	해법 개발을 위한 언어 요구들은 문제를 서술하는 데 필요한 것들과 다르다.	말하지 못하는 동물이기 때문에, 의뢰자는 치료도우미동물과 상호반응을 위해서 의사고통의 다른 방법을 사용하려 노력하여야 한다.
6	항상 문제가 일어나지는 않는다. 활용할 수 있는 예외들이 항상 있다.	문제-중심 치료는 의뢰자가 문제가 일어나지 않았던 시점으로 의뢰자의 생각을 변화시키는데 도움을 줄 수 있다. 의뢰자가 분석하지 못하는 문제의 해결을 위해 치료도우미동물이 이 기법을 통해 문제 해결을 촉진한다.

표 9-6 동물매개치료 과정에서 치료도우미 동물의 역할

역할 1	사회적 윤활제로서의 활동
역할 2	감정의 촉매자
역할 3	선생님으로서의 역할
역할 4	동물매개심리상담사와 의뢰자의 중간 연결체

표 9-7 동물 매개 놀이치료(canine assisted play therapy, CAPT)의 5가지 목표

애착/관계	어린이가(기초적 신뢰에) 관심을 갖는 건강한 방법을 배운다. 다른 사람들과 관계를 맺는 법; 건강한 애착 관계가 어떤 것이지; 치료도우미동물과 관계를 형성하는 법을 배우면서 사람들과 관계 형성으로 발달할 수 있다.
감정이입	적절하게 관심 주는 법과 다른 사람들의 복지를 존중하는 방식으로 행동하고 고려하는 법을 어린이가 배운다. 어린이가 치료도우미견과 의사소통하고 감정을 조율하는 것에 의해 감정이입을 발달시키는데 도움을 받는다.
자기-조절	어린이가 개에게 원하는 훈련을 하는 법을 배우는 과정이나, 개와 함께 놀이 활동을 하면서 자신이 원하는 것을 개가 하지 않는 것을 경험하면서 인내를 배운다.
문제-해결	개와 함께 하는 놀이 활동은 다양한 문제들을 해결하는데 적용될 수도 있다. 불안감소, 분노의 적절한 표현, 좌절에 대한 인내력 발달, 공격적 충동 행동의 조절, 분잡성과 충동성의 감소, 동물 학대 예방, 상처에 작용하는 행동들의 극복(예를 들어 거짓말, 도둑질), 건강한 애착 증진, 전체적 조정 증가
자기-효능	의뢰인은 안전성과 자기 방어능력, 자기능력감(개 훈련 과정을 통하여) 및 자신감을 발달할 수 있다.

CHAPTER

10
동물매개치료의 적용 분야

제1절 심리상담 영역

1 상담 영역에서 동물매개치료 역할

1) 상담 영역에서의 동물매개치료 활용과 이점

(1) 프로이드 박사와 애견 '조피'

상담 영역에서의 동물매개치료는 이미 정신분석학 분야에서 저명한 프로이드(지그문트 프로이트)가 그의 애견 차우차우 종인 '조피'와 함께 심리상담을 실시하면서 상담에서 보조치료사로서 개의 역할은 잘 알려져 있다.

조피는 치료 세션을 진행할 때, 가만히 앉아 있는 것만으로 상담치료에 도움을 주는 것을 프로이트 박사가 알게 되었다. 조피가 치료실 안의 긴장 분위기를 감소시키고 환자들은 쉽게 마음을 열고 상담을 하는 것이었다. 특히 환자가 어린이나 청소년인 경우에 더 효과가 좋았다. 환자에게 조피는 섣불리 판단하지 않고 집중하며 조용히 관찰해주는 존재였다. 조피는 또한 환자들의 정신 상태를 알아채는 능력을 가지고 있었다. 환자가 불안을 가지고 있는 정도에 따라서 조피는 환자로부터 거리를 두고 앉았다. 환자가 우울하면 조금 더 가까이 다가앉아 환자들이 조피를 쓰다듬거나 귀여워해주는 활동을 할 수 있게 하였다. 조피는 또한 시간을 잘 체크하여 50분마다 하품을 하고 문 쪽으로 걸어갔다. 이와 같이 프로이드 박사는 상담 영역에서 치료도우미동물의 활용이 치료 효과를 높이는 것을 확인하고 상담의 한 분야로 동물매개치료를 병합하여 즐겨 수행하였다.

(2) 상담 영역에서 동물매개치료의 이점

동물매개중재(animal assisted intervention, AAI)는 상담 영역의 연구 문헌들에서 상대적으로 연구가 부족한 분야이지만 일부 저자들(Reichert, 1998; Wesley, Minatrea, & Watson, 2009)은 동물매개치료가 치료동맹(therapeutic alliance)을 유도한다는 긍정적 요소를 가지고 있다고 보고하고 있다.

Fine(2006)은 '심리치료에 동물매개치료 구성요소를 병합하는 것이 상담사가 빠르게 치료동맹(therapeutic alliance)을 유도할 수 있다'고 제안하였다. Chandler(2005)는 '치료도우미견이 내담자(client)와 상담사 사이의 신뢰 관계인 라포(rapport) 형성을 돕는다'고 하였다.

Wesley 등(2009)은 회기 과정 동안에 치료도우미 동물이 없는 내담자 그룹과 치료도우미 동물이 있는 내담자 그룹을 비교한 연구 결과, 치료도우미 동물은 내담자에게 치료동맹(therapeutic alliance)의 질(quality)에 대한 인지도를 높여 주는 것을 확인하였다. 치료동맹(therapeutic alliance)의 질(quality)을 고려하는 것은 상담의 성공여부에 가장 강한 예측 요소이다(Barber).

Chandler(2005)에 의하면, 동물매개치료 기법들은 다양한 다른 치료기법이나 프로그램과 병합될 수 있다고 하였다. 또한 동물매개치료 기법들은 또한 다양한 중재 활동들에서 치료 관계의 긍정성 형성에 크게 도움이 될 수 있다고 하였다. 동물매개치료는 상담영역에서 다른 치료적 접근들과 통합할 수 있는 치료로서 유용성이 높고 치료동맹에 긍정적 영향을 유발하여 치료를 위한 다양한 접근을 제공 가능하게 하여 내담자의 치유에 크게 도움을 준다.

2) 동물매개치료-상담(AAT-C)의 정의

'동물매개치료-상담(animal assisted therapy in counselling, AAT-C)'은

상담 과정의 치료 매체로서 치료도우미동물들과 협동으로 정의되어진다. 따라서 상담사들이 치료 과정의 부분으로서 목표 지향적인 중재활동으로 인간과 동물의 유대(human-animal bond)를 이용하는 것이 동물매개치료-상담이라 할 수 있다(Chandler, 2005).

상담사들은 다양한 방법들로 상담 회기 동안에 동물매개치료-상담을 통합할 수 있다. 또한 상담사들은 동물매개치료-상담(AAT-C)을 다양한 일상의 상담 활동 세팅들에 적용할 수 있다(Chandler, 2005).

2 동물매개치료-상담의 고려 사항들

1) 치료도우미동물의 훈련과 평가

Chandler(2005)는 상담 세팅에 적합하도록 치료도우미동물과 활동 보조사인 펫파트너 둘 다에게 특별한 훈련과 평가를 수행하는 활동은 필수적이라고 단언하였다.

동물매개치료-상담(AAT-C) 세팅에서 활동하기 위하여 동물을 훈련해야하는 항목에는 적절한 사회화와 만지는 것에 둔감해지고, 기초 복종이 되도록 하는 것이 요구된다(Chandler, 2005).

한국에서는 한국동물매개심리치료학회가 치료도우미동물과 펫파트너 인증을 하고 있다. 한국동물매개심리치료학회에서는 치료도우미동물의 사회성, 수의학적 관리, 적합성을 평가하여 치료도우미동물 인증을 하고 있으며, 동물 보호자와 후보 동물 간의 유대 관계와 복종 정도를 평가하여 보호자 핸들러에게 펫파트너 자격을 인증하고 있다.

2) 다문화 관련

동물매개치료-상담(AAT-C)이 다양한 범위의 배경을 가진 내담자를 위해 궁극적인 요소를 제공할지라도 상담사는 인간과 동물의 상호반응을 고려할 때 개별적으로 상담사는 동물매개치료-상담(AAT-C) 기법들은 적용하는 것으로 결정하기 전에 동물과 상호반응에 관한 내담자의 개인적인 견해와 문화적 차이에 대하여 이해해고 내담자의 문화적 가치관들을 고려하여야만 한다.

3) 윤리적 고려 사항들

내담자와 임상 활동을 할 때 표준 윤리 적용과 관련된 모든 문제들이 동물매개치료-상담(AAT-C) 기법들에 반영되어 적용되어야 한다. 일부 문제들은 특히 이 주제에 적합한지가 고려될 필요가 있다. 그러한 문제들은 상담사 능력과 위해(risk) 위험을 포함하고 있다. 상담사 능력의 문제는 내담자와 동물을 위한 안전한 치료 세션을 제공하는데 필수적인 중요한 고려 사항이다.

공인 치료도우미동물 단체인 한국동물매개심리치료학회에 등록을 하는 것이 필요하며 적절한 펫파트너 훈련과 교육을 위한 최소의 기준을 문서화하고 정규화 하는 것이 필요하다.

동물복지 및 동물보호는 동물매개치료-상담(AAT-C)에 포함되어져야 할 추가적인 윤리적 고려 사항들 중의 하나이다. 상담 세팅에 동물매개치료-상담(AAT-C)을 활용하기를 원하는 상담사는 치료도우미동물의 피로, 동물의 스트레스 표시에 대한 반응뿐 아니라 치료도우미동물의 복지를 고려하여야 한다.

치료도우미동물 단체인 한국동물매개심리치료학회에서는 동물복지 가이드라인을 제시하고 있다. 이러한 가이드라인에 따라 치료도우미동물에 어느 정도의 편안함을 제공하도록 규정들이 또한 마련되어져야 한다.

4) 임상 적용

상담 세팅에서 활동을 준비할 때, 동물매개심리상담사와 치료도우미동물 팀은 상담 장소에 치료도우미동물 도입을 계획하면서 다양한 임상에 고려 사항들을 따라야 한다.

특별한 임상 고려 사항들은 각 장소와 동물매개치료 팀에 따라 다양하게 달라질 수 있지만 동물매개치료를 도입하는데 고려해야 할 공통적인 주요 고려 사항들이 있다.

(1) 동물복지 및 동물보호 고려 사항 측면

상담사들은 치료도우미동물 단체인 한국동물매개심리치료학회에서 제시하는 동물 보호 가이드라인에 따라 안락한 사육 공간을 마련하여야 한다.

(2) 위험 관리 고려 사항 측면

상담사는 상세한 알림 내용들을 고지하고 사전 고지한 위험 요소를 면책 받을 수 있는 동의서를 받을 뿐만 아니라 가능하다면 법률 팀의 상담을 받도록 한다.

(3) 치료도우미동물과 활동 공간을 공유하는 다른 사람들에 대한 고려들

치료도우미동물과 함께 공간을 공유하는 시간들에 대한 고려 사항들이 있다. 치료도우미동물을 항상 돌봐줘야 되기 때문에 목욕 시간이나 상담 중에 동물을 거부하는 내담자의 경우 등을 대비하여 안전하게 가두어 둘 이동장을 마련하는 것이 좋다. 동물매개심리상담사가 잠깐 자리를 비우는 상황에서도 이동장 준비와 같은 방법으로 다른 스텝들에 맡겨야 될 치료도우미동물의 돌봄과 감시 책임을 덮어줄 수 있다. 또한 동물매개심리상담사가 회기 활동 중에 인간과 동물의 상호반응 모두를 직접 감독할 수 있게 해준다.

제2절 병원 입원 환자

1 병원 입원 환자에 대한 동물매개치료

간호 영역에서 애완동물을 활용한 치료의 이용은 동물활용치료(animal-facilitated therapy, AFT)로 알려져 있다. 동물활용치료(animal-facilitated therapy)는 동물매개활동과 동물매개치료를 모두 포함하는 용어이다. 동물활용치료(animal-facilitated therapy)는 1800년대부터 존재하였다. Florence Nightingale은 동물을 활용한 치료인 동물매개치료에 대하여 실질적인 발견을 하였다. 나이팅게일은 동물들이 환자들의 좋은 동반자 역할을 한다고 추천하였다.

동물매개치료는 환자를 통합적으로 치료하는 것을 돕기 위하여 적용되며 주로 활용되는 동물은 개이다. 개들은 환자들을 매혹시키고 삶을 충만하게 하며 놀라운 효과를 유도한다.

1) 간호 영역에서 유의성

치료도우미견에 대한 비판적인 시각으로는 동물이 사람에게 질병을 옮길 수 있고 개가 물거나 할퀴는 위험에 대하여 염려한다.

병동의 간호 영역에서 동물을 환자의 치료 목적으로 활용하는 것을 보완대체의학 치료로 분류한다. 보완의학은 전체 시스템의 영역에 기반하고 있다. 그러한 믿음을 사람들은 신체 그 이상으로 정신, 감정 및 의지와 같은 많은 구성 요소들로 구성된다는 것이다.

2) 동물활용치료(animal-facilitated therapy)란 무엇인가?

동물활용치료(animal-facilitated therapy)는 감정의 지원을 제공할 목적으로 동물을 활용하는 활동을 포함하고 있다. 개, 고양이, 기니피그, 토끼, 말 등이 환자를 위해 활용될 수 있는 동물들의 종류이다, 이 중에 가장 많이 활용되는 동물은 개다.

치료도우미견이 등록되기 위해서는 적절한 예방 접종과 수의학적 처치가 필히 이루어져야만 한다. 문서적인 준비가 모두 마무리되면 치료도우미견이 임상 현장에 도입될 수 있다. 몇 가지 규칙과 가이드라인을 동물매개심리상담사는 준수하여야 한다. 예를 들면, 활동 나가기 전 24시간 안에 치료도우미견을 목욕시키고, 이를 닦이고 발톱을 깎고 귀청소를 해준다. 이러한 규칙은 치료도우미견이 활동을 하기에 적절한 위생 상태를 만들어 준다. 다른 여러 규칙들 또한 준수되어야 한다.

3) 병원 환자에 대한 동물매개활동과 동물매개치료

동물매개치료는 '의료 또는 목적에 맞는 전문가의 관점에서 계획된 치료 목적 지향적인 중재 프로그램을 수행하는 것'으로 정의될 수 있다. 동물매개치료는 환자의 신체, 사회, 감정, 인지 기능 등의 개선을 목적으로 계획되어진다. 따라서 동물매개치료가 중재 프로그램으로 수행되면 환자의 치료 효과가 모니터링 되고 진행 과정이 체크되어 문서화되어야 한다.

4) 동물활용 치료의 이론적 기반

동물활용치료(animal-facilitated therapy)는 환자의 정신, 신체 및 마음을 위한 치료적 중재를 유도한다. 동물이 사람과 상호 반응할 때, 사람의 마음은 그 순간에 점유된다. 환자는 기억을 회상하거나 미래를 꿈꿔볼 수 있다. 환자는 자신의 고통, 슬픔, 아픔, 질병을 잊고 마음, 신체, 정신을 현재 활동하는 동물과 함께 즐거운 상호 작용의 순간에 있도록 도와준다. 동물과의 접촉은 신체 이완을 돕고 엔도르핀 분비를 증가시킨다. 사람의 정신은 자신의 마음과 신체를 평온한 상태로 확립하도록 상호작용할 수 있다. 동물활용치료 AFT는 환자를 위한 치료 환경을 만들고, 통합적이고 인본적인 관점을 포함한다.

2 동물활용치료의 역사적 고찰

1) 환자의 치료와 간호에 동물의 활용 역사

첫 동물을 활용한 치료적 이용에 대한 기록은 9세기 벨기에에서 장애인들을 위해 동물을 활용한 치료가 기록되어 있다. 환자들에게 농장동물을 돌보는 과제들을 제공하였다.

1700년대에 영국에 York Retreat 병원이 동물을 이용한 치료 기록이 있다.

나중에, 독일에서 간질 환자를 돌보기 위하여 양, 말, 원숭이들과 같은 농장동물을 활용하였다. 이러한 중재 활동은 기존의 병원들과 같이 갇혀있는 교도소 형태의 환경이 아닌 더 즐거운 환경을 만들 수 있었다.

간호 분야에 동물활용치료 AFT의 첫 사용은 Florence Nightingale이라 할 수 있다. 그녀의 저술에 따르면 환자의 간호와 회복에 동물 활용의 이점을 권장하고 있다. 그녀는 환자, 특히 장기입원 환자에게 작은 애완동물이 우수한 동반감을 제공한다고 하였다. 사실상 그녀는 '아테나'라는 이름의 애완용 올빼미를 가지고 있었다. 그녀는 '케이지 안의 애완용 새가 수년 동안 같은 병실에 갇혀져 있는 환자들에게 종종 유일한 즐거움을 제공할 수 있다'고 하였다.

이후에 미국 뉴욕에 있는 'Army Air Corps Convalescent' 병원에서 동물매개치료가 실시되었다. 정신질환 환자들과 회복하는 부상 군인들에게 활용되었다. 상해를 입거나 지쳐있는 병사들이 소, 말, 돼지, 닭과 같은 농장동물들과 활동을 하면서 회복이 촉진될 수 있다.

1970년에 미국에서 동물매개치료가 얼마나 많은 의료 시설에서 실시되는지 조사된 적이 있다. 조사 기관의 48%가 동물매개치료 단독 또는 다른 치료법과 병합하여 수행되고 있다고 하였다.

2) 보조치료사로서 개

1960년대에 동물매개치료 분야에 큰 활력이 생겼다. 레빈슨 박사가 동물활용치료 AFT와 어린이에 대한 연구를 시작하였다. 레빈슨 박사는 정신과 의사였고 어린이 내담자와 치료를 하기 위해 한 마리의 개를 활용하였다.

레빈슨 박사는 그의 애견 '징글'이 환자들과 의사소통을 원활하게 연결하는 다리 역할을 하는 것을 발견하고 동물을 활용한 치료 전략의 이점을 적용하였다.

3) 에덴 요양병원(Eden Alternative) 사례

1990년대에 William Thomas 박사에 의해 동물활용치료 AFT연구가 시작되었다. 그는 에덴 요양병원(Eden Alternative)을 설립하였다. William Thomas 박사는 당시 간호요양소에는 3가지 문제점들로 고독감, 무기력, 지루함이 있는 것을 발견하였다. 당시 가정요양소는 환자들의 집과 같은 분위기 보다는 병원시설과 같았다. 에덴 요양병원(Eden Alternative)의 목적은 딱딱한 간호요양 시설들을 안락하고 휴식을 즐길 수 있는 사람의 주거 공간들과 같은 편안한 공간들로 변화시키는 것이다.

3 동물활용치료의 이점

1) 인간과 동반감의 유대감(Human-companion bond, HAB)

미국 수의사회에 따르면, 인간과 동물의 유대(HAB)는 사람과 동물 사이에 상호 이롭고 역동적인 관계를 형성하고 둘 다에게 건강 증대에 기여한다. 우리는 애완동물에게 이름을 부르고, 반응하고, 가족으로 생각하고 옷을 입히는 등의 HAB를 가진다. 이러한 유대감은 사람들의 혈압 감소, 심박수 감소, 고독감 감소, 콜레스테롤 감소 등의 건강에 이로운 효과를 유도한다. 동물들은 환자들과 치료적 라포 형성을 이끌고 사회성 향상을 유도한다.

2) 동물활용치료의 이점

동물활용치료 AFT는 혈압 감소, 불안 감소, 스트레스 감소 등 질병의 극복 효과를 가져온다.

동물매개치료의 이점은 동반감을 제공하는 것에 의해 고독감과 불안감의 감소를 불러일으킨다. 병원 환자에게 동물활용치료 AFT를 병합하는 것은 환자의 치료 환경을 향상시키고 환자에게 통합적 치료 및 간호를 제공한다. 의료진들은 그들의 환자들에게 도움을 주기 위하여 동물활용치료 AFT를 도입할 수 있다.

(1) 감정 및 정신적 장애인을 위한 중재

우울, 슬픔, 고독, 스트레스, 은둔 등을 가진 환자들은 동물활용치료 AFT가 도움이 될 수 있다. 한 마리의 치료도우미견 또는 치료도우미동물을 데리고 단순히 방문하는 것으로 동반감을 제공하고 환자들에게 자극을 줄 수 있다. 치료도우미동물의 존재만으로도 고독감과 슬픔 감소에 도울 수 있다. 치료도우미견

팀은 환자에게 오락의 목적으로 훈련된 치료도우미견의 기술을 보여줄 수 있다.

(2) 신체 장애인을 위한 중재

환자가 치료도우미동물을 귀여워해주는 활동은 환자의 통증을 감소시키고 통증의 부작용들을 경감시켜준다. 어깨, 팔, 손, 발, 다리 수술로부터 회복중인 환자들이 치료도우미동물을 귀여워해주는 활동과 산책 활동으로 건강회복에 도움을 받는다. 치료도우미견과 산책하는 활동은 환자의 조정성, 유연성, 호흡 능력, 근 긴장 유지 등의 향상을 돕는다.

(3) 교육적 중재

동물매개치료의 효과들에 대한 과학적 연구 결과들이 많이 나오고 의료전문가들에게 동물매개치료에 관한 교육을 확대하는 것이 동물매개치료 확산에 중요하다고 할 수 있다.

(4) 여러 병원 환자 치료와 간호 영역에서 동물활용치료

LA에 있는 UCLA 대학교의 의과 대학 병원에 입원한 심장질환 환자들에게 동물활용치료 AFT가 적용되었다.

동물활용치료는 개인이나 단체 모두에게 적용될 수 있다. 이러한 활동에서 동물들이 양방향 소통의 주요 역할을 담당한다. 통합치료로서 의사들의 처방으로 치료도우미동물이 환자들을 방문하는 동물활용치료 AFT가 수행될 수 있다.

(5) 입원 환자

동물매개치료를 받는 소아 병동의 환자들은 행복감, 긍정적 기분, 어린이의 긍정적인 상호작용이 증가되는 것으로 보고되고 있다. 입원 아동이 치료도우미견 방문한 후 '통증점수'가 평가되어졌는데, 유의성이 감소되었다($p < 0.06$).

(6) 정신질환 대상자

동물매개치료는 유대를 증가시키고 무조건적인 수용을 제공하여 우울 환자들에게 도움을 줄 수 있다.

(7) 말기환자 간호(palliative care)

동물활용치료 AFT가 말기 암, AIDS 환자들과 같은 말기 환자 간호 영역에서 도움을 줄 수 있다.

치료도우미견들이 삶의 마지막 단계에 있는 말기암 환자들을 방문하였다. 동물들이 편안하고 사랑을 주기 때문에 죽어가는 환자들에게 동물매개활동이 주로 적용될 수 있다.

(8) 교정시설

교정기관들에서는 새, 물고기, 토끼, 기니피그 등과 같은 치료도우미동물들이 긍정적 효과를 얻는다. 연구에 따르면 동물활용치료 AFT는 수감자의 태도 변화와 스텝들과의 의사소통 증가를 보여주었다.

(9) 전쟁퇴역 군인

전쟁퇴역 군인은 전쟁의 결과로 신체적, 정신적 및 감정적 붕괴를 경험한다. 외상 후 스트레스증후군(post-traumatic stress disorder, PTSD)은 전쟁에서 돌아온 사람들에게 흔히 관찰되는 질환이다. 전쟁퇴역 군인은 병원에서 정신적 및 신체적 상해를 개선하기 위하여 동물활용치료 AFT 적용이 많이 이루어진다.

(10) 노인

치료도우미견은 노인들에게 다른 방법으로 채울 수 없는 방법으로 행복하고 생산적인 삶을 살게 한다. 참여 노인 대상자들은 그들과 즐겁게 함께 활동했던 순간을 소중히 기억하고 치료도우미견의 방문을 기다린다.

(11) 지역 공동체

노숙자 쉼터, 시민의 집, 재난구호소, 학교 등에서 치료도우미견이 활용될 수 있다. 대상자들의 첫 돌봄 제공자는 가족 구성원들이지만 지역공동체에서 치료도우미견을 통하여 대상자들에게 동반감을 제공할 수 있다.

제3절 특수동물의 활용

1 농장동물매개치료

1) 농장동물매개치료의 개요

농장에서 사육되는 동물을 활용한 동물매개치료는 농장매개치료의 한 부분이라고 할 수 있다. 농장을 매개로 하여 대상자의 치료에 적용하는 분야에서 동물뿐 아니라 농장의 조경 식물이나 꽃과 같은 여러 가지 구성 매체들이 대상자의 치료에 긍정적으로 작용하지만, 단연 동물의 접촉과 만남 활동이 대상자들에 큰 효과가 있는 것으로 보고되고 있다. 이러한 이유는 다른 대체 요법들의 비교 연구에서도 알 수 있듯이 움직이지 않고 반응이 즉각적이지 않은 식물이나, 예술 활동 보다 동물은 대상자들에 강요되지 않은 흥미를 유발하고 적극적이며 능동적으로 빠르게 반응이 일어나는 특성이 있어, 동물매개치료가 비교연구에서 다른 대체 요법들보다 가장 효과가 뛰어난 것으로 보고되고 있는 것과 무관하지 않다.

현재 미국을 비롯한 여러 유럽국가에서는 많은 농장들이 의료기관들과 협동하여 대상자(client)들의 증상의 개선이나 치료를 목적으로 농장동물을 이용한 동물매개치료인 농장동물매개치료(animal-assisted therapy with farm animal, AAT-FA)의 적용이 확대되고 있다.

2) 농장동물 매개치료란 무엇인가?

농장동물을 이용한 동물매개치료(animal-assisted therapy with farm animal, AAT-FA)는 농장매개치료 중 농장에서 사육되는 동물을 이용한 대상자의 치료 활동이다.

3) 농장동물매개치료의 효과 기전

표 10-1 농장동물매개치료의 작용 원리와 효과 기전

1. 상호작용 → 사회성 향상 & 감정 표현 능력 향상
2. 돌봄 도움 제공 → 자아존중감 향상
3. 사육 관련 과제수행 → 신체 운동 및 조정, 성과에 대하여 격려 받음
4. 체험활동 → 문제 정리, 능력과 발표력의 향상
5. 그룹 활동 → 협동심과 사회성 향상.
6. 동물과 자연환경 관심 증가
7. 관찰력과 긍정적 사고력 향상
8. 실제 관리의 참여 → 자신감 향상
9. 생명 돌봄 → 본성적인 만족감과 자존감 향상
10. 친숙하지 않은 동물 활동 → 두려움 감소 및 자존감 향상

2 돌고래매개치료(Dolphin-assisted therapy)

1) 돌고래를 활용한 동물매개치료 연구

돌고래는 신체장애나 자폐를 가진 대상자들에게 자주 이용되는 동물매개치료의 치료도우미동물 중의 하나이다.

(1) Autidolfin project

1991년에 벨기에에서 자폐아동의 학습에 대한 돌고래 매개치료의 효과에 대한 연구가 수행되었다. 'Autidolfin project'이라 명명된 이 연구는 4년간 수행되었다(Servais, 1999).

연구결과, 돌고래 그룹의 대상자들 모두가 교실 그룹 대상 아동들 보다 더 짧은 시간에 학습된 양이 많았다. 사후 검사 결과, 돌고래 그룹의 아동들은 그들이 습득한 새로운 기술을 새로운 문장으로 서술할 수 있었다(Servais, 1999).

(2) 장애 아동에 대한 효과 연구

Nathanson 등(1994)은 장애를 가진 47명 아동들을 대상으로 돌고래 매개치료 효과에 대한 연구를 수행하였다. 참여 아동들의 나이는 2~13세였고, 신체장애로 대뇌성 중풍마비, 두뇌 손상, Angelman syndrome, 자폐, 정신지체 및 다운증후군을 포함하고 있었다.

연구결과, 1군 운동활성 그룹에서 2주 세션이 끝날 때까지 대상자들의 71%는 물건을 만지거나 고리를 막대에 끼우는 것과 같은 독립적인 운동 기술을 달성할 수 있었다. 2군 언어 활성 그룹에서는 대상 아동들이 2주 세션이 끝날 때까지 57%가 독립적으로 그들의 첫 단어나 문장을 말할 수 있었다(Nathanson, 1997).

(3) Dolphin Human Therapy Programme

돌고래를 이용하여 심각한 신체적 및 정신적 장애를 가진 아동들을 치료하는 다른 연구로서 'Dolphin Human Therapy Programme'이 있다(Nathanson, 1998).

돌고래 매개치료의 장기간의 치료 효과 관점에서 부모들은 돌고래 매개치료가 대상 아동들의 가족 활동 참여도 향상(69%), 눈 마주침 유지 능력 향상(60%), 언어 치료에 기여(59%), 특수교육 수업에 기여(65%) 및 사회적으로 인사하기 증가(58%) 등의 효과가 있는 것으로 답하였다(Nathason, 1998).

2) 돌고래매개치료의 이점

돌고래를 매개로 하는 치료는 다음과 같은 이점을 가지고 있다.

① 물은 대상자들의 스트레스를 감소시키는 역할을 하고, 운동기술 증가, 운동 감각 피드백을 제공할 수 있으며, 감각 운동의 인지형태를 재확립하는 것을 도와주고, 유연성 증가와 통증경감을 유도할 수 있다(Burton & Edwards, 1990; Nathanson, 1998).
② 연구결과에 따르면 돌고래는 사람의 학습효과를 올리는 모델이 될 수 있다(Nathanson, 1989; Nathanson 등, 1997).

3 승마치료(Hippotherapy)

1) 승마치료의 개요

사람의 치료에 말의 매개 효과를 이용하는 것을 승마치료(hippotherapy)라 한다. 미국 승마치료협회(American Hippotherapy Association, AHA)는 승마치료를 '신경근육 장애를 가진 장애자들과 다른 신체의 기능적 제한과 불편을 가진 대상자들의 치료의 도구로서 말의 움직임과 운동을 이용하는 것'으로 정의하고 있다.

2) 승마치료의 효과

승마치료를 적용하는 대상자 그룹들에는 다음과 같은 적응증이 있다.

① 비정상 근육긴장
② 평형감각장애
③ 조정장애
④ 의사소통장애
⑤ 자세 비대칭
⑥ 자세조정불량
⑦ 운동성 저하
⑧ 각성, 동기 및 집중력 저하

4 동물원 동물

1) 동물원동물매개치료 개요

동물원을 이용한 프로그램은 사람과 동물 그리고 자연을 연결시켜주며 동물보호와 자연친화적인 생활을 유도하고 동물과의 상호작용을 통하여 사회성과 정서적 안정과 즐거움을 갖도록 할 수 있다.

2) 동물원동물매치료 프로그램의 효과

① 동물원 동물들을 그냥 보고 즐기는 것이 아니고 실제 관리 등에 참여하도록 함으로서 교육의 효과를 높인다.
② 과제 수행을 적절히 조정하고 성과에 대하여 격려를 해 준다.
③ 다른 사람의 도움을 받던 환경에서 다른 생명을 돌봄으로써 본성적인 만족감과 자존감을 느낄 수 있다.
④ 친숙하지 않은 동물과의 접촉으로 생기는 두려움을 감소시키고 자신감을 갖게 해준다.
⑤ 동물사육의 기술을 습득하여 양육능력을 길러준다.
⑥ 동물을 만지고 상호작용을 통하여 다른 사람들과의 사회성 향상과 감정 표현 능력을 향상시킨다.
⑦ 여러 동료들과 함께 함으로서 협동심과 사회성을 배운다.
⑧ 본능적으로 행동하는 동물의 행동을 관찰함으로서 관찰력과 긍정적 사고력을 갖도록 한다.
⑨ 체험활동 내용을 기록하고 발표하도록 함으로서 문제를 정리하는 능력과 발표력 향상을 기대할 수 있다.
⑩ 동물과 자연 환경에 주의를 기울임으로써 문제를 감소시키는 기회를 가질 수 있다.
⑪ 만지며 말하는 대화법으로 동물에 대한 애정 표현력을 키워준다.

제4절 동물매개교육

1 동물매개교육 개요

1) 동물매개교육 정의

동물매개교육은 치료도우미동물과 펫파트로 구성된 중재단위 활동 팀(IU)이

교육 중재전문가인 동물매개심리상담사와 대상자 학생들 사이에 이루어지는 교육 목표 지향적인 전문 프로그램이라고 할 수 있다.

2) Green Chimneys의 동물매개교육 사례

동물매개교육을 적용하는 한 시설로 미국 뉴욕 Brewster시에 있는 Green Chimneys가 있다. 이 시설은 감정조절 상실, 정신적 상처, 학대, 학교 부적응, 사회관계 형성의 어려움을 겪는 아동들을 위한 시설이다. Green Chimneys의 본래 목적은 아동들이 동물들을 기르며 사회관계를 배우도록 하는 것이다(Janseen, 1998). 이 시설에서 아동들은 동물들을 보살피면서 그들 또한 다른 누군가로부터 돌봄을 받고 있다는 것을 배운다.

2 동물이 주는 교육적 효과

1) 지적장애 개선 효과

Hemlich(2001)는 중등도 이상의 지적장애(mental retardation, 이전 용어=정신지체)를 가진 어린이들을 대상자로 하는 반려동물 매개 활동의 효과에 대한 연구를 수행하였다. 연구결과, 대상자들은 세션의 종료 시 주의력 증가, 신체 운동능력 향상, 의사소통 능력 증가 및 사회성 향상 효과가 확인되었다.

2) 정신발달 촉진

중재 매개체로서 살아있는 개와 고양이뿐 아니라 장난감 애완동물의 대체 가능성에 대한 연구도 수행되고 있다. 살아있는 애완동물들과의 상호작용이 어린이 대상자들의 정신 발달을 촉진한다는 것이 확인되었다(Becker, 2002).

3) 아동에 대한 반려동물의 이점

여러 연구들에서 어린이들은 그들의 애완동물을 친구이자 동반자로 생각한다는 것이 알려져 있다.

　동물들은 중재 매개체로 도입되어 다양한 교육 활동에 이용되어질 때, 아동 대상자들에 교사 또는 상담사와 서먹함을 푸는 ice-breaker 역할을 한다. 또한 무의식에 깔려있는 감정의 분쟁이나 걱정과 두려움들을 대상 아동들이 털어놓게 하는 촉매제로서 역할을 한다.

3 동물매개교육에 대한 연구

1) 대인관계 형성에 도움

　Levinson은 대인관계 형성에 어려움을 겪고 있는 감정장애를 가진 어린이들이 애완동물과 쉽게 관계를 형성할 수 있다고 보고하였다. 어린이들은 동물에게 더 편안함을 느낄 수 있다. 어린이와 동물의 이러한 독특한 관계는 어린이가 동물의 중재를 통하여 대인관계 형성 능력을 향상할 수 있도록 독려 받을 수 있게 한다(Levison, 1982; Serpell, 1999).

2) 행동문제 감소 효과

　Hensen 등(1999)은 생리학적 각성과 행동학적 문제들을 가진 2~6세 어린이들을 대상으로 개가 없는 상태와 개를 동반한 상태의 효과에 대한 연구를 수행하였다. 연구결과, 처치군의 개가 있는 상태에서 측정한 아동들은 행동 문제가 유의하게 감소한 것을 확인하였다.

3) 감정 조정 능력 증가와 분노행동 감소 효과

　Hanselman(2001)은 청소년을 위한 12주 분노유지 프로그램에서 개의 이용 효과를 연구하였다. 개를 매개로 하여 매개치료를 실시하는 것으로, 청소년들이 자신의 감정 조정 능력이 증가하고 분노행동이 감소할 수 있는 것을 확인하였다(Hanselman, 2001).

4) ADHD에 대한 효과

동물의 중재에 의한 매개치료는 주의력결핍과잉행동장애(Attention Deficit Hyperactivity Disorder, ADHD)를 가진 어린이를 위한 치료로 이용될 수 있다 (Barkeley, 1998).

Barkeley(1998)는 치료의 중재로 동물의 이용에 대한 5가지 가정들을 제안하였다.

① 동물들은 행동의 예측이 어려워 어린이들의 집중을 끌어내기에 유리하다.
② 동물들은 어린이에게 불확실성을 제공하며 이런 점이 어린이들의 충동적인 반응들을 억제하도록 도울 수 있다.
③ 동물의 존재는 대상 어린이에게 외부 환경에 대한 집중을 갖게 하며 동물매개심리상담사와 다른 어린이의 행동에 적절한 관심을 갖도록 유도할 수 있다.
④ 동물들은 대상 어린이들에게 애정을 제공하고, 돌보고, 적절히 놀 수 있는 기회를 제공한다.
⑤ 동물에 대한 두려움을 극복하고 돌볼 수 있는 기회를 제공하여 대상 어린이들에게 자기존중감 증가와 자신감 향상을 유도할 수 있다.

5) 자아존중감 향상 효과

Triebenbacher(1998)은 애완동물 소유와 어린이의 자아존중감 사이의 상관관계를 연구하였다.

연구결과, 고양이 또는 개를 소유한 어린이들은 새, 파충류, 말, 또는 설치류와 같은 다른 동물들을 소유한 어린이 보다 그들의 애완동물에 대한 애착정도가 유의하게 더 높았다.

6) 아동학대와 성적 학대 치유 효과

Reichert(1998)는 성적 학대 어린이들의 치료에 치료도우미동물의 역할에 대한 연구를 수행하였다.

연구결과, 치료 초기에 대상 어린이와 동물매개심리상담사가 치료도우미동물을 곁에 앉히고 대상 어린이가 동물을 쓰다듬게 하거나, 안아주도록 하는 것이 대상 어린이의 치료에 좋은 효과를 유도하는 것을 확인하였다.

4 동물매개교육 프로그램

1) 독서 보조견 프로그램

'읽기교육 보조견' 프로그램의 핵심은 동물은 이완을 증가시키고 긴장을 완화하도록 도울 수 있기 때문에 읽기를 싫어하고 어려워하는 아동들이 읽는 것을 경험하는데 가장 이상적인 동료가 될 수 있다는 것이다(Intermountain Therapy Animals, 2013).

표 10-2 '읽기 보조견'으로서 치료도우미동물의 기본 조건

1. 통제하기 힘든 아동집단과의 갑작스런 직면 같은 상황에도 동요 없이 차분하고 조용하게 견딜 줄 알아야한다.
2. 확실한 복종기술과 능력이 있어야 하고 '발을 가만히 두거나', '주의를 기울이는 것'과 같은 동작을 습득하고 있어야 한다.
3. 학교종소리와 같이 깜짝 놀라게 하는 큰 소리나 혼란스러운 환경을 견딜 수 있어야 한다.

2) 수업참여 개와 고양이(classroom dog or cat) 효과

어린이들과 어울리기를 좋아하는 사교적인 애완동물의 수업 참여가 교실에서 수업의 성취도를 높일 수 있는 것으로 보고되고 있다.

보고들에 의하면 'Class Dog Program'에 의해 수업 집중력 향상 및 학습효과 증대를 얻을 수 있는 것으로 확인되고 있다.

제5절 통합치료

1 동물매개치료 기법의 다양성

1) 동물매개치료 분야에서 미술치료적 접근

동물매개치료 프로그램 과정에 동물 그림 그리기, 동물 모양 공작이나 만들기 등의 활동을 통하여 미술치료적 접근이 가능하다.

2) 동물매개치료 분야에서 음악치료적 접근

동물매개치료 프로그램 과정에 동물 음악 듣기, 동물 관련 노래 부르기 등의 활동을 통하여 음악치료적 접근이 가능하다.

3) 동물매개치료 분야에서 독서치료적 접근

동물매개치료 프로그램 과정에 동물 관련 동화를 읽어 주기, 동물 소리 들려 주기 등의 활동을 통하여 독서치료적 접근이 가능하다.

4) 동물매개치료 분야에서 연극치료적 접근

동물매개치료 프로그램 과정에 동물 분장을 하고 상황극이나 연극 활동을 통하여 연극치료적 접근이 가능하다.

5) 동물매개치료 분야에서 원예치료적 접근

동물매개치료 프로그램 과정에 사육상자 또는 수조 만들기 등의 활동을 통하여 원예치료적 접근이 가능하다.

6) 동물매개치료 분야에서 산림치유적 접근

산림에 체험 학습을 통하여 야생동물 및 곤충을 체험하고 산림치유적 접근이 가능하다.

7) 동물매개치료 분야에서 작업치료적 접근

동물매개치료 프로그램 과정에 동물이 살 수 있는 집을 만들거나 관련 식물을 심고 가꾸는 등의 활동을 통하여 작업치료적 접근이 가능하다.

8) 동물매개치료 분야에서 놀이치료적 접근

동물매개치료 프로그램 과정에 동물 모양 퍼즐이나 모형을 가지고 놀이활동 또는 치료도우미견과의 공놀이나 원반 물어오기 등의 활동을 통하여 놀이치료적 접근이 가능하다.

2 통합 치료로서 동물매개치료의 역할

동물매개치료는 프로그램 과정에 미술치료, 음악치료, 독서치료, 연극치료, 원예치료, 작업치료, 산림치유, 놀이치료 등의 다양한 대체의학적 방법들이 함께 접목하여 수행될 수 있다.

그림 10-1 통합 치료로서 동물매개치료의 역할

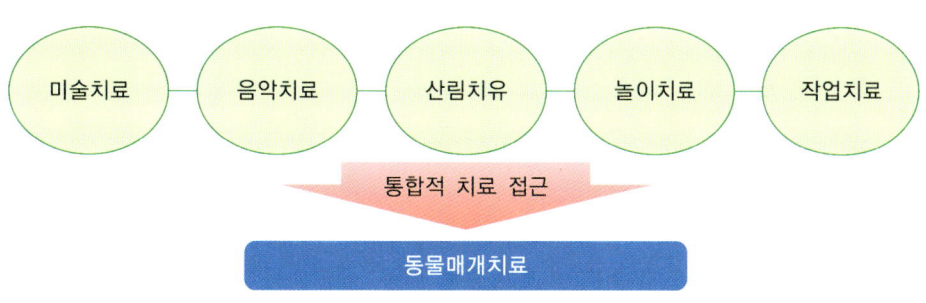

CHAPTER 11

대상자에 따른 동물매개치료

제1절 아동

1 아동에게 반려동물이 주는 이점

① 반려동물은 어린이들이 자기통제를 발달하도록 도울 수 있는 역할을 수행할 수 있다.
② 반려동물은 자신을 돌봐주는 주인들에 대한 무조건적인 애정과 충성심을 보여주고, 출산 후 애정 어린 강아지 돌보기 등의 다양한 간접 경험을 어린이에 제공해줄 수 있다.
③ 어린이들은 자신의 반려동물과 어른들이 이해하기 어려운 특별한 교감을 형성할 수 있다.
④ 어린 시절 반려동물을 길러 본 어린이들은 사자나 돼지, 닭이나 뱀과 같은 다른 동물들에 덜 부정적인 태도를 갖게 된다는 사실이 보고되고 있다.
⑤ 다른 연구결과들 중 재미있는 결과로 어린 시절 반려동물을 기른 경험을 가진 경우에 어른이 되었을 때 보다 더 인본적(humane) 태도와 행동을 보이는 것으로 밝혀졌다.
⑥ 반려동물은 어린이에게 교육 및 정신적으로 도움을 주는 역할을 다양하게 할 수 있다.

⑦ 많은 연구결과들에서 반려동물은 어린이들의 정서지원, 태도조정, 사회화 형성, 신체보조, 의욕고취, 훈련, 교육과 동기부여 등을 통하여 어린이에게 도움을 줄 수 있다. 사춘기 시기의 아이들에게 반려동물은 가족의 사랑을 대체할 수 있는 정신적 사랑의 대상이 될 수 있다.

⑧ 최근의 연구결과들에 의하면 '반려동물을 키우는 아이들이 그렇지 않은 아이들 보다 사회성이 좋으며, 정서적으로 안정되고 신체적으로도 면역기능이 높다'는 것이 보고되고 있다. 어린이들에게 반려동물은 함께 성장하는 친구이자 동료로서 계산할 수 없는 많은 이점들을 제공한다.

2 아동 대상 동물매개치료 효과

표 11-1 아동 대상 동물매개치료 효과 기전

1. 동물의 존재로부터 얻는 안정감
   아동 대상자는 단순히 함께 있을 수 있는 동물이 존재한다는 것으로부터 안정감을 얻고 새로운 감정과 활력을 얻을 수 있게 된다.

2. 감정과 표현의 활성화
   아동 대상자들은 치료도우미동물들에게 비밀을 유지할 수 있는 믿음을 주기 때문에 아동 대상자들은 치료도우미동물에게 자신의 이야기와 감정을 자유롭게 표현하며, 이러한 상호 작용을 통하여 치료효과를 얻을 수 있다.

3. 성장기 아동의 또래 친구 역할
   발달심리학자인 에릭 에릭슨과 장 피아제에 따르면 아동은 성장기 동안 동물과의 상호 교감을 통하여 다른 사람과의 관계에 대한 개념을 형성하는데 큰 영향을 받게 된다. 피아제의 인지이론에 따르면 아이들은 동물을 또래 친구로서 인식한다. 아동들은 자신의 친구로서 동물들을 애정을 가지고 대하며 동물매개치료 프로그램에 더 집중하게 된다.

4. 동물에 대한 감정이입
   어린이들은 동물을 또래 친구로서 받아들이고 감정이입으로 공감이 쉽게 되어 동물들을 가르치려 한다. 이러한 과정에서 어린이들은 낯선 사람과의 초기 접촉 시 서로 대화하고 친해지는 사회성을 비교적 접근이 쉬운 동물과의 관계형성을 통하여 향상시킬 수 있고 나아가 다른 사람들과의 원만한 관계형성에도 도움을 받을 수 있다.

5. 도움의 제공
   아동 대상자가 동물에게 목욕이나 먹이 주기 등의 도움을 주는 행위로 기쁨을 느끼게 되고 도움 제공자인 아동 대상자의 건강을 향상시키는 결과를 가져올 수 있다.
6. 교육 과정 참여
   아동 대상자가 프로그램에 투입된 동물에게 훈련을 가르치거나 책을 읽어 주는 등의 교육 활동을 통하여 아동 대상자는 자신의 지식과 사회적 규범 등을 정립 하게 되고 자신감이 향상될 수 있다.

제2절 노인

1 노인에 대한 동물매개치료 적용 분야

노인에 대한 동물매개치료 적용 분야로는 ① 치매, 알츠하이머 노인 환자, ② 노인 요양 시설, ③ 독거 노인, ④ 노인 대상 프로그램 등에 적용이 가능하다.

노인에 대한 동물매개치료의 효과로는 ① 우울감 감소, ② 사회성 증가, ③ 자아존중감 향상, ④ 신체 기능 향상, ⑤ 인지 기능 향상 등이 있다.

2 노인에 대한 동물매개치료 효과 기전

반려동물로 가장 많이 기르는 개는 지능이 높은 동물로서 주인을 잘 따르고 복종하며 주인의 감정 상태를 느끼고 또한 자신이 느끼는 감정과 생각들을 주인에게 표현하기도 한다. 이러한 살아있는 동물, 즉 반려견과의 교감이 노인들의 고독감이나 우울감을 해소시켜 줄 수 있으며 생명이 있는 살아 있는 동물이기 때문에 먹이를 주고 보살펴 줘야 하므로 양육성을 높이게 되고 많은 신체적 활동을 야기해 지적 활동에 영향을 줄 수 있다(Triebenbacher & Lookabaugh, 2000).

개의 존재는 낯선 사람을 만날 때 어색함을 줄여 주는 social ice breaker로서 작용하고 대화를 증가시켜 주는 사회적 윤활제 역할을 한다(Messent, 1983).

현대 사회에서 남성 노인들은 다른 연령층에 비교하여 신체적 친밀감의 표현을 어색하게 여기는 경향이 있는데, 반려동물은 노인들의 신체적 친밀감을 촉진하는 역할이 있다(Serpell, 1991).

노인들은 사회적 관계가 줄어들고 제한되는 경향이 있는데, 개와 같은 반려동물은 노인들에게 중요한 사회적 지지를 제공한다(McColgna & Schofield, 2007).

동물들과의 유대 관계 형성은 노인이 운동을 하게 촉진하는 등의 역할을 동물이 수행하기 때문에 노인에게 특별한 가치를 제공한다(Panzer-Koplow, 2000).

성인이 노인으로 나이가 들어감에 따라 동물들의 역할이 더욱 늘어날 수 있다. 노인들은 다른 사람들로부터 돌봄을 받아야 될 필요가 증가한다. 성인일 때 그들은 남을 돌보는 것에 익숙하였는데, 나이가 들면서 돌봄을 받아야 하는 이행단계에 직면하게 되는 것이다. 이러한 이행단계는 노인들에게 의존감과 자기 가치 상실의 두려움을 갖게 한다. 애완동물을 기르는 일은 노인에게 다른 개체를 자신이 돌보아줄 수 있다는 느낌을 들게 하고 자신의 유용감을 유지할 수 있게 하여 정신건강 유지에 도움을 줄 수 있다.

동물매개치료는 노인들이 동물들에게 자신의 비밀스런 이야기들을 할 수 있는 기회를 제공한다. 동물매개 활동에 참여한 동물들은 노인들의 이야기들을 들어주고 비밀을 유지할 수 있는 믿음을 주며 이러한 상호작용을 통하여 환자들의 치료효과를 얻을 수 있다(Ruckert, 1987).

또한 동물들은 주인에게 무조건적인 애정과 사랑을 보여주기 때문에, 동물과의 상호작용은 노인들이 다른 사람들로부터 거부되거나 부정적 평가를 받을 수 있다는 불쾌감을 해소시켜줄 수 있다(Fawcett & Gullone, 2001). 따라서 이러한 동물들의 긍정적 측면은 동물매개치료 프로그램 동안에 노인들의 외로움이나 우울과 같은 정서적인 측면의 문제점들을 개선시킬 수 있다.

동물매개치료에 의한 노인들의 신체적인 재활 촉진 효과의 예로는 팔의 마비가 있는 노인 대상자가 프로그램 과정에서 치료도우미견의 빗질을 하는 즐거운 활동을 통하여 신체 재활이 촉진되는 것을 들 수 있다.

동물매개치료 과정 동안에 노인 대상자의 치료 효과는 동물매개심리상담사와 치료도우미동물의 상호 협력의 정도에 큰 영향을 받는다.

제3절 자폐 스펙트럼 장애

1 자폐 스펙트럼 장애 대상 동물매개치료 프로그램의 이점

1) 인간과 동물의 유대감을 활용한다는 점에서 자연 친화적이고 효과적

동물매개치료는 다른 대체의학적 방법과 다르게 인간과 동물의 유대감을 활용하여 자폐 아동에 자연 친화적이고 효과적인 긍정적 반응을 유도한다.

2) 동물매개중재 활동의 오락적인 요소

반려동물과 상호작용을 함으로써 접촉으로 인한 즐거움을 찾을 수 있으며, 이러한 기전으로 동물과 함께하는 즐거운 놀이 경험이 자폐 아동에게 사회적 발달을 촉진시켜 줄 수 있는 기회를 제공한다.

동물을 쓰다듬어주는 일은 자폐 아동을 위로해주고 안정감을 주는 효과가 있다. 반려견이 복종훈련을 받을 수 있는 능력은 아동에게 이런 훈련기술을 개발할 수 있는 계기를 촉진시켜 줄 수 있으며, 아울러 아동의 자기개념과 자아존중감을 강화시켜줄 수 있다. 또한, 반려견과의 놀이 활동이 자폐 아동의 사회적 지식, 모방행동, 거울보기, 규칙 알기, 놀이활동 증진을 유도할 수 있다(이진숙, 2004).

3) 다양한 활동을 프로그램으로 구조화 하여 접근이 가능

동물매개치료는 자폐 아동의 프로그램에 대한 동기부여에 매우 긍정적이며 운동기능을 향상시켜서 육체적 기능을 회복시키고, 집중력과 자기표현능력을 향상시키며 관심과 대화를 촉진시킴으로써 자아자존감을 향상시켜준다.

2 자폐 스펙트럼 장애 아동에 대한 동물매개치료의 효과 기전

자폐스펙트럼장애 아동에 대한 동물매개치료의 효과는 다양한 연구를 통하여 잘 알려져 있다.

1) 동물의 ice-breaker 및 촉매제로서 역할

동물들은 치료 활동의 매개체로 도입되어 이용될 때, 아동 대상자들에 의사 또는 치료사와 서먹함을 푸는 ice-breaker 역할을 한다. 또한 무의식에 깔려있는 감정의 분쟁이나 걱정과 두려움들을 대상 아동들이 털어놓게 하는 촉매제로서 역할을 한다. 일부 연구자들은 애완동물이 대상 아동들의 다양한 문제들을 해결하는 방법을 제시할 수 있다고 믿고 있다(Serpell, 1999).

이러한 이유로 동물의 중재는 자폐 아동의 닫혀있던 마음을 자연스레 열게 하고 프로그램 수행 과정 동안에 적극적으로 참여하도록 유도한다.

2) 비밀 보장에 대한 신뢰

자폐 아동은 동물들이 자신이 털어 놓는 비밀에 대하여 잘 지켜줄 수 있다는 믿음을 가지고 있고, 이러한 신뢰감이 대인관계에 문제가 있는 아동이어도 프로그램 활동 동안에 치료도우미동물에게 자신의 비밀을 털어놓도록 하며, 이러한 즐거운 경험을 통하여 자폐의 증상이 경감될 수 있다.

3) 편안함과 사랑 받는 즐거운 경험 유도

어린이와 동물의 이러한 독특한 관계는 자폐 아동이 동물의 중재를 통하여 대인관계 형성 능력을 향상할 수 있도록 독려 받을 수 있게 한다(Levison, 1969; Serpell, 1999).

4) 과제 수행을 통한 성취감 획득

참여 자폐 아동은 프로그램에 대한 동기부여에 매우 긍정적으로 반응하게 하고, 과제 활동 동안에 자연스럽게 운동기능을 향상시켜서 육체적 기능을 회복시키고, 집중력과 자기표현능력을 향상시키며 관심과 대화를 촉진시킴으로써 자존감을 향상시켜준다. 그리고 외부에 대한 관심이 증가되어 동물에게 사랑을 줄 수 있게 되며 동물을 통해 아동과 동물 상호간에 교감을 형성할 수 있다(Chandler, 2005).

제4절 ADHD

1 ADHD 대상 아동의 동물매개치료 프로그램의 이점

① 동물의 존재는 아동의 주의력을 끌고 유지시킬 수 있도록 하는 역할을 해 준다.

동물들의 움직임이나 행동이 장난감이나 무생물과 같지 않게 활발히 운동을 하고 예측불허이기 때문에 어린이들은 동물들의 행동 관찰에 보다 더 집중하게 되고 이러한 이유로 집중 유지에 어려움을 겪고 있는 ADHD 아동과 같은 어린이들의 치유효과가 향상될 수 있다(Katcher & Wilkins 2000).

② 동물에 대한 애정 어린 양육 놀이는 공격성을 감소시켜 또래 간에 긍정적인 교류를 증가시킨다.

게임이나 놀이는 즐거움이라는 속성을 가지고 있어서 아동의 발달적 단계에 적합하여 자기 통제, 좌절, 인내 및 자기행동에 대한 제한을 받아들이고 자아 발달을 촉진시킬 수 있다.

특히 동물과 함께하는 게임이나 놀이는 ADHD 아동의 주의집중력과 자기 통제에 효과적이기 때문에 ADHD 아동의 치료적 중재 기법으로 적절할 것으로 생각된다(Ervin, Bankert & DuPaul, 1996; Schaefer & Reid, 2001).
③ 아동의 민감성을 빠르게 감소시켜 반응을 연장시키는 효과가 있다.
아동이 동물의 행동에 익숙해질 수 있다고 할지라도 세부적인 행동을 예측하는 것은 어렵기 때문에 세심하게 지속적인 주의를 하도록 하여야 하는데, 이러한 이유로 동물매개치료는 ADHD 아동의 민감성 감소효과를 유도할 수 있다.
④ 동물의 존재는 대상 아동에게 외부 환경에 대한 집중을 갖게 하며 동물매개심리상담사와 다른 아동의 행동에 적절한 관심을 갖도록 유도할 수 있다.
동물의 존재는 ADHD 아동이 내부적으로 가지고 있는 주의 방향을 외부로 끌어낼 수 있도록 도와주기 때문에 각성 정도를 낮추는 효과가 있어 어떤 행동에 대한 정확한 이해뿐 아니라 부정적인 행동을 억제시킨다.
⑤ 동물에 대한 두려움을 극복하고 돌볼 수 있는 기회를 제공하여 대상 어린이들에게 자아존중감 및 자신감 향상을 유도할 수 있다.
동물을 데리고 하는 실제 학습과 자연 생태 시스템과 연합한 프로그램에 참여한 학생들이 일반 교육 프로그램 참여한 학생들 보다 자아개념의 척도에서 좀 더 높은 점수를 가졌다(Katcher & Gregory, 2000).

이러한 연구결과와 같이, 동물매개치료는 ADHD 아동에게 치료도우미동물을 돌보고 함께 하는 경험을 통하여 자아존중감 및 자신감이 향상될 수 있다.

2 ADHD 아동에 대한 동물매개치료의 효과 기전

동물들이 가져오는 '완화효과(relaxing effect)'가 '주의력결핍과잉행동장애(attention deficit hyperactive disorder, ADHD)'를 가진 아동들의 문제행동을 감소시키고 치료효과를 유도할 수 있다(Katcher and Beck, 1983).

표 11-2 ADHD 아동에 대한 동물매개치료의 효과 기전에 대한 분석

구분	이론적 배경	관점	주의 개념	주의 소요	치료 방법
Taylor (2009)	ART (Attention Restoration Theory)	주의 불일치성	의도적 주의 무의적 주의	주의 피곤 주의 회복	자연친화적 환경 활동
Jackson (2008)	자기조절	뉴런체계의 약화	초점력 판단력 인지력	실행기능	집중력 훈련 마음수련
Palladino (2007)	뒤집힌 U 곡선	자극의 불균형	선택적 주의 지속적 주의	최적 각성	인지 훈련
Katcher (2006)	Biophilia Hypothesis	부적절한 주의 방향성	내적 주의 외적 주의	진정효과	농장 동물 돌봄 활동, 자연탐구, 정원 활동

제5절 발달장애

1 발달장애 아동에 대한 동물매개치료 효과

1) 사회성 발달 효과

치료도우미견과 활동하는 그룹에 속한 발달장애 아동들이 더 사회 환경에 적극적으로 반응하고 집중하며, 활력을 가지고 생활하며 사회성이 향상된다는 점을 발견하였다.

2) 동물을 통한 중간 매개체로서의 효과

동물들은 아동들에게 스트레스를 감소시켜주고, 아동들에게 친근한 반려감을 줄

수 있으며, 심각한 주의력 결핍(attention deficit)이나 과도한 행동 장애를 겪고 있는 아동들에게 증상을 경감시켜 주는 효과를 가지고 있다(Hansen 등, 1999).

3) 긍정적 행동 증가와 자기 몰입 감소 효과

동물매개치료는 발달장애 아동들에게 유대감을 갖기 용이한 치료도우미동물을 제공함으로서 유대감 형성의 연습과 적응에 도움을 제공해주고 있다.

4) 혈액순환 향상

치료도우미견을 매개로하는 동물매개치료는 치료도우미견과의 유대감 형성에 의하여 긴장 완화와 혈액 순환 향상을 얻을 수 있다. 또한 프로그램 과정에 대상 아동이 즐겁게 적극적으로 참여하면서 얻을 수 있는 운동 효과로 근육의 긴장도 완화와 이완 효과를 얻을 수 있다. 이러한 결과로부터 치료도우미견을 활용한 동물매개치료는 발달장애 아동들에게 매우 효과적인 치료법으로 보고되고 있다(Martin과 Farnum, 2002).

제6절 치매

1 치매 환자를 위한 동물매개치료 프로그램 운영

표 11-3 치매를 가진 환자를 위한 동물매개치료의 가능한 목표

- 통증 감소
- 언어적 파괴 행동 감소
- 감정에 관한 의사소통 향상
- 사회행동 향상

- 다양한 크기의 물건들을 잡거나 놓을 수 있는 능력 향상
- 섬세한 운동 기술 능력 향상
- 걸음걸이 기술과 휠체어 이동 능력 향상
- 손과 눈 협동 능력 향상
- 기능적 운동력 향상을 위한 관절의 움직임 범위 향상
- 작업의 집중력 향상
- 기능적 운동을 돕는 앉는 것과 서는 것, 또는 걷기 능력 향상
- 일상 활동 능력을 향상하기 위한 팔과 다리 힘 향상
- 우울증 감소

출처: Buettner LL, Fitzsimmons S, Barba B. Animal-Assisted Therapy for Clients with Dementia: Nurses' Role. Journal of Gerontological Nursing 2011, 37:10-14.

표 11-4 치매 환자의 동물매개중재활동 이동성 프로토콜 예

목적	치매 요양 환자들의 이동성 향상
스텝 요구 사항	환자 한 명당 인증된 치료도우미견 한 마리와 한 명의 간호사 또는 치료사
참여 기준	• 이동이나 기능 향상을 위한 치료를 요하거나 뇌졸중을 겪었던 환자 • 개를 좋아하는 환자 • 이동성 향상을 위하여 담당 의사 또는 임상간호사로부터 동물매개중재활동을 처방받은 환자
종료 기준	치료목표가 달성되거나 의사의 처방 유효 기간이 만료된 환자
기간과 빈도	각 회기의 활동 시간은 30분을 유지하고, 각 회기는 월요일부터 금요일 사이에 아침 8시~오후 5시 사이에 규칙적으로 갖는다. 동물매개중재활동의 기간과 빈도는 담당 의사의 처방에 따른다.
안전 고려 사항	• 가능하면 학회에서 인증된 큰 품종의 개들을 활용한다. • 적용이 가능하면 환자들은 양말이나 눈 보호대, 보조 장비들을 착용한다. • 방문 24시간 이 전에 치료도우미견을 깨끗이 목욕하고 미용과 발톱 다듬기를 하도록 한다. • 환자들이 치료도우미견과 혼자 있도록 하지 않는다. • 치료도우미견이 스트레스를 받는 것이 모니터링 되는 경우에, 즉시 스트레스를 받는 환경으로부터 치료도우미견을 데리고 나간다.

시설과 장비 요구 사항	• 치료 활동을 할 수 있는 치료실 • 환자들이 걸어 다닐 수 있는 공간 • 환자를 위한 보행 벨트와 필수적인 보조 장비들 • 개 목줄, 리드줄, 어깨 띠, 개간식, 물그릇, 개빗, 상자 • 여러 크기들의 강아지 공과 장난감들
평가	• 동물매개치료 활동 시작 전에 치료목표를 결정하기 위한 환자 평가하기 • 동물매개치료 활동이 환자에게 적합한지를 결정하기 • 초기 평가 결과에 따라서 환자의 이동 운동 활동의 종류 정하기
예시	치료도우미견에게 환자가 다양한 크기의 공을 던지기. 이 활동을 통해 아래 목표를 달성할 수 있다. • 어깨, 팔, 손, 손가락의 운동 범위 향상 • 팔목의 운동을 통하여 팔의 힘을 향상 • 앉거나 서기 지구성 향상 • 평형/몸통 조절 향상 • 여러 크기의 공을 잡거나 놓는 능력 향상 • 환자가 공을 특정 목표 지점에 던지는 활동을 통하여 손-눈 협동 능력 향상 • 적용 가능하다면 불편한 팔이나 다리의 운동을 위한 사용 독려
	환자가 공간을 개와 함께 산책하며 거리를 조금씩 늘려간다. 이때 2개 리드줄을 이용하여 하나는 환자가, 하나는 펫파트너가 잡고 조정을 한다. 이 활동을 통해 아래 목표를 달성할 수 있다. • 보행 기술, 휠체어 이동, 평형, 지구력, 조정능력 향상 • 리드줄을 잡거나 놓을 수 있는 능력 향상 • 적용 가능하다면 불편한 팔이나 다리의 운동을 위한 사용 독려

출처: Buettner LL, Fitzsimmons S, Barba B. Animal-Assisted Therapy for Clients with Dementia: Nurses' Role. Journal of Gerontological Nursing 2011, 37:10-14.

2 치매 환자에 대한 동물매개치료 효과

1) 실어증, 조현병 및 치매 환자에서 연구

효과 기전은 치료도우미견은 환자들의 뇌 손상과 언어 장애에 대하여 무조건적인 수용의 분위기를 제공하고 대화의 동기를 제공하여 훌륭한 촉매자로서 역할을 하기 때문이다.

2) 알츠하이머병과 다른 치매 질환을 가진 환자에 대한 동물매개치료 연구

Fritz 등(1995)은 한 요양원의 64명 알츠하이머 환자들에게 애완동물을 활용한 동물매개중재를 실시하고 그 효과를 확인하였다. 34명의 애완동물 활동 그룹과 34명의 대조군으로 나누어 연구를 수행한 결과, 애완동물 중재 그룹이 대조군에 비교해서 언어적 공격성과 불안이 감소하는 것을 확인하였다.

McCabe 등(2002)은 알츠하이머 환자들을 돌보는 244명의 간병인들에게 4주간의 상주 프로그램으로써 치료도우미견을 활용한 동물매개중재를 수행한 결과, 문제행동들의 유의한 감소를 확인할 수 있었다.

Significantly decreasing of problem behaviors at the end of the 4 weeks.

memo

동물매개
심리상담사
Companion Animal Assisted
Psychology Counselor

Companion Animal Assisted Psychology Counselor

발달심리학

2. PART

Chapter 01　인간발달의 이해
Chapter 02　인간발달의 이론
Chapter 03　인간의 성장과 발달

CHAPTER 01
인간발달의 이해

제1절 인간발달의 본질

오늘날 대부분의 심리학자들은 인간의 발달은 생명의 시작에서부터 죽음에 이르기까지 일생을 통해서 전 생애 동안 발달된다는 견해를 갖고 있다. 종래에는 발달이라는 용어가 좁은 의미로 사용되어 수태에서부터 청년기에 이르는 상승적 변화만을 지칭하였으나, 근래에는 보다 넓은 의미로 사용되어 청년기 이후 노년기에 이르기까지의 하강적 변화까지도 포함한다. 인간발달의 각 단계는 이전 단계에 의해 영향을 받고, 앞으로 다가올 단계에 영향을 미치므로 각 발달단계는 나름대로의 독특한 가치와 특성이 있다. 여기서는 발달의 개념과 발달심리학, 인간발달의 단계와 주요 발달 내용, 발달의 원리와 특징에 관해서 살펴보기로 한다.

1 발달의 개념과 발달심리학

1) 발달의 개념

발달(development)이란 정자와 난자가 만나 수정이 되어 인간의 생명이 시작되는 순간에서부터 죽음에 이르기까지 연령의 증가와 함께 전 생애를 통해 이루어지는 모든 변화의 양성과 과정을 의미한다.

모든 발달적 변화의 양성 과정에는 신체 및 운동기능, 지능, 사고, 언어, 사회적 관계, 정서, 도덕, 성격 등 인간의 모든 특성들이 포함된다.

인간의 전 생애에 걸친 발달과정에는 긍정적인 변화와 부정적인 변화를 모두 포함한다. 긍정적인 변화란 어떤 특징이 양적으로 증대되고 기능이 유능해지며, 구조가 더욱 복잡해지는 것이고, 부정적인 변화란 어떤 특징이 양적으로 감소되고 기능이 약해지고 구조가 쇠퇴하는 것이다.

종래에는 아동기와 청년기의 발달은 긍정적인 변화로 보고, 중년기 이후부터 노년기의 발달은 쇠퇴로 인한 부정적인 변화로 보았다.

그러나 최근의 연구결과에 의하면 노년기에도 분석, 통합, 추론, 문제해결능력 등 여러 영역에서 긍정적인 발달이 지속되고 있는 것으로 나타났다(Baltes. 1987). 따라서 성인기에서부터 노년기에 이르는 동안에 나타나는 신체적·심리적 변화도 모두 발달의 변화에 포함된다.

발달에는 양적인 발달과 질적인 발달이 있다

(1) 양적인 발달

신장, 체중, 신체 기능이 다양화되고 정교화하는 과정으로 나타난다.

(2) 질적인 발달

감각, 지각, 인지, 추리, 논리, 사고 등을 포함한 모든 심리적 발달을 포함한다.

2) 발달심리학

발달심리학(developmental psychology)은 인간의 수정에서부터 죽음에 이르는 전 생애의 발달과정을 연구하는 학문의 한 분야이다.

종래의 발달심리학은 주로 아동기와 청년기를 대상으로 하였으나 근래의 발달심리학은 성인기와 노년기를 포함한 전 생애를 연구대상으로 한다.

이런 의미에서 발달심리학을 흔히 생애발달심리학(Life-span developmental psychology)이라 부른다. 인간의 모든 연령과 시기의 발달은 상호 밀접하게 관련되어 있으므로 발달심리학을 생애발달적 관점에서 보는 것은 매우 중요하다.

예를 들면 유아기 때 형성된 사회·정서발달은 이후 아동·청소년기나 성인이 되었을 때도 영향을 미치므로 유아기를 연구할 때도 생애발달적인 안목을 가지고 연구해야 한다. 마찬가지로 청년기와 성인기에 나타나는 많은 특성들은 영아기와 유아기의 성장과정을 이해하지 않고는 그러한 특성이 형성된 원인과 배경을 찾아내기 어렵다. 이런 점에서 영아기 발달, 유아기 발달, 아동기 발달, 청년기 발달 등 모든 단계의 발달심리는 생애발달심리의 전체적인 틀 속에서 연구되고 이해되어야 한다.

2 인간발달의 단계와 주요 발달 내용

1) 인간발달의 단계

인간발달의 단계는 대체로 태내기, 영아기, 유아기, 아동기, 청년기, 성인전기(성년기), 성인중기(중년기), 성인후기(노년기)로 나눈다.

2) 인간발달 단계의 특징과 주요 발달 내용

인간발달 단계의 대략적인 연령과 특징 및 주요 발달 내용은 <표 1-1>과 같다. 여기서 연령의 범위는 어떤 단계는 그 시작과 끝이 분명하지만, 어떤 단계는 그렇지 못한 것도 있다.

표 1-1 인간발달 단계의 특징과 주요 발달 내용

단 계	특징 및 주요 발달 내용
태내기 (수정~출생)	• 수정의 순간부터 출산까지를 지칭 • 태아가 어머니 뱃속에 있는 약 9개월간 • 정자와 난자가 결합한 하나의 세포가 빠른 속도로 하나의 생명체로 성장 • 짧은 기간이지만 인간발달의 초석이 되는 매우 중요한 시기 • 기본적 신체구조와 기관이 이 시기에 형성됨. • 신체의 성장이 일생 중 가장 빠른 속도로 이루어짐. • 태내 환경의 영향을 크게 받는 시기임.

영아기 (출생~2세)	• 출생 후 24개월까지를 지칭 • 그 중 출생 후 첫 1개월을 신생아라고 함. • 신생아는 부모에게 의존적이기는 하지만 나름대로 다양한 능력을 가지고 있음. • 학습능력과 기억력이 신생아기에도 형성됨. • 발달의 여러 영역에서 급속한 성장이 이루어지는 시기 • 하나의 독립된 개체로서 성장할 준비를 하는 시기 • 태내환경과 상이한 새로운 환경에 적응해야 하는 중요한 시기 • 뛰어다닐 수 있을 만큼 신체발달이 빠른 속도로 이루어짐. • 다른 사람과 의사소통이 가능할 만큼 언어능력도 발달 • 이후의 사회성 발달을 위해 부모와 애착관계를 형성하는 것이 필요(첫돌 무렵에 부모에 대한 애착이 형성됨) • 인지발달을 촉진시키기 위해 여러 감각에 대한 자극들이 필요한 시기 • 생후 2년째가 되면 자아에 눈을 뜨기 시작함. • 다른 아동에 대한 관심이 증가함.
유아기 (2~6세)	• 2세부터 초등학교 입학 이전인 6세까지의 시기를 지칭 • 운동기능과 체력이 발달함. • 자기중심적임. • 인지적 미성숙으로 인해 세상을 보는 눈이 비논리적임. • 인지능력이 발달하고 놀이와 환상, 상상력, 창의력이 풍부해짐. • 주변 환경에 대한 탐색(자율성)이 활발해지고, 자기 통제력이 증가함. • 많은 어휘를 습득하여 다른 사람과의 의사소통도 활발해지는 시기 • 친구의 중요성이 증가하지만 여전히 가족이 생활의 중심이 됨.
아동기 (6~11세)	• 6세부터 11세까지의 초등학교에 다니는 시기 • 신체의 성장이 느려짐. • 유아기보다 체력과 운동기능이 신장됨. • 유아기의 자기중심성이 사라짐. • 기억력과 언어기능이 증가함. • 자아개념이 발달함. • 생활의 중심이 가정에서 학교로 옮겨가면서 학교생활이 중요한 역할을 하게 됨. • 학교생활을 통해 아동은 많은 사회적 관계를 형성하게 되며 또래집단의 비중이 점점 커지는 시기
청년기 (11~20세)	• 11세(중학생 시기)부터 20대 초까지를 청년기라고 함. • 청년 초기와 청년 후기로 구분됨. • 청년 초기: 중학생 시기로 사춘기 변화가 일어나며 흔히 청소년기라고 부르기도 함.

	• 청년 후기: 10대 후반에서 20대 초로 이성교제, 자아정체감 문제, 직업에 대한 관심이 주로 나타남. • 신장과 체중이 급격하게 성장하고 체형이 변화됨. • 성적인 성숙이 이루어짐. • 추상적인 사고가 가능함. • 청년기의 자기중심성이 나타남. • 자아정체감 확립이 중요한 과제로 대두됨. • 또래집단이 형성되고 그 영향력이 커지게 됨.
성인전기: 성년기 (20~40세)	• 20세부터 40세까지를 성인전기(성년기)라고 함. • 신체적 건강이 최고조에 달했다가 서서히 감퇴하기 시작함. • 지적인 능력이 더 복잡해짐. • 친근성의 발달로 친밀한 관계가 이루어짐. • 대부분의 사람들은 성인전기에 처음으로 직업을 가지게 됨. • 결혼을 해서 부모 곁을 떠나며 자녀를 낳아 기르는 등 중요한 변화를 겪음. • 자아정체감이 계속해서 발달함.
성인중기: 중년기 (40~65세)	• 40세부터 65세까지를 성인중기(중년기)라고 함. • 신체적 건강과 정력이 감퇴하기 시작함. • 남성은 갱년기, 여성은 폐경기가 나타남. • 지혜와 실제적 문제해결 능력은 증가하지만 새로운 것에 대한 문제해결 능력은 저하됨. • 심리적으로 중년기 위기를 경험하게 됨. • 삶의 의미를 찾는 것을 매우 중요하게 생각함. • 자녀들이 결혼해서 집을 떠난 후 '빈 둥지 증후군'이 나타나기도 함. • 자녀를 돌보고 부모를 봉양하는 이중의 책임감으로 인해 스트레스가 발생함.
성인후기: 노년기 (65세 이후)	• 65세 이후를 노년기라고 함. • 신체적 능력이 다소 감퇴하지만 대부분의 노인들은 건강하고 여전히 활동적임. • 여러 가지 신체적 노화현상들이 나타남. • 반응이 느려져서 여러 가지 기능에 영향을 미침. • 기억력과 지적능력이 감퇴함. • 은퇴로 인해 여가시간이 많아짐. • 신체적 노쇠와 은퇴에 적응하고, 변화하는 역할에 융통성 있게 대처하며, 생을 마무리할 준비를 해야 함. • 다가오는 죽음에 대비하여 삶의 목적을 가다듬을 필요가 있음.

3 발달의 원리와 특징

1) 발달의 원리

인간의 발달은 매우 복잡하고 다양한 요인에 의해 영향을 받기도 하지만 기본 원리에 의해 지배되며 일정한 규칙성을 가지고 있다. 발달의 일반적인 원리는 다음과 같다.

(1) 발달에는 일정한 순서와 방향이 있다.

① 두미발달의 원칙: 영아의 신체발달을 보면 신체 상부인 머리 부분이 몸통이나 사지보다 일찍 발달한다. 즉, 신체 상부인 머리에서부터 신체 하부인 팔과 다리로 진행하고, 눈과 손의 협응 운동이 서고 걷는 운동보다 먼저 발달한다.
② 근원발달의 원칙: 안에서 바깥쪽으로, 중심부에서 말초 신경으로 발달한다. 즉, 인간의 가장 중요한 기관인 심장, 위장, 폐 등의 발달이 먼저 이루어지고, 팔, 팔목, 손, 손가락의 순서대로 발달한다.
③ 세분화의 원칙: 일반적인 것에서 특수한 것으로 발달한다. 즉, 물건을 잡을 때 손 전체를 사용하다가 점차 필요한 손가락만으로도 잡을 수 있게 되는 현상이다.

(2) 발달은 연속적으로 이루어지지만 그 속도는 일정하지 않다.

발달은 전 생애를 통해 끊임없이 연속적으로 진행되는 과정이다. 그러나 발달의 속도는 신체기관과 부위에 따라 다르게 이루어진다. 신체발달이 이루어지는 연령과 시기, 성호르몬의 발달이 이루어지는 시기가 다르고, 두뇌가 발달하는 속도도 아동기와 성인기가 다르게 나타난다.

(3) 발달에는 개인차가 있다.

발달에는 개인차가 존재하며 발달의 속도나 진행 정도는 동일하지 않다. 같은 가정에서 동일한 부모에게 양육을 받고 자란 자녀라고 하더라도 자신이 가지고 있는 유전인자와 환경에 따라 빠르게 발달하는 유아도 있고, 좀 더 더디게 발달하는 유아도 있다.

(4) 발달은 유전과 환경의 상호작용을 통해 이루어진다.

발달은 유전적 요인과 환경적 요인의 상호작용을 통해 이루어진다. 유전적 요인인 선천적 특성들이 잠재적 변화의 한계를 규정하지만, 이러한 한계는 적절한 환경이 뒷받침되면 충분히 실현될 수 있다. 그러므로 개인의 유전적 잠재력이 최대한으로 발휘될 수 있도록 최적의 환경과 상황을 조성하도록 노력해야 한다.

(5) 발달의 각 영역은 상호연관성이 있다.

인간의 신체, 인지, 정서, 사회성 발달은 서로 밀접한 관련이 있다. 각 영역은 서로 발달을 돕기도 하고 지체하도록 하면서 영향을 주고받는다. 예를 들면 신체발달이 잘 이루어지지 않을 경우 또래집단과 어울리는데 어려움이 있으므로 사회성도 낮고 정서적으로 우울을 보이는 경우도 있다. 신체적으로 건강한 아동이 또래집단과 어울릴 기회가 많아 사회성과 정서가 발달할 가능성이 더 높다.

(6) 발달에는 결정적 시기가 존재한다.

발달에는 신체기관이나 정신적 발달이 급격히 이루어지는 특정한 시기가 존재한다. 이 시기에 여러 가지 장애로 인해 발달이 정상적으로 이루어지지 않으면 해당 영역의 발달이 지연되거나 결함이 나타날 수 있다. 최근에는 '결정적 시기'라는 용어 대신 민감한 시기라는 용어를 사용한다. 발달 단계에서 학습의 가능성이 조금 감소된 시기에도 학습은 이루어질 수 있다는 개념에서 '민감기' 또는 '민감한 시기'라는 용어를 사용하는 것이다.

이타드 박사와 빅터

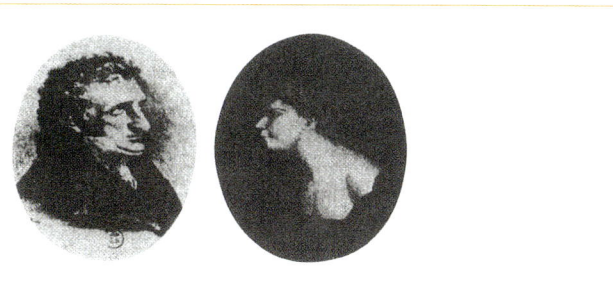

출처: 정옥분. 발달심리학. 학지사. 32page에서 인용

19C초, 프랑스의 시골에서 발견된 빅터라는 12살 난 소년은 구제불능의 백치로 판명되어 동물과 같은 취급을 받은 후 이타드 박사에게 맡겨졌다. 이타드 박사는 빅터가 백치가 아니라고 확신하고서 그에게 언어훈련을 시켰다. 매일 집중적인 훈련을 통해서 다소 나아지기는 했지만 빅터는 끝내 언어를 익히지 못했다. 이타드 박사가 확신한 바와 같이 만약 빅터가 정신지체가 아님에도 불구하고 12세라는 나이에 언어를 습득하지 못한 것은 언어발달에 있어서 결정적 시기가 있다는 가설을 뒷받침하는 단적인 예가 될 수 있다. Lenneberg(1967)에 의하면 인간의 언어는 2세부터 사춘기에 이르는 시기에 발달한다고 한다. 이러한 결정적 시기에 적절한 훈련을 받지 못한 것이 빅터가 언어를 습득하지 못한 이유가 될 수 있다.

2) 발달의 특징

인간의 발달에는 다음과 같은 특징이 있다.

(1) 발달의 적기성

어떤 발달과업을 성취하는 데는 결정적인 시기가 있다.

(2) 발달의 기초성

인간 발달의 과업은 대부분 초기에 이루어지므로, 초기의 발달상 지체가 후일의 발달에 지대한 영향을 미친다.

(3) 발달의 불가역성

어떤 특정한 시기에 발달이 잘못되는 경우 추후 그것을 교정·보충하는 데 한계가 있다.

(4) 발달의 누적성

발달상의 결손은 누적이 되어 회복을 더욱 어렵게 한다.

(5) 상호관련성

아동발달의 여러 측면들은 서로 밀접하게 연관되어 있다.

> **알아두기**
>
> **발달과 유사한 개념**
> - 성장: 신체 크기의 증대, 근력의 증가 등과 같은 양적인 확대
> - 성숙: 경험이나 훈련에 관계없이 인간의 내적 또는 유전적 기제의 작용에 의해 나타나는 신체 및 심리의 변화
> - 학습: 후천적 변화의 과정으로서 특수한 경험이나 훈련 또는 연습과 같은 외부자극이나 조건, 즉 환경에 의해 개인이 내적으로 변하는 것

CHAPTER

02
인간발달의 이론

제1절 정신분석 이론

    정신분석 이론에 의하면, 인간발달은 무의식적인 것이며, 우리의 행동은 단지 표면상 나타나는 특성일 뿐이다. 인간의 발달을 이해하려면 행동의 상징적인 의미를 분석해야 하고, 마음속에서 무슨 일이 일어나는지를 이해해야 한다. 또한 부모와의 초기경험이 인간의 발달에 지대한 영향을 미친다고 하였다. 여기서는 Freud의 심리성적이론, Erikson의 심리사회적이론, 아들러의 개인심리이론에 관해서 살펴보기로 한다.

1 프로이트의 심리성적이론

1) 프로이트(Sigmund Freud)

    "정신분석학의 아버지"라고 불리는 Sigmund Freud는 1856년 체코슬로바키아의 모라비아에서 태어났으나 일생의 대부분을 비엔나에서 보냈다. Freud는 우리 인간이 믿고 있는 것처럼 인간은 이성적이고 논리적이며 지적인 존재가 아니라 비이성적이고 때로는 자신도 알지 못하는 숨겨진 무의식적 동기에 의해 영향을 받

Sigmund Freud

는 존재라고 하였다.

2) 정신의 3요소

Freud(1961)는 성격을 빙산에 비유하여 물위에 떠 있는 작은 부분을 의식, 물속에 잠겨 있는 훨씬 더 큰 부분을 무의식, 파도에 의해 물 표면으로 나타나기도 하고, 잠기기도 하는 부분을 전의식이라고 하였다.

그림 2-1 Freud의 성격구조

(1) 의식(Consciousness)

자신이 주의를 기울이는 순간 곧 알아차릴 수 있는 정신작용의 부분이다.

(2) 전의식(Preconsciousness)

의식과 무의식의 교량역할을 하는 것으로서, 현재는 의식하지 못하지만 주의를 집중하면 의식으로 가져올 수 있는 정신작용의 부분이다.

(3) 무의식(Unconsciousness)

의식적 사고의 행동을 전적으로 통제하는 힘으로서, 자신이 전혀 의식하지 못하는 정신작용의 부분이다. 모든 경험, 기억, 억압된 재료들이 저장되고 의식은 무의식의 지배를 받는다.

3) 성격의 3요소

Freud는 성격은 원초아(id), 자아(ego), 초자아(superego)로 구성되어 있다고 하였다.

(1) 원초아

출생 시 타고나는 성격의 가장 원초적인 부분으로서 생물학적 본능으로 구성되어 있고, 본능적 충동과 쾌락의 원리에 의해 지배된다. 충동적이고 비합리적이며 지배적으로 나타난다.

(2) 자아

출생 후에 발달하기 시작하는 것으로서 본능적인 충동을 억제하게 하고 현실을 고려하도록 하여 현실의 원리를 따르도록 하는 것이다. 인간은 자신의 충동만을 따라서 살 수는 없으므로 현실을 다루는 법을 배워야 한다.

(3) 초자아

옳고 그름에 대한 판단역할을 하는 성격의 일부분으로서 도덕성 및 죄책감과 관련된다. 양심과 자아이상으로 구성되어 있는데, 양심은 자신의 잘못한 행동에 대해 죄책감을 느끼는 것이고, 자아이상은 자신의 잘한 행동에 대해 자부심을 느끼는 것이다.

4) 인간발달의 단계

Freud(1933)는 인간발달의 단계를 구강기, 항문기, 남근기, 잠복기, 생식기의 5단계로 구분하고 이것을 심리성적 발달단계라고 했다.

(1) 구강기(oral stage: 0~1세)

이 시기에는 구강, 즉 입, 혀, 입술 등의 경험을 통해서 아기는 세상에 대한 만족이나 쾌감 또는 고통을 알게 된다. 구강활동 자체가 만족감을 주고 아기의 활동이 주로 구강적인 데 집중된다. 구강기에 충분한 충족이 되지 않아 욕구불만 상태가 되거나 너무 오래 젖을 먹어 과잉충족이 될 경우, 고착이 되어 자라서도 구강기적 성격특성을 나타낸다.

(2) 항문기(anal stage: 1~3세)

이 시기에는 배설경험을 통해서 리비도의 충족이 이루어진다. 이 시기의 배변훈련에서 아기는 처음으로 자신의 욕구를 통제하는 훈련을 받게 된다. 이시기에 부모가 지나치게 엄격하게 배설훈련을 시키면 성인이 되어서도 불안감이 강해지고 자기를 지나치게 억제하는 성격이 된다.

(3) 남근기(phallic stage: 3~5세)

이 시기에 아동은 자신의 성기에 관심을 갖기 시작하고 손이 닿을 때 가벼운 쾌감을 준다는 것을 알게 된다. 이 시기부터 본능, 자아, 초자아는 역동적으로 작용하기 시작한다. 이성의 부모에게 성적관심을 갖게 되는 시기로 남아는 오이디푸스콤플렉스, 여아는 엘렉트라콤플렉스의 경향을 보인다. 남아는 거세 불안과 아버지에 대한 동일시, 여아는 남근 선망, 어머니에 대한 동일시를 하게 된다.

(4) 잠복기(latency stage: 6~12세)

이 시기에는 성에 대한 관심이 나타나지 않기 때문에 이 시기를 잠복기라고 한다. 성의 충동이 잠복해 버리고 동성들끼리만 집단을 형성하는 경향성 때문에 동성애착시기로 언급되기도 한다. 이 시기에는 사회적으로 수용되는 놀이, 게임 및 지적 활동에 에너지를 쏟게 된다. 이 시기에 고착될 경우 동성이 아닌 이성과의 관계가 원만하고 편안해지기 어려운 것으로 본다.

(5) 생식기, 성기기(genital stage: 12세 이후)

사춘기에 들어서고 나서부터 성적 성숙이 이루어지는 시기로 생식기라고도 한다. 잠복되었던 성적에너지가 이 시기에 눈을 뜨기 시작하고 이성에게 관심이 증대된다. 그러나 그 이전 발달단계에서 원만한 발달을 이루지 못하였으면 이성에 대한 적응이 어려워지기도 한다.

> **알아두기**
>
> **Freud의 정신분석이론의 주요특징**
>
> - 정신적 결정론(심리결정론): 인간의 정신활동이 과거의 경험(대략 5세 이전의 경험)에 의해 결정된다.
> - 무의식의 강조: 인간의 행동은 의식적 과정이라기보다는 인식할 수 없는 무의식에 의해 동기가 유발된다.
> - 리비도의 강조: 본능적인 성적 에너지가 행동과 사고의 동기가 된다.
>   성격발달의 5단계: 구강기 - 항문기 - 남근기 - 잠복기 - 생식기(성기기)

2 에릭슨의 심리사회적이론

1) 에릭슨(Erik Erikson)

Erik Erikson은 1902년 독일의 프랑크푸르트에서 태어났으며 심리학에 입문하기 전까지 미술공부를 하였다. Freud의 딸인 Anna와 함께 정신분석학을 공부했고, 인간발달의 사회적 맥락을 강조함으로써 Freud의 심리성적 발달의 5단계를 확장하여 8단계 이론을 정립하였다. 즉, 인간발달의 전 생애 접근을 시도한 최초의 학자이다.

Erik Erikson

2) 에릭슨의 심리사회적이론

에릭슨은 프로이드의 심리성적 발달의 기본 개념을 받아들이면서 발달과정을 몇 가지 차원에서 확대시켰다. 프로이드 이론에서는 각 단계에서의 사회적 경험이 단순히 원초아 충동과 초자아의 요구를 자아가 중재하도록 하는 것으로 보았으나, 에릭슨은 여기에 그치지 않고 각 단계에서의 경험이 사회에서 능동적이고 기여하는 역할을 할 수 있도록 해 주는 태도와 기술을 습득하게 한다고 보았다. 그리고 각 단계의 기본 심리사회적 갈등의 해결은 단계마다의 적응적이고 건강한 결과, 아니면 부적응적인 결과를 초래한다고 보았다.

에릭슨 이론의 첫 5단계는 프로이드의 심리성적 단계와 같은 시기로 구분된다. 그러나 발달과정이 청년기에 끝나는 것이 아니라 일생을 통해 계속된다고 믿고 성인발달의 3단계를 첨가하여 전 생애발달을 8단계로 구분하였다.

다음은 Erikson(1950)의 심리사회적 발달의 8단계와 각 단계에서 성취해야 할 발달과업과 극복해야 할 위기에 관한 내용이다.

(1) 1단계: 신뢰감 대 불신감(출생~생후 1년, 구강기)

부모나 주위세계의 일관성 있는 지지를 받으면 신뢰감을 얻을 수 있지만, 주위의 보호가 부적절하면 불신감을 갖게 된다.

(2) 제 2단계: 자율성 대 수치심과 회의감(2~3세, 항문기)

대소변 통제와 더불어 걷기 시작하면서 자기주장이 나타나는 시기이다. 이러한 자기주장이 적절히 받아들여지고 자신에 대한 효능감이 생기면 자율성이 형성되고 그렇지 못할 때는 자신의 모습에 대해 부끄러움과 수치심, 자신의 능력에 대해 회의감을 갖게 된다.

(3) 제 3단계: 주도성 대 죄책감(4~5세, 남근기)

주변세계를 탐색할 수 있는 기회와 자유는 아동의 주도성을 발달시키지만, 그렇지 않으면 자신의 행동에 죄책감을 갖는다.

(4) 제 4단계: 근면성 대 열등감(6~11세, 잠복기)

무엇을 성취하도록 기회를 부여받으면 그 결과 근면성을 갖게 되지만, 비난이나 좌절감을 경험하면 열등감을 갖게 된다.

(5) 제 5단계: 자아정체감 대 정체감 혼미(청년기, 생식기)

정서적 안정과 좋은 성역할의 모델이 있으면 자신에 대한 통찰과 자아정체감을 갖게 되지만, 그렇지 않으면 직업선택이나 성역할, 가치관의 확립에 있어 심한 갈등을 야기시킨다.

(6) 제 6단계: 친밀감 대 고립감(성인전기)

부모, 배우자, 동료 등과 좋은 인간관계를 발전시키면 친밀감을 갖게 되지만, 그렇지 못하면 타인에 대한 두려움과 고립감이 생긴다.

(7) 제 7단계: 생산성 대 침체성(성인중기)

자신에게 몰두하기보다는 자녀와 직업을 통해 생산적인 활동에 참여하는데, 만일 그렇지 못하면 심리사회적으로 침체된다.

(8) 제 8단계: 자아통합 대 자아절망감(성인후기 혹은 노년기)

지금까지의 인생에 만족하면 생의 유한성도 수용하지만, 그렇지 않으면 공허함과 초조함을 느끼며 절망감을 느낀다.

 알아두기

에릭슨(Erikson)의 심리사회이론의 의의

① 인간의 전 생애에 걸친 발달과 변화를 강조하였다.
② 인간을 합리적인 존재이자 창조적인 존재로 보았다.
③ 인간의 행동이 개인의 심리적 요인과 사회문화적 영향의 상호작용에 의해 형성된다고 보았다.
④ 기존의 정신분석적 방법과 달리 인간에 대해 정상적인 측면에서 접근하였다.
⑤ 창조성과 자아정체감의 확립을 강조하였다.

3 아들러(Adler)의 개인심리이론

1) 아들러(Alfred Adler)

Alfred Adler는 1870년 오스트리아 비엔나 중류 가정에서 5남 2년 중 출생 서열로는 셋째, 둘째 아들로 태어났다. 어릴 적부터 허약해서 두 번이나 죽을 고비를 넘기게 된다. 병치레를 하는 아들이라 어머니의 사랑을 독차지했으나 동생이 태어나고 형의 질투심을 겪으며 형제관계에서 적대적인 경험도 하게 된다. 1900년경 일반 의학의 맥락 안에서 정신병리를 연구하기 시작했고, 1902년에는 지크문트 프로이트와 긴밀한 관계를 갖기 시작했다. 그러나 그 둘 사이의 학문·사상의 차이는 점차 양립할 수 없게 되었다.

Alfred Adler
출처: http://blog.aladin.co.kr/mramor

2) 아들러의 개인심리이론

개인은 나누어질 수 없는 전체로서 사회 내에서 자신이 설정한 목표를 달성하기 위해 끊임없이 노력한다. 인간에 대한 이러한 기본적 전제를 가지고 아들러는 개인심리학을 개발하였다.

아들러는 인간을 목적론적 존재로 보았고, 인간으로서 누구나 느끼는 열등감을 극복하여 자기완성을 이룰 것을 강조하였다. 아들러의 생애 자체는 열등감을 극복하기 위한 삶이었다. 허약한 몸, 동생의 죽음, 급성폐렴으로 죽음에 대한 직접적 경험 등으로 불행한 어린 시절을 보냈던 아들러는 성장하면서 자신의 열등한 측면을 극복하기 위해 최선을 다했다. 아들러가 개발한 개인심리학은 이러한 자신의 초기경험을 바탕으로 형성되었다.

아들러는 정신질환자보다 일반 대중에 관심이 많았으며 무의식보다 현실의 주관적 지각을 더 중요하게 강조하였다. 특히 인간은 일생동안 사회 속에서 사회적 관심을 얻기 위해 끊임없이 노력한다는 점을 강조하였다. 또한 부모나 교사들이 아동의 열등감이나 이기주의를 강화시키기보다는 용기와 사회적 관심을 가지게 하려는 것에 의의가 있다.

3) 주요 개념

(1) 사회적 관심

사회적 관심은 공감, 타인과의 동일시, 타인지향을 의미한다. 사회적 관심을 가진 사람은 정신적으로 건강하고 행복하며 사회에 기여하는 사람으로 사회적 관심이 클수록 건강하고 성숙한 사람이다. 사회적 관심은 선천적으로 타고난 것이지만 교육과 훈련에 의해서도 가능하며 최초에는 어머니와의 관계에서, 이후에는 다른 가족 구성원, 마지막으로 가족 이외의 사람들에게 영향을 받는다. 아동에게 사회적 관심을 키워주는 능력은 세 가지 생활과제인 일, 우정, 사랑을 해결한 후 가족을 이룬 뒤 만족감을 느끼는 사람만이 가질 수 있다고 하였다.

(2) 열등감과 보상

열등감은 개인이 잘 적응하지 못하거나 해결할 수 없는 문제에 직면했을 때 나타나는 무능력감에서 생긴다. 정상적 환경에서는 이러한 열등감은 동기유발의 근거로 작용하며, 연습이나 훈련을 통해 보상을 얻으려고 노력하여 인간을 발달시키는 추진력이 된다. 예를 들면, 체력이 약한 사람이 운동을 하여 건강을 관리함으로써 약점을 보완하려는 것을 말한다.

(3) 생활양식

개개인이 처한 상황 속에서 목표를 설정하고 추구하는 독특한 방식을 의미하며 행동은 그 사람의 생활양식에서 나온다. 생활양식을 사회적 관심과 활동수준으로 구분, 인생과업에 접근하고 해결하는 태도에 따라 지배형, 획득형, 회피형, 사회적 유용형으로 나눈다.

표 2-1 생활양식의 유형

유형	설명
지배형	• 활동수준은 높으나 사회적 관심은 낮은 유형 • 독선적이고 공격적이며 활동적이지만 사회적 관심이 거의 없음.
획득형 (기생형)	• 활동수준은 중간이고 사회적 관심은 낮은 유형 • 기생적인 방식으로 외부세계와 관계를 맺으며, 다른 사람에게 의존하여 자신의 욕구를 충족
회피형	• 참여하려는 사회적 관심도 적고, 활동수준도 낮은 유형 • 성공하고 싶은 욕구보다 실패에 대한 두려움이 더 강하기 때문에 도피하려는 행동을 자주 함.
사회적 유용형	• 사회적 관심과 활동수준이 모두 높은 유형 • 사회적 관심이 커 자신과 타인의 욕구를 동시에 충족시키며, 인생과업을 완수하기 위해 다른 사람과 협력함.

출처: 청소년상담사, 시대고시기획, 10page에서 인용

(4) 우월성 추구(우월을 향한 노력)

인간의 궁극적인 목적은 우월하게 되는 것이다. 우월은 모든 인간이 가지는 기본적인 동기로서 선천적이며, 열등감을 보상하려는 욕구에서 나온다. 여기서 말하는 우월은 사회적 계층이나 위치를 나타내기보다 자아의 실현을 말하며, 이런 우월을 향한 노력은 신경증적인 사람에게는 이기적이고 자기중심적인 모습으로 나타나고, 정상인에게는 사회적인 모습으로 나타난다.

(5) 가족구도/출생순위

출생순위는 개인의 성격발달에 중요한 의미를 가지며 가족구성원 간의 관계와 정서적 유대, 가족의 크기 및 성적 구성은 개인의 성격형성에 지대한 영향을 미친다. 부모가 동일하더라도 부모와 자녀, 자녀와 자녀 간 서로 주고받는 상호작용의 결과가 성격형성에 중요한 역할을 미친다. 출생순위가 성격에 미치는 영향은 <표 2-2>와 같다.

표 2-2 출생순위가 성격에 미치는 영향

맏이	• 태어났을 때 집중적인 관심을 받다가 동생의 출생과 함께 이른바 '폐위된 왕'의 위치에 놓임. • 부모가 맏이에게 성숙과 책임을 기대하기 때문에 맏이는 윗사람들에게 동조하는 생활양식을 발달시키게 됨.
중간 아이	• 이전에 관심의 초점이 되어 본 적이 없기 때문에 동생들에 대해 덜 예민함. • 맏이보다 더 뛰어나다는 것을 입증하려는 경쟁심을 가짐.
막내	• 부모의 관심을 동생에게 빼앗겨 본 적이 없으므로 과잉보호의 대상이 되기도 함. • 독립심이 부족하여 열등감을 경험하기도 함.

출처: 청소년상담사, 시대고시기획, 10page에서 인용

(6) 창조적 자아

아들러는 개인의 창조적인 힘에 의해 생활양식이 발달한다고 주장하고, 생의 의미를 제공해 주는 원리를 창조적 자아라고 보았다. 자아의 창조적인 힘은 개인의 지각과 기억, 꿈, 환상에 영향을 주어 개인의 인생목표와 그 목표를 추구하는 방법을 결정하는 자주적인 사람으로 만들고 사회적으로 공헌하게 만든다. 개인은 자신의 생활양식을 창조할 자유를 가지고 있고, 자신의 존재와 행동에 대한 책임을 스스로 져야 한다.

(7) 가상적 목표(허구적 최종목적론)

허구적 최종목적론이란 허구나 이상이 현실을 보다 더 효과적으로 움직인다는 바이힝거의 말에서 영향을 받은 개념이다. 아들러는 인간의 행동이 과거 경험에 의해 좌우되기보다는 미래에 대한 기대에 의해서 더 좌우 된다고 하였다. 가상적 목표는 미래에 이루어질 실재가 아니라 주관적이거나 정신적으로 현 행동에 영향을 주는 것으로 지금, 여기에 존재한다.

> **알아두기**
>
> **아들러 개인심리이론의 의의**
>
> ① 무의식이 아닌 의식을 성격의 중심으로 보았다.
> ② 인간을 전체적·통합적으로 보았다.
> ③ 인간은 창조적이고 책임감 있는 존재이다.
> ④ 인간은 성적 동기보다 사회적 동기에 의해 동기화된다.
> ⑤ 인간의 행동은 목적적이고 목표 지향적이다.
> ⑥ 열등감과 보상이 개인의 발달에 동기가 된다.
> ⑦ 사회적 관심은 한 개인의 심리적 건강을 측정하는 유용한 척도이다.
> ⑧ 인간은 미래에 대한 기대로서 가상의 목표를 가진다.

제2절 인지발달이론

정신분석이론이 아동의 무의식적인 사고의 중요성을 강조하는 반면, 인지발달이론은 아동의 의식적인 사고를 강조하는 이론이다. 인지발달이론은 무의식적인 사고과정에는 전혀 관심이 없고, 인간의 사고, 추리, 문제해결, 지식과 같은 인지과정과 합리적인 사고과정을 강조한다. 여기서는 Piaget의 인지발달이론, 정보처리이론, Vygotsky의 사회문화적 인지이론에 관해서 살펴보기로 한다.

1 피아제의 인지발달이론

1) 피아제(Jean Piaget)

Jean Piaget는 1896년 스위스의 뇌샤텔에서 출생하였으며, 그의 아버지는 뇌샤텔 대학의 교수이며 어머니는 감정적이며 정서적으로 불안정한 여성이었다. 어려서부터 과학에 깊은 관심을 가져 첫 번째 논문을 10세 때 출간하였으며, 21세 때 박사학위를 받았다. 그는 자신의 세 자녀가 성장하는 과정을 지켜보면서 아동의 사고는 성인의 사고와는 매우 다르다는 것을 발견하였다.

Piaget(1952)에 의하면 인지발달은 유기체와 환경과의 상호작용으로 이루어지는 적응과정이며, 여기에는 질적으로 다른 네 개의 단계가 있다고 한다. 1960년대에 와서 Piaget의 인지발달이론에 대한 관심이 높아져서 오늘날 아동의 사고에 대한 연구 중에서 Piaget의 이론은 매우 중요하다.

Jean Piaget
출처: http://blog.naver.com/sjy9876s

2) Piaget의 인지발달이론의 주요개념

(1) 도식

도식은 사물이나 사건에 대한 전체적인 윤곽을 말한다. 빨기나 잡기와 같은 최초의 도식들은 본질상 반사적이나 환경의 요구에 따라 변화한다. 예를 들면, 입에 닿는 것은 무엇이든지 자동적으로 빠는 어린 유아는 '빨기 도식'을 가지고 있는 것으로 볼 수 있는데 빨기는 유아가 자라 숟가락을 사용하게 되면 형태상 변화한다. 여기서 빨기 도식은 그 구조상으로 변했지만, 그것을 수행하는 기능 면에서는 변한 것이 아니다. 유아는 많은 도식들을 가지고 태어나며, 적응의 과정을 통해서 새로운 도식을 개발하고 기존의 것들을 변화시킨다.

(2) 적응

적응은 환경과의 직접적인 상호작용을 통하여 도식이 변화하는 과정이다. 동식물의 세계는 적응의 좋은 예이다. 홍관조 수컷은 선명한 붉은 색인 반면, 암컷은 눈에 잘 띄지 않도록 엷은 갈색조를 띠어 종의 생존에 대한 위협을 줄인다. 봄꽃의 아름다운 색채는 봄꽃의 생식과정에 참여하는 곤충을 유인한다. 이와 같이 적응은 유기체가 주위환경과 조화를 이루면서 생존을 위해 변화하는 과정을 말한다. 적응은 동화와 조절이라는 두 가지 수단을 통해 진행된다.

(3) 동화

동화는 자신이 이미 가지고 있는 기존 도식에 맞게 새로운 자극을 받아들이는 인지과정이다. 한 아동이 사자를 보고 고양이라고 말하면 엄마는 "저것은 고양이가 아니고 사자야"라고 대답할 것이다. 이 아동은 발이 네 개이고 털이 난 짐승은 '고양이'라는 자기 나름의 도식을 가지고 있었다. 이 기존의 도식에 새로운 '사자'를 끌어들여 이해하고자 하는 것이 동화이다. 즉, 동화는 정보를 이미 갖고 있는 생각의 틀에 따라서 해석하는 것을 말한다.

(4) 조절

조절은 기존의 도식으로는 새로운 사물을 이해할 수 없을 때, 기존의 도식을 변경하는 것을 말한다. 즉, 자신의 생각을 새로운 경험에 맞추는 것을 의미한다. 예를 들면, 아동이 사자를 보고 고양이라고 말할 때, 누군가가 "아니야, 그것은 사자란다"라고 말해줌으로써 사자와 고양이는 다르다는 것을 알게 된다. 이때 아동은 '사자'라고 불리는 새로운 도식을 형성하게 되는데 이것을 조절이라고 한다.

(5) 평형

평형은 동화와 조절의 균형을 의미한다. 예를 들어 5세 된 아이가 하늘에 날아다니는 물체를 새라고 배웠다고 가정하면, 아이는 하늘에 날아다니는 물체를 볼 때마다 새라고 생각하게 된다. 그러다 어느 날 하늘을 날아가는 비행기를 보게 된다. 아이는 이 새로운 사물을 보고 그가 갖고 있는 기존 개념인 '새'에 결부시키려고 하나 모양이나 크기 등이 너무 달라 기존의 체계를 변경하지 않으면 안 된다. 이 때 아이는 불평형 상태에 놓이게 된다. 새로운 물체가 새인지 아닌지 만약 새가 아니라면 도대체 무엇인지 알 수 없어 어머니에게 저 물체가 무엇인지 물어본다. 그 결과 그것은 새가 아니라 비행기라는 답을 듣게 된다. 아이는 새와 비행기의 차이를 알게 되는데, 이것이 평형의 상태이다.

(6) 조직화

서로 다른 감각의 입력 정보들을 상호 연관시키거나 심리적 측면에서 조직화

하여 떠오르는 생각들을 이치에 맞도록 종합하는 것이다. 예를 들면, '강아지', '고양이', '소'에 대한 도식을 함께 연결한 후, 그들 사이의 유사성과 차이점을 쉽게 지적하는 것이다.

(7) 보존

질량은 양적 차원에서는 동일하지만 모양의 차원에서는 변할 수 있다는 개념이다.

3) Piaget의 인지발달 단계

인지발달에는 네 단계가 있고, 질적으로 다른 이 단계들은 정해진 순서대로 진행되고, 단계가 높아질수록 복잡성이 증가한다고 한다.

표 2-3 피아제의 인지발달단계

단계/연령	특 징
감각운동기 (출생~2세)	• 이 시기 영아의 세계에 대한 지식은 감각과 운동기술에 의존 • 자신과 외부대상을 구분하지 못함. • 대상영속성을 이해하기 시작 • 이 시기 말경 정신적 표상이 시작됨.
전조작기 (2세~7세)	• 이 시기 유아들은 주위세계를 표상하기 위하여 언어나 수와 같은 상징을 어떻게 사용하는지를 배우나 자신의 관점에서만 주위세계를 이해함. • 대상영속성을 24개월 이후 완전 획득함. • 상징적 사고, 물활론적 사고, 자기중심적 사고를 특징으로 함.
구체적 조작기 (7세~12세)	• 이 시기 아동은 사고를 논리적으로 조작할 수 있는 능력을 획득하여 논리적 사고가 발달함. • 자아중심성과 비가역성을 극복할 수 있음. • 보존개념의 획득, 조망수용, 유목화, 서열화 가능함.
형식적 조작기 (12세 이상)	• 새로운 상황에서 현재의 경험뿐 아니라 과거와 미래 경험 이용 • 체계적인 과학적 사고 가능(사전 계획, 체계적 해결책) • 추상적인 사고 가능 • 이상주의적 사고 가능(이상적 기준, 이상적 부모상)

(1) 감각운동기(출생~2세)
① 대상영속성: 대상이 눈에 보이지 않거나 다른 감각기관을 통해서 탐지할 수 없을 때에도 그 대상은 계속 존재한다는 것을 의미한다.
② 정신적 표상: 감각운동기에 대상영속성 개념을 획득하게 되면 눈에 보이지 않아도 그 대상은 존재하고 있다는 것을 알기 때문에 머릿속에서 그 이미지를 재생할 수 있게 된다. 정신적 표상은 감각운동기 말에 가능하게 되고 전조작기 단계로 가면서 이 표상들을 상징으로 바꾸기 시작한다.

(2) 전조작기(2세~7세)
① 상징적 사고: 눈에 보이지 않는 사물이나 행동을 표상하기 위해 상징을 사용하는 능력을 말한다. 눈앞에 없는 사물을 표상할 수 있고 사물을 상징할 수 있는 기능이 발달하여 상상놀이가 가능하다.
② 자기중심성: 타인의 생각, 관점, 감정을 이해하지 못하고 자신의 입장에서만 세계를 바라보는 경향을 말한다. 유아는 사물을 볼 때 자신의 위치에서만 사물을 이해할 뿐 타인의 위치에서 보이는 사물의 모습을 추론하지 못하며 조망수용능력을 아직 획득하지 못했다.

전조작기 단계의 아동은 자기중심적이다. 타인의 조망을 이해하지 못하고, 자신과는 다른 지점에서 산을 바라보고 있는 다른 아동이 자신이 있는 곳에서 내려다보이는 것을 보고 있다고 말한다.
③ 비가역적 사고: 가역적인 조작이 어렵다(가역성: 어떤 변화가 일어나면 이것을 머릿속에서 역방향으로 이전의 상태로 되돌려 보는 논리적 조작 능력).
④ 물활론적 사고: 생물만이 아니라 무생물도 살아 있고 감정과 의도를 갖고 있으며 사고를 한다고 본다. 이 시기에 유아들은 생명이 없는 대상에게 생명과 감정을 부여한다. 예를 들면, 인형놀이를 하다가 인형을 떨어뜨리면 미안하고 아프다고 생각하는 것, 길을 가다가 해와 구름, 나무를 보고 이야기 하고 자신의 감정을 전달하는 것은 물활론적 사고이다.
⑤ 꿈의 실재론: 이 시기의 유아는 자신의 꿈이 실제라고 생각하고 꿈이 현실로 존재한다고 믿는다.

| 그림 2-2 | 자기중심적 사고(Piaget의 3개의 산 문제)

출처: 이시종, 알기쉬운 발달과 이상심리, p.32 인용

(3) 구체적 조작기(7~12세)

① **보존개념**: 보존개념은 어떤 대상이 양, 길이, 무게, 부피 등 외적 형태의 변화에도 불구하고 그 물체가 변하지 않았음을 이해하는 개념이다. 양의 보존은 만 6~7세경에, 무게의 보존은 8~10세경에, 부피의 보존은 11~12세경이 되어야 이해하게 된다.

| 그림 2-3 | 아동의 보존개념에 대한 실험

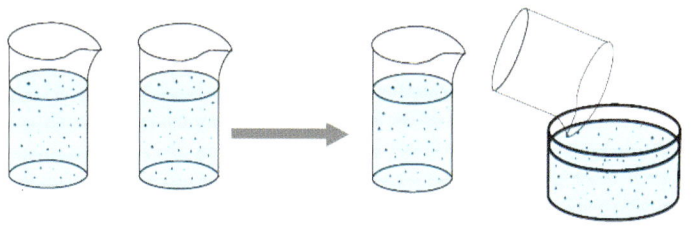

출처: 이시종, 알기쉬운 발달과 이상심리, p.33 인용

② **조망수용**: 아동기에는 사고의 자기중심성에서 벗어나 타인의 입장, 감정, 인지 등을 추론하고 이해할 수 있는 조망수용능력을 습득하게 된다. Piaget의 '세 산 모형' 실험에서 아동은 다른 사람이 보는 산 모양, 즉 타인의 위치에서 보는 공간적 시각을 추론할 수 있고, 특정 상황에서 타인의 감정을 추론하는 것이 가능하다.

③ **유목화**: 아동기에는 물체를 공통의 속성에 따라 분류하고 한 대상이 하나의 유목에 속하는 것으로 분류할 수 있다. 물체를 한 가지 속성에 따라 분류하는 단순 유목화, 물체를 두 개 이상의 속성에 따라 분류하는 다중 유목화, 상위유목과 하위유목 간의 관계를 이해하는 유목포함의 개념을 습득하게 된다. 유아에게 빨간 자동차 5개와 파란 자동차 2개를 보여주고 "빨간 자동차가 더 많니? 자동차가 더 많니?"라고 물으면 유아기 때는 빨간 자동차가 더 많다고 대답한다. 이는 유아가 빨간색 자동차와 파란색 자동차가 모두 자동차라는 상위유목에 포함된다는 사실을 이해하지 못하고, 자동차의 색깔이라는 기각된 특성에만 주의를 집중하기 때문이다. 그러나 8세의 아동에게 위와 같은 내용을 물어보면 대부분의 아이들은 자동차가 더 많다고 대답하는데 이는 유목화의 개념을 습득했기 때문이다.

④ **분류화**: 여러 사물과 현상들을 그 속성과 유사성에 따라 분류하여 이들의 공통적인 범주를 찾아내는 것을 말한다. 즉, 대상과 대상간의 공통점과 차이점, 관련성을 이해할 수 있는 능력이다. 예를 들면, 비행기, 자동차, 배는 서로 다르지만 '운송기관'이라는 공통성으로 인해 한 범주로 묶을 수 있다는 뜻이다.

⑤ **서열화**: 사물을 영역별로 증가하는 또는 감소하는 순서대로 배열 할 수 있는 인지 능력이다. 아동기에는 특정한 속성에 따라 유목으로 나누면서, 동시에 거의 시행착오 없이 상호관계에 따라 막대를 순서대로 배열하는 것이 가능하다. 서열화의 개념은 수들 간의 관계를 이해하는데 결정적인 역할을 하므로 산수를 배우는데 필수적이다.

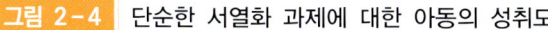

그림 2-4 단순한 서열화 과제에 대한 아동의 성취도

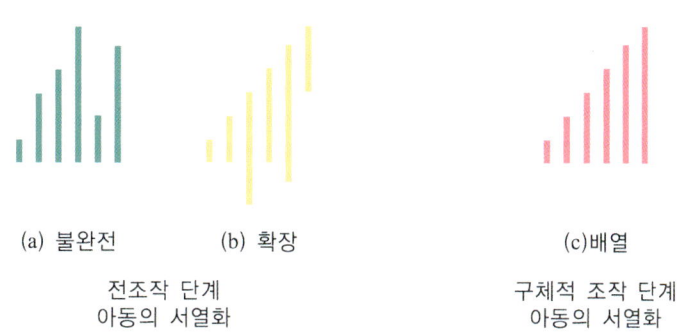

(a) 불완전   (b) 확장   (c) 배열

전조작 단계   구체적 조작 단계
아동의 서열화   아동의 서열화

<그림 2-4>와 같이 막대기를 가장 짧은 것에서부터 가장 긴 것으로 배열하라는 과제를 받은 전조작 단계 아동은 (a)와 같이 불완전하게 배열하거나, (b)와 같이 각 막대의 끝 부분이 점점 올라가도록 배열한다. 그러나 구체적 조작단계 아동은 인지적 조작을 사용하여 연속적인 비교를 재빠르게 행함으로써 (c)와 같이 정확하게 배열할 수 있다.

(4) 형식적 조작기(12세 이후)

① **추상적 사고**: 구체적 조작기의 아동은 눈에 보이는 구체적 사실들에 대해서만 사고가 가능하지만 형식적 조작기의 청년은 실제로·경험적으로 경험할 수 없는 사물이나 사건을 머릿속으로 생각하는 추상적 사고의 능력이 생기게 된다.

② **가설적·연혁적 사고**: 가설·연혁적 사고는 문제를 해결하기 위해 가능한 모든 방법을 생각하여 그 결과를 가정해보고 여러 방법 중에서 가장 정확한 것을 시도해 보는 것이다. 가설적 사고가 가능한 청년들은 계획을 세워 일련의 가설을 차례대로 시험하면서 정답의 범위를 점점 좁혀 가고, 가설의 설정을 통해 일반적인 사실에서 특정한 사실을 끄집어낸다.

③ **체계적·조합적 사고**: 조합적 사고는 하나의 문제를 해결하기 위해 여러 가지 가능한 해결책을 논리적으로 구성하여 문제 해결로 이끌 수 있는 사

고이다. 즉, 과학자처럼 문제해결을 위해 사전에 계획을 세우고, 체계적으로 해결책을 시험하는 사고가 가능하다.
④ **이상주의적 사고**: 청년들은 이상적인 특성, 즉 자신과 다른 사람들에게 이상적이었으면 하는 특성들에 대해 사고하기 시작한다. 이상적인 부모상에 대해 생각하고 이 이상적 기준과 자신의 부모를 비교하기도 한다.

2 정보처리이론

1) 정보처리이론

정보처리이론은 인간의 인지과정을 컴퓨터의 정보처리 과정과 비교한 이론으로 최근 인간의 인지를 연구하는 주요 접근법이 되었다(Miller, 1993). 정신활동 중 뇌와 신경계를 하드웨어로, 문제해결을 위한 계획이나 책략 등을 소프트웨어로 보았다. 새로운 기술의 발달로 말미암아 컴퓨터의 구조와 프로그램이 점점 복잡해지듯이, 인간의 인지과정 또한 아동에서 청년으로 성장하는 동안에 점점 복잡해진다.

정보처리 이론은 아동이 외부세계로부터 들어오는 정보를 기억과정을 통해 저장하고, 시간의 흐름에 따라 저장된 정보를 전환하며, 또한 정보를 효율적으로 인출하는 정보처리의 과정을 연구대상으로 하였다.

정보처리 이론은 인간의 인지를 세 가지 체계로 개념화한다.

① 외부 세계로부터의 정보는 시각, 청각, 미각, 후각과 같은 우리의 감각기관을 통해 인지 체계에 투입된다.
② 우리 뇌는 감각기관에 투입된 정보를 다양한 방법으로 저장하고, 전환한다. 정보를 부호화하고 저장하고, 인출하는 과정이 포함되며 정보처리에 관한 대부분의 연구가 이 부분에 집중되어 있다.
③ 우리의 행동으로 나타나는 산출부분이다.

> **알아두기**
>
> **Piaget의 인지발달이론과 정보처리이론**
> - 같은 점: Piaget의 인지발달이론에서처럼 발달적 정보처리이론에서도 아동을 스스로 환경에 반응하면서 자신의 생각을 수정할 수 있는 능동적인 존재로 생각함.
> - 차이 점: Piaget는 인지발달을 단계적인 변화로 보았으나 정보 처리 이론에서는 단계적인 변화라기보다는 연속적이고 계속적인 변화로 생각함.

2) 다중기억모형

정보처리이론의 대표적인 모형은 Atkinson과 Shiffrin(1968)의 다중기억 모형이다<그림 2-5>. 다중기억모형에서는 감각기억, 단기기억 저장소, 장기기억 저장소로 구분하였다.

그림 2-5 다중기억모형

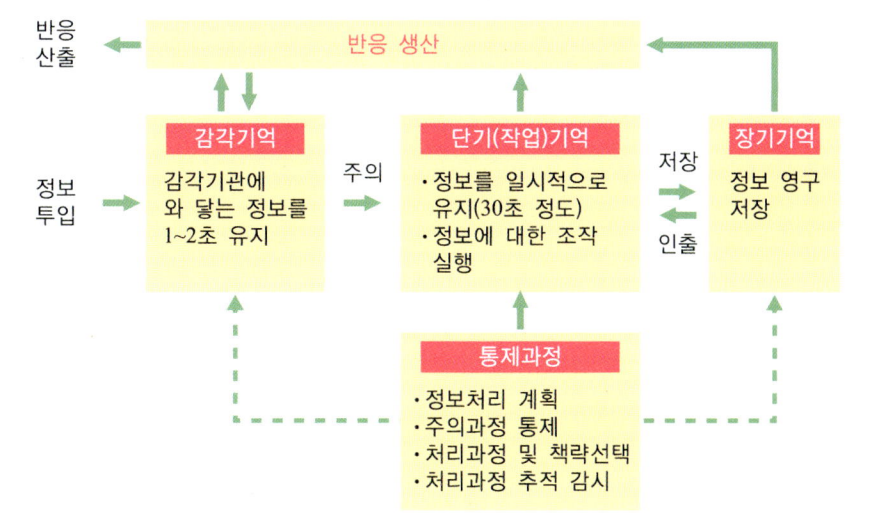

(1) 감각기억

특정 감각기관에 와 닿는 정보로서, 이 정보는 감각기관의 수용능력 범위 내의 것만을 받아들이고 받아들인 모든 정보는 감각기관에 1~2초 동안 유지된다. 정보가 들어와서 첫 번째 처리되는 과정이다.

(2) 단기기억 저장소

환경으로부터 들어온 정보와 장기기억 저장소로부터 나온 정보의 결합이 이루어지는 곳으로 부호화가 이루어지는 곳이다. 단기기억 저장소에서 한 번에 처리 할 수 있는 처리용량은 의미 있는 단위로 묶여진 단위의 수로 3~7이 된다. 단기기억에 오래 있을수록 장기기억으로 전환될 가능성이 높다. 들어온 정보가 15~30초 머물면서 장기기억과의 결합이 이루어지는 정보처리 저장소다.

(3) 장기기억 저장소

감각기억이나 단기기억 저장소와는 다르게 들어갈 수 있는 정보의 양이나 머무를 수 있는 기간에는 한계가 없다. 단기기억을 거쳐 들어온 정보가 영구히 저장되는 정보처리 저장소다. 정보처리의 전반적인 과정을 지시하며, 정보나 과거 경험으로부터 나온 부호화된 자료를 저장한다.

(4) 통제과정

이 과정은 인간의 정보처리과정으로 정보의 어느 부분에 주의를 기울이고, 무엇을 할 것인지를 계획하고, 계획한 대로 되어가고 있는지를 추적해 가는 과정으로 거의 대부분이 의도적이다. 어디에 주의를 기울이고 저장과 인출에 어떤 책략을 쓸 것이며 문제해결의 방법을 생각해내는 등의 통제과정을 거쳐 이루어진다.

3 비고츠키(Vygotsky)의 사회문화적 인지이론

1) 비고츠키

Vygotsky는 피아제와 같은 해인 1896년 러시아에서 태어났다. 그러나 80세 이상을 산 Piaget와는 달리 37세라는 젊은 나이에 폐결핵으로 요절했다. 비고츠키는 아동발달에서 문화와 사회적 관계를 강조하여 그의 이론을 사회문화적 인지이론이라 불린다. 아동은 부모, 또래, 교사, 기타 성인과의 상호작용을 통해서 세계를 이해한다고 생각했다.

Vygotsky는 아동발달에서 문화와 사회적 관계를 강조했기 때문에 그의 이론은 사회문화적 인지이론

Lev Vygotsky

으로 불린다. Vygotsky는 사회적 상호작용, 특히 아동과 성인 간의 대화가 아동이 특정 문화에 관해 적절하게 사고하고 행동하는 법을 습득하는 데 필수적이라고 한다. 아동이 성장하고 있는 그 문화적 배경을 고려하지 않고는 아동발달을 이해할 수 없다는 것이다.

Vygotsky의 사회문화적 인지이론은 Piaget가 간과했던 사회문화적 요인의 중요성을 강조함으로써 아동의 인지발달을 이해하는 데 새로운 견해를 제시한다. 인지발달의 문화적 보편성을 강조했던 Piaget와는 달리 인지발달의 문화적 특수성을 강조한다. 문화는 아동으로 하여금 무엇을 사고하고, 어떻게 사고할 것인가를 가르친다는 것이다.

2) 근접발달 영역

Vygotsky는 아동의 지적능력을 근접발달영역의 개념으로 설명하였다. 근접발달영역은 아동이 스스로의 힘으로 문제를 해결할 수 있는 수준인 실제적 발달수준과 성인이나 유능한 또래로부터 도움을 받아 문제를 해결할 수 있는 수준인 잠재적 발달수준 간의 영역을 의미한다. 근접발달영역을 그림으로 나타내면 <그림 2-6>과 같다.

그림 2-6 근접발달영역

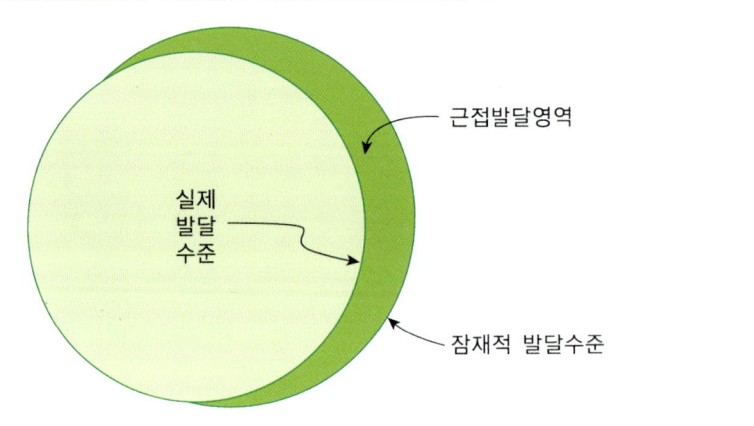

아동의 잠재적 발달수준은 다른 사람의 가르침을 통해서 아동이 나타내는 능력수준이다. 이 영역은 아동의 지적발달이 아동 자신보다 인지적으로 유능한 사람들과의 사회적 상호작용을 통해 어떻게 발달하는지를 시사해 준다.

예를 들면, 어려운 문제를 혼자 힘으로 풀지 못하는 아동에게 선생님이 옆에서 조언을 해 주거나 힌트를 줌으로써 아동이 문제해결을 좀 더 효율적으로 수행할 수 있도록 해 준다. Vygotsky(1962)는 아동이 혼자 힘으로 문제를 해결할 수 있는 수준을 발달의 '열매'로, 타인의 도움으로 문제를 해결할 수 있는 수준을 발달의 '봉오리' 또는 '꽃'이라고 불렀다.

근접발달영역의 개념은 비록 두 아동이 도움 없이 혼자 힘으로 문제를 해결할 수 있는 수준이 비슷하더라도, 도움을 받고 문제를 해결할 수 있는 수준은 크게 다를 수 있음을 시사한다. 즉, 도움에 의해 수행능력이 증가하면 할수록 근접발달의 영역은 더 넓어진다. 그림으로 나타내면 <그림 2-7>과 같다.

도움 없이 하는 두 아동의 과제수행은 비슷하지만, 아동 B는 도움이 있는 경우 과제수행능력이 더 많이 향상되었다. 따라서 아동 B는 더 근접발달영역을 갖게 된다는 것이다.

그림 2-7 근접발달영역

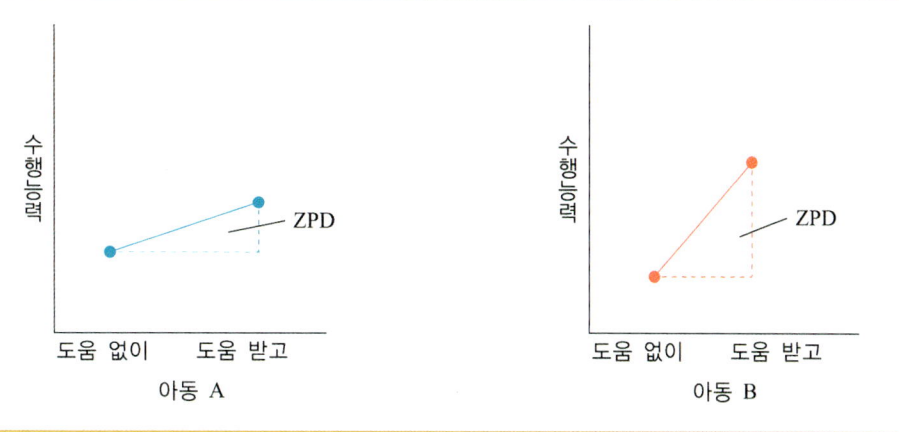

3) 비계(飛階)

비계(scaffolding)란 건축학에서 건물을 지을 때 발판으로 사용하다가 건물이 완성되면 제거해 버리는 것으로 근접발달영역과 매우 밀접한 연관이 있는 개념이다. 아동이 과제를 수행하는 데 도움을 주다가 일단 아동이 혼자서 문제를 해결할 수 있게 되면 비계는 더 이상 필요 없게 된다.

비계는 아동이 스스로의 힘으로 문제를 해결할 수 있도록 성인이나 유능한 또래가 도움을 제공하는 것을 의미한다. 아동의 인지발달은 자신이 속한 문화에 의해서보다는 오히려 성숙한 구성원과의 상호작용을 통해 이루어진다고 보고(Vygotsky, 1962), 아동의 인지발달을 위해 비계를 설정하여 아동이 성장할 수 있도록 도와준다. 아동을 가르치는 동안 아동의 현재 수준에 맞게 양을 조절하는데 아동의 학습내용이 새로운 것이라면 직접적인 지시를 하고, 아동이 따라오게 되면 직접적인 지시를 하지 않고 힌트를 준다.

비계는 즉각적인 문제해결뿐만 아니라 장기적인 안목에서 아동이 스스로 문제를 해결하는 데 필요한 기술을 가르치는 데에도 효율적이다. 그러므로 구체적인 문제해결뿐만 아니라 아동의 전반적 인지발달에도 도움이 된다.

>
>
> **비계(飛階, scaffolding)**
> 비계는 건물을 짓거나 수리할 때 또는 외벽을 페인트 칠할 때 발판 역할을 해 주는 임시구조물을 뜻한다.

4) 언어와 사고

Vygotsky는 언어가 아동의 사고발달에 필수적인 것이라고 믿었다. 아동은 문제를 해결하거나 중요한 목표를 달성하고자 할 때 혼잣말(private speech)을 하는 경향이 있다. Vygotsky는 아동은 의사소통을 위해서 뿐만 아니라 자신의 사고과정과 행동을 이끌어 가기 위해서 언어를 사용한다고 했다. 이러한 자기조절력 또는 자기지시적 목적으로 사용되는 언어가 혼잣말이다.

Piaget에게는 아동의 혼잣말이 자기중심적이고 미성숙한 것이지만, Vygotsky에게는 혼잣말이 아동의 사고발달에서 중요한 도구이다. 연구결과 혼잣말이 아동의 발달에 긍정적인 역할을 하는 것으로 나타났다(Winsler, Diaz, & Montero, 1997).

Vygotsky는 혼잣말을 인지발달에서 자기조절을 향하는 중간단계로 보았다. 아동의 행동은 처음에는 다른 사람의 지시에 의해 조절되지만, 다른 사람의 도움 없이 새로운 과제를 해결하고자 할 때는 큰 소리로 혼잣말을 함으로써 자기 스스로에게 지시를 내린다. 따라서 혼잣말은 문제해결에서 자신이 올바르게 하고 있다는 확신을 주는 역할을 한다.

아동은 쉬운 과제보다 어려운 과제에서 혼잣말을 더 많이 하고, 문제를 제대로 풀었을 때보다 실수를 한 후에 혼잣말을 더 많이 하게 된다. 연구결과, 아동이 자신의 행동과 사고를 통제하는 데 언어가 중요한 역할을 하는 것으로 밝혀졌다(Berk, 1992).

 알아두기

비고츠키 사회문화적 인지이론의 의의

① 비고츠키는 피아제의 인지발달이론에 사회문화적 접근을 시도하여 새로운 인지발달 이론을 전개했다.
② 피아제의 인지발달이론이 개인의 인지적·심리적 발달을 내면적이고 개별적인 것으로 간주했다면, 비고츠키의 사회문화적 인지이론은 사회문화 현상 및 사람들과의 상호작용에 의한 것으로 간주했다.
③ 아동의 환경 속에 존재하는 다양한 사회적 맥락이 아동의 학습발달에 중요한 영향을 미친다. 즉, 학습은 아동 스스로 학습하려는 노력과 함께 사회가 부모나 교사, 또래 등을 통해 가르치려는 노력을 통해 이루어진다.
④ 언어는 인지과정 자체의 일부분이자 아동의 사회적 지식교환에 의한 인지 발달을 가능하게 하는 중요한 도구이다.
⑤ 아동의 지적 발달은 자기중심적 언어의 변형 및 발달에 의해 도출되는 외적 언어와 내적 언어에 의해 영향을 받는다. 외적 언어는 의사소통의 도구가 되는 반면, 내적 언어는 사고 및 계획의 설정 도구가 된다.

제3절 학습이론

행동주의라고 하는 학습이론은 인간발달은 생물학적 요인보다는 환경 속에서 경험이 쌓여 이루어진다고 보는 환경적 요인을 더 강조한다. 즉, 개인의 인생에서 얻게 되는 학습경험이 인간발달에서 변화의 근원이라고 믿는다. 학습이론적 접근은 전통적 행동주의 이론과 현대의 사회학습이론이 있다. 여기서는 전통적 행동주의 이론인 Pavlov의 고전적 조건형성이론, Skinner의 조작적 조건형성이론, Bandura의 사회학습이론에 관해 살펴 보기로 한다.

1 파블로프(Pavlov)의 고전적 조건형성이론

1) 파블로프(Pavlov)

Ivan Pavlov는 1849년 러시아의 랴잔에서 출생하여 자극과 반응간의 관계를 최초로 연구하였다. Freud처럼 인간행동에 관한 연구를 하나의 과학으로 완성하는 데 매우 큰 공헌을 한 사람 중 하나이다. 러시아의 생리학자로 포유류의 소화과정을 연구한 공로로 1904년 노벨 생리·의학상을 받았다. 파블로프의 주요개념은 고전적 조건반사와 고전적 조건형성이다.

Ivan Pavlov

2) 파블로프(Pavlov)의 고전적 조건형성

배고픈 개에게 음식을 주면 개는 타액을 분비한다. 개에게 먹이를 주기 전에 먼저 종을 울리고 먹이를 주는 과정을 몇 번 계속 하면 마침내 종소리만 듣고서도 개는 침을 흘리게 된다. 그 자체만으로는 개로 하여금 타액을 분비하도록 할 수 없었던 중립적 자극에 대해 이러한 학습된 타액분비 반응을 조건반사라고 부르며, 이 과정을 고전적 조건형성이라고 한다. 여기서 음식은 무조건 자극(unconditioned stimulus: UCS)이고, 개의 타액분비는 무조건 자극에 대한 반응으로 무조건 반응(unconditioned response: UCR)이라고 부른다. 종소리는 타액의 분비와 관계가 없는 중성자극(natural stimulus: NS)이지만, 나중에 종소리만 울려도 타액을 분비하면 종소리가 조건자극(conditioned stimulus: CS)이 되며 타액을 분비하는 것은 조건반응(conditioned response: CR)이 된다.

무조건 자극인 타액분비가 나타난 후에, 음식과 종을 짝지어 음식을 제시하면서 종을 울린다. 이렇게 음식과 종소리를 몇 번 짝지어 제시한 후에는 종만 울려도 개는 타액을 분비하게 된다. 이 때 종소리는 조건자극이라고 하고 개의 타액분비는 조건반응이라고 한다. Pavlov의 고전적 조건형성의 모형은 <그림 2-8>과 같다.

> **그림 2-8** Pavlov의 고전적 조건형성

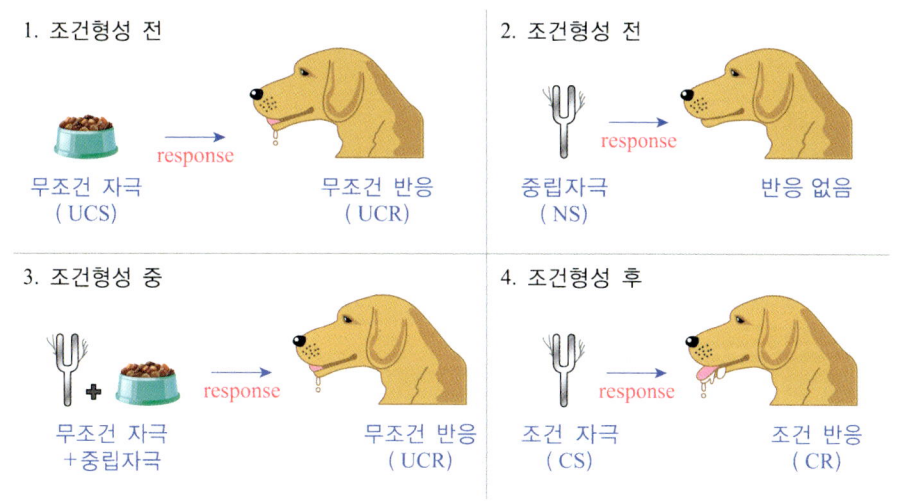

출처: 이시종, 알기쉬운 발달과 이상심리, p.44 인용

고전적 조건형성의 예

개에게 물려 놀란 경험이 있는 아동이 강아지만 보아도 공포반응을 보이는 경우

3) 고전적 조건형성과 영향 요인

Pavlov는 조건반사의 강도에 영향을 주는 몇 가지 요인을 확인했는데, 강화와 소멸, 그리고 일반화와 변별화이다.

(1) 강화

강화는 한 행동에 뒤따르는 자극사건이 그 행동을 다시 일으킬 가능성(확률)을 증가시킨다는 것을 의미한다. 다시 말하면 어떤 행동이 일어날 확률을 증가시키는 행동의 결과를 말한다.

(2) 소멸

조건형성이 한 번 이루어졌다고 해서 조건자극이 계속해서 영원히 작용하는 것은 아니다. 예를 들면, 음식 없이 종소리만 몇 번 제시하면 종소리는 그 효과를 잃게 되는 것을 소멸이라고 한다.

(3) 일반화

일반화란 원래의 자극과 비슷한 조건자극에 대해 조건반응하는 것을 의미한다. 예를 들면, 어떤 음조의 종소리에 반응하여 타액을 분비하도록 조건 형성된 개는 다른 비슷한 음조의 종소리에도 같은 반응을 하는 것을 말한다. 개에게 한 번 물린 아이가 개만 보면 무서워하는 것, 악몽을 꾼 아이가 어두운 장소를 싫어하는 것도 일반화의 예이다. "자라 보고 놀란 가슴 솥뚜껑 보고 놀란다"라는 속담도 자극 일반화의 좋은 예이다.

(4) 변별화

변별화란 일반화에 대한 보완적인 과정으로 한 자극이 다른 것과 변별되어지는 방식을 말한다. 예를 들면 어두운 장소에서 공포를 느끼는 아이가 영화관과 같은 어떤 특정한 장소에서는 공포를 느끼지 않는 것을 말한다.

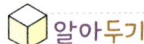 알아두기

행동주의 이론

행동주의이론은 미국의 Watson(1878~1958)에 의해 시작되었다. 행동주의 이론은 심리학을 객관적이고 과학적인 학문으로 만들려면 눈에 보이지 않는 마음속의 과정보다는 직접 관찰 가능한 자극과 반응으로 나타나는 외적인 행동을 다루어야 한다고 주장하였고, 이러한 외적 자극과 관찰될 수 있는 반응 간의 연합이 쌓여 습관이 형성되는 것을 인간발달로 보았다.

> 📦 **알아두기**
>
> - 무조건 자극(unconditioned stimulus: UCS)
>   학습 없이 항상 특정 반응을 자동적으로 일으키는 자극
> - 무조건 반응(unconditioned response: UCR)
>   학습 없이 무조건 자극에 의해 자동적으로 유발되는 반응
> - 고전적 조건형성(classical conditioning)
>   중립자극이 무조건 자극과 짝지어짐으로써 무조건 반응을 일으키게 되는 학습유형
> - 조건 자극(conditioned stimulus: CS)
>   무조건 자극과 짝지어지는 조건형성 과정을 통해서 무조건 반응을 유발하게 되는 중립자극
> - 조건 반응(conditioned response: CR)
>   조건 자극이 조건형성을 통해서 유발하게 되는 학습된 반응

2 스키너(Skinner)의 조작적 조건형성이론

1) 스키너(Skinner)

B. F. Skinner는 1905년에 미국 펜실베이니아에서 태어나 대학에서 심리학 박사학위를 받았다. 아동의 어떤 행동이 강화를 받게 되면, 그 행동이 다시 발생할 확률이 높아지고, 어떤 행동이 처벌을 받게 되면, 그 행동이 다시 발생할 확률이 낮아진다. 조작적 조건형성에는 강화와 처벌의 역할이 중요하다. 아동발달도 생물학적 성숙과 같은 내적요인보다는 강화인 또는 처벌인이라는 외부자극에 달려 있다고 본다.

B. F. Skinner

2) 스키너(Skinner)의 조작적 조건형성

스키너는 상자 안에서 배고픈 쥐가 먹이를 찾다가 우연히 지렛대를 누르게 되고, 이 지렛대를 누르면 자동적으로 먹이가 나오게 되어 있어 먹이를 먹을 수

있게 되면 쥐가 지렛대를 누르는 횟수가 증가하는 것을 관찰하였다. 이 실험에서 스스로 어떤 반응을 했을 때 그 반응이 긍정적인 결과를 가져오면 그 이후에 그 반응이 나타날 확률이 높아지는 것을 강화의 원리라고 했다. 즉 여러 가지 행동 중에서 만족스러운 상태로 이끄는 행동은 되풀이되고 고통상태를 유발하는 반응은 되풀이되지 않는다는 강화의 원리가 조작적 조건형성의 기본적인 원리이다. 예를 들면 아동의 행동은 행동에 뒤따르는 여러 종류의 강화물인 음식이나 마실 것, 칭찬, 미소, 새로운 장난감 등에 의해 증가될 수 있고, 또 벌을 받는 것으로 야단을 맞거나 부모가 인정해 주지 않는 것, 특권을 빼앗기는 것, 자기 방에 혼자 남겨지는 것 같은 방법에 의해 바람직하지 않은 아동의 행동은 감소시킬 수 있다고 보았다. 스키너의 이러한 조작적 조건형성 원리는 아동발달심리학의 학습 원리로서 광범위하게 적용되었다. 파블로프의 고전적 조건형성과 달리 행동이 발생한 이후의 결과에 관심을 가졌다. 스키너(Skinner)의 조작적 조건형성을 그림으로 나타내면 <그림 2-9>와 같다.

그림 2-9 스키너의 조작적 조건형성

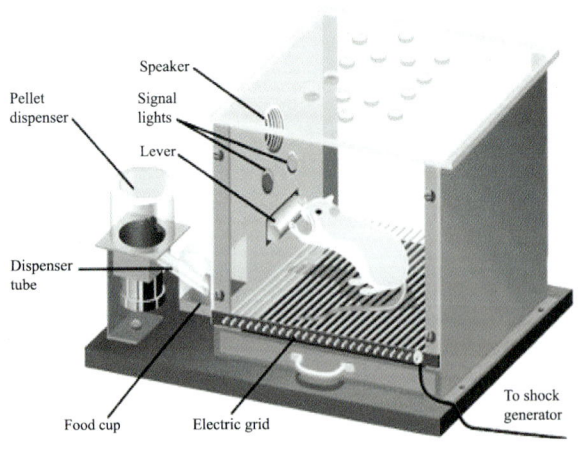

출처: http//blog.daum.net/wlms1172/6313865"http://blog.daum.net/wlms1172/6313865

3) 주요 개념

(1) 강화

사람이나 동물의 반응을 강하게 만들거나 바꾸는 것으로 조작적 행동이 유지되는 비율은 강화계획에 따라 좌우하게 된다고 보았다. 이 장에서는 정적 강화와 부적 강화에 대해서만 알아보기로 한다.

① **정적 강화**: 정적 강화란 반응 후에 자극의 출현이나 자극의 강도 증가가 뒤따르는 것이다. 정적 강화물이라고 불리는 이 자극은 보통 유기체가 원하는 어떤 것으로 예를 들면 자기 방을 깨끗이 청소한 자녀에게 부모가 칭찬하거나 용돈을 주는 것을 말한다.

② **부적 강화**: 부적 강화란 반응 뒤에 자극의 제거나 감소가 뒤따른다. 부적 강화물이라고 불리는 이 자극은 보통 유기체가 회피 또는 도피하려는 것이다. 예를 들면 공부하는 데 방해가 되는 TV 소리를 없애는 것, 즉 TV를 꺼주는 것을 말한다.

(2) 소거

강화물을 계속 주지 않을 때 반응의 강도가 감소하는 것이다.

(3) 토큰경제

바람직한 행동들에 대한 체계적인 목록을 정해 놓은 후, 그러한 행동이 이루어질 때 그에 상응하는 보상(토큰)을 하는 것이다.

(4) 타임아웃

특정행동의 발생을 억제하기 위해 이전의 강화를 철회하는 일종의 벌이다.

(5) 체계적 둔감법

혐오스러운 느낌이나 불안한 자극에 대한 위계목록을 작성한 다음, 낮은 수준의 자극에서 높은 수준의 자극으로 상상을 유도함으로써 혐오나 불안에서 서서히 벗어나도록 하는 것이다.

> **알아두기**
>
> **행동주의이론의 특징**
>
> ① 인간행동은 내적 충동보다 외적 자극에 의해 동기화된다.
> ② 인간행동은 결과에 따른 보상 혹은 처벌에 의해 유지된다.
> ③ 인간행동은 법칙적으로 결정되고 예측이 가능하며, 통제될 수 있다.
> ④ 인간행동은 환경의 자극에 의해 동기화된다.

> **알아두기**
>
> **행동주의이론의 의의**
>
> ① 정신분석에 반대하는 관점을 제시하며, 성격이론의 확대에 기여했다.
> ② 인간의 인지, 감각, 의지 등 주관적 또는 관념적 특성을 나타내는 것들을 과학적인 연구대상에서 제외시키고자 하였다.
> ③ 직접적으로 관찰이 가능한 인간의 행동에 연구의 초점을 맞추었다.
> ④ 인간의 행동은 학습될 수도 있고, 학습에 의해 수정될 수도 있다.
> ⑤ 인간은 학습을 통해 다양한 지식과 경험을 습득하며, 태도와 가치관을 형성한다.

3 반두라(Bandura)의 사회학습이론

1) 반두라(Bandura)

Albert Bandura는 1925년에 캐나다에서 태어나 스탠퍼드 대학에서 교수로 재직하였다. 그의 인지적 사회학습이론에서는 행동과 환경뿐만 아니라 인지도 인간발달에 있어서 중요한 요인이 된다. 사회학습이론은 사회적 환경과 아동의 인지능력이 학습과 발달에 미치는 중요성을 강조한다. 이 이론에 의하면 아동은 TV를 보면서 모델의 의복, 언어, 행동 등을 모방하게 된다고 하였다.

Albert Bandura

2) 반두라(Bandura)의 사회학습이론

행동주의이론으로 아동의 사회적 행동발달을 설명하는 이론이다. 이 이론은 조건형성과 강화원리를 받아들이면서 동시에 아동과 성인이 어떻게 새로운 반응을 획득해 가는지에 대하여 전통적 행동주의이론보다 더 확대된 견해를 제시하였다. 사회학습이론의 대표적 학자는 Bandura(1977)로 그는 관찰학습 또는 모델링이 광범위한 아동의 행동발달에 기초가 된다고 주장했다. 즉, 아동이 바람직한 행동이든 바람직하지 않은 행동이든 단순히 주위 다른 사람들의 행동을 관찰함으로써 학습한다는 점을 강조했다.

3) 주요 개념

(1) 관찰학습

사회학습이론(social-learning theory)의 중심은 관찰학습이다. 직접적인 강화를 받지 않더라도 관찰과 모방을 통해 학습이 가능하고, 다른 아동이 보상이나 벌을 받는 것을 관찰함으로써 간접적 강화를 받게 된다. 직접적인 개인적 경험뿐만 아니라 타인의 경험을 관찰하는 것만으로도 행동이 조성되고 강화될 수 있는데 다른 사람의 행동을 관찰함으로써 학습되는 현상을 관찰학습이라고 하고, 모델이 하는 행동을 보고 강화를 받는 것을 대리적 강화라고 한다.

(2) 자기효능감(Self-efficacy)

자기효능감은 사회학습이론에서 중요한 요소 중 하나로 자신이 어떤 일을 잘 해낼 수 있다는 개인적 신념이다. 이 신념은 어떤 행동을 모방할지를 결정하는 데 도움이 된다. 자신의 능력 범위 내에 있는 활동은 시도 하려고 할 것이고, 자신의 능력을 벗어나는 과제나 활동은 회피하려고 할 것이다. 자기효능감이 높으면 문제 상황에 직면했을 때 그 상황을 극복하기 위해 자신감을 가지고 적극적으로 대처하는 반면, 자기효능감이 낮으면 문제 상황을 회피하거나 포기하는 특징을 보인다. 따라서 스스로 느끼는 자기효능감이 과제 수행에 미치는 영향은 매우 크다. 자기효능감을 높이기 위해서는 자신이 하는 일에 대해 믿음을 가지고 스스로 수행하며 자기개발을 위해 노력하는 것이 필요하다.

(3) 상호결정론

반두라의 상호결정론은 환경이 아동의 성격과 행동을 조성한다는 Watson이나 Skinner와는 달리 개인, 행동, 환경 간의 관계는 양방향적이라고 주장한다. 즉 인간의 행동은 개인, 행동, 환경 요소들 간의 지속적인 상호작용에 의해서 결정된다는 견해이다. 아동이 경험하는 환경이 아동에게 영향을 미치고, 아동의 행동 또한 환경에 영향을 미친다는 것이다. 이것은 인간의 행동은 개인의 기질적 요인과 사회의 환경적 요인이 상호 의존적으로 영향을 미친 결과이며 인간은 그들의 환경을 스스로 통제할 뿐만 아니라 구성해 나간다는 것을 시사한다. 상호결정론의 모형을 제시하면 <그림 2-10>과 같다.

그림 2-10 반두라의 상호결정론 모형

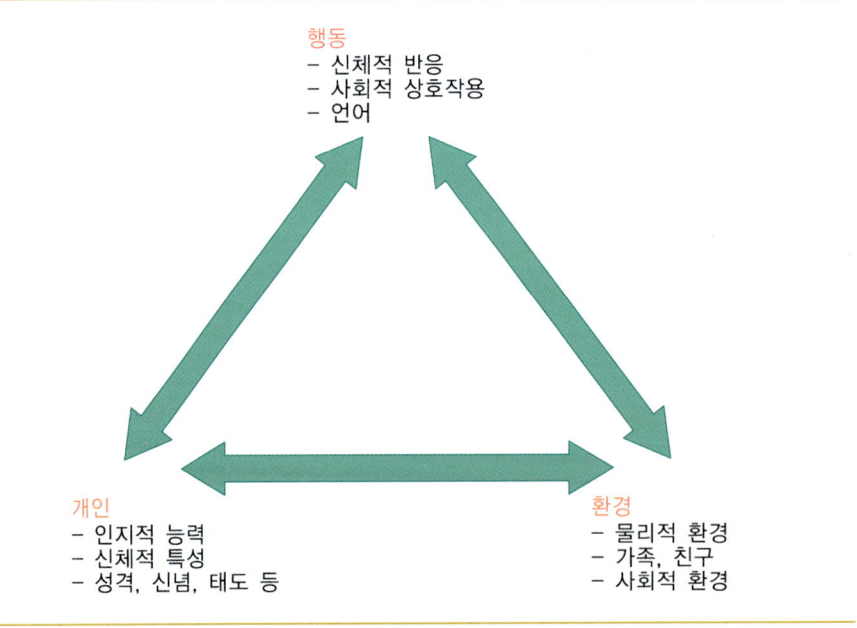

반두라의 사회학습이론의 의의

① 인간의 행동이 외부자극에 의해 통제된다는 행동주의이론에 반박하여 인간의 인지 능력에 관심을 가짐.
② 직접경험에 의한 학습보다는 모델링을 통한 관찰학습과 모방학습을 강조
③ 학습은 모델의 행동을 모방하거나 대리적 조건형성을 통해 이루어진다고 봄.
④ 관찰과 모방에 의한 사회학습을 통해 클라이언트의 문제행동이 제거 될수 있음을 보여줌.

제4절 인본주의이론

 인본주의이론은 정신분석적 인간관의 결정론과 행동주의 이론에 반대해서 나온 이론으로 무의식적 욕구와 본능 및 환경적 요인을 배제하고, 동물의 실험결과를 인간에게 적용시키는 것도 인정하지 않는다. 인본주의이론은 한마디로 인간에 대해 보다 희망적이고 낙천적인 이론으로 인간의 긍정적인 측면인 사랑, 창조성, 선택, 가치, 자아실현에 초점을 두고 있다. 인간은 근본적으로 선하며 존경받을 만하고 환경조건이 적절하다면 자신의 잠재능력을 실현해 나가려고 하는 존재로 본다. 다른 이론들에 비해 덜 과학적이지만 이 이론은 상당한 임상적 가치를 지닌다. 인본주의의 대표적 이론은 Maslow의 욕구위계이론과 Rogers의 인간중심이론이다.

1 매슬로우(Maslow)의 욕구위계이론

1) 매슬로우(Maslow)

 Abraham Maslow는 1908년 뉴욕시의 브루클린에서 태어났다. 부모는 법학을 공부하도록 강력히 권고했으나, 대학에서 2주 만에 법학공부를 포기하고 학부,

석사, 박사를 심리학을 전공하고 1934년에 박사학위를 취득했다. 인간은 성장과 창의성, 자유선택에 대한 잠재력을 가지고 있기 때문에 행동주의의 일방성으로는 인간을 이해하는 것이 역부족이라고 인식했다.

Abraham Maslow

2) 매슬로우(Maslow)의 욕구위계이론

(1) 기본전제

인간의 본성은 본질적으로 선하며, 인간의 악하고 파괴적인 요소는 나쁜 환경에서 비롯된 것이고, 창조성이 인간의 잠재적 본능이다.

(2) 인간욕구의 특성

욕구위계에서 하위에 있는 욕구가 더 강하고 우선적이다. 상위의 욕구는 전 생애 발달과정에서 후반에 점차 나타나고 만족은 지연될 수 있다. 욕구를 충족시키기 위한 행동은 선천적인 것이 아니라 학습에 의한 것이며 사람마다 차이가 있다. 제 1형태의 욕구로서 결핍성 욕구는 생존적인 경향이 강한 반면, 제 2형태의 욕구로서 성장욕구는 잠재능력, 기능, 재능을 발휘하려는 경향이 강하다.

3) 인간욕구의 위계

Maslow(1971년)는 인간의 욕구에는 기본적으로 생리적 욕구, 안전에 대한 욕구, 애정과 소속에 대한 욕구, 자아존중감의 욕구, 자아실현의 욕구가 있다고 했다<그림 2-11>.

그림 2-11 Maslow의 욕구 5단계

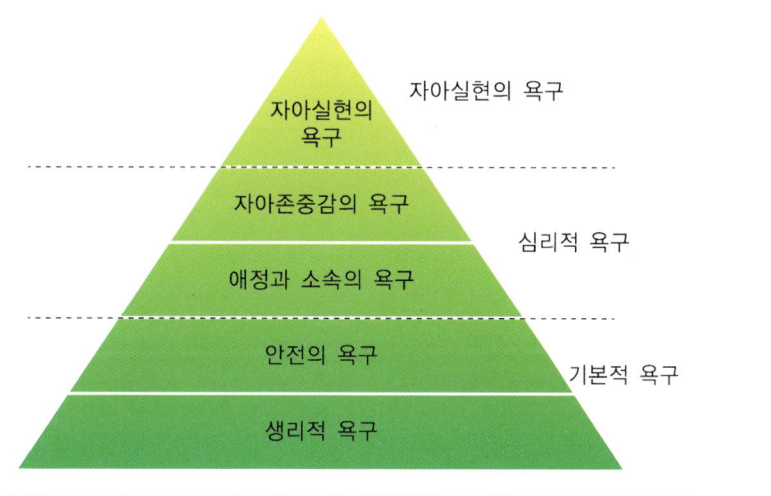

(1) 생리적 욕구(제 1단계)

음식, 물, 공기, 수면, 성욕에 대한 욕구로서, 이들 욕구의 충족은 우리의 생존을 위해서 꼭 필요한 것이다. 생리적 욕구는 모든 욕구 중에서 가장 강렬하며, 이 욕구가 충족되지 않으면 안전, 사랑, 자아존중감, 자아실현의 욕구는 모두 하찮은 것들이 되어버리고, 우리는 보다 높은 단계로 나아가지 못한다.

(2) 안전의 욕구(제 2단계)

생리적 욕구가 해결되고 나면 안전의 욕구에 의해 동기가 유발된다. 안전의 욕구에는 안전, 안정, 보호, 질서 및 불안과 공포로부터의 해방 등과 같은 욕구가 포함된다. Maslow는 부모간의 갈등, 별거, 이혼, 죽음 등은 가정 환경을 불안정하게 만들기 때문에 아동의 심리적 안녕감에 해가 된다고 주장한다.

(3) 애정과 소속의 욕구(제 3단계)

애정과 소속의 욕구는 특정한 사람들과 친밀한 관계를 맺고, 어떤 집단에 소속되고자 하는 욕망으로 표현된다. 사랑의 욕구가 충족되면 다른 사람과 원만한 관계를 갖게 되는데 이 때 사랑을 받는 것도 중요하지만 사랑을 주는 것도 중요하다. 애정과 소속의 욕구를 충족시키지 못하면 외로움과 소외감을 느끼게 된다.

(4) 자아존중감의 욕구(제 4단계)

자아존중감의 욕구는 기술을 습득하고 맡은 일을 훌륭하게 해내고, 작은 성취나 칭찬 및 성공을 통해서, 그리고 다른 사람으로부터 긍정적인 평가를 들음으로써 충족된다. 자아존중감에는 다른 사람이 자기를 존중해주기 때문에 갖게 되는 자아존중감과 스스로 자기를 높게 생각하는 자아존중감이 있다. 자아존중감의 욕구를 충족시키지 못하게 되면 열등감, 좌절감, 무력감, 자기비하 등의 부정적인 자기지각을 초래하게 된다.

(5) 자아실현의 욕구(제 5단계)

자아실현의 욕구는 인간욕구의 위계 중에서 가장 높은 수준의 것이다. 자신의 능력과 재능을 최대한 활용하는 성숙하고 건강한 사람들이 여기에 속한다. 매슬로우는 인간은 누구나 자아실현의 욕구를 갖고 있지만, 대부분의 사람들은 이 욕구를 실현시키지 못한다고 한다.

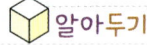

매슬로우가 제시한 자아실현자의 특징

① 현실에 대해 정확히 인지한다.
② 자발적이며 순수하다.
③ 자기중심적이지 않고 문제 중심적이다. 문제에 집중하고 자신의 목표를 매우 중요하게 생각한다.
④ 혼자 있기를 좋아하고, 홀로인 것을 개의치 않는다.
⑤ 자신과 타인을 있는 그대로 받아들이고, 자신의 강점과 약점을 인정한다.
⑥ 다른 사람에 대해 수용적인 태도를 보인다.
⑦ 철학적이며 유머감각이 있다.
⑧ 자연, 어린아이 등과 같은 삶의 기본적인 것들에 경외심과 기쁨을 느낀다.

2 로저스(Rogers)의 인간중심이론

1) 로저스(Rogers)

Carl Rogers는 1902년 미국 일리노이주 시카고에서 단란한 기독교 가정에서 태어났다. 컬럼비아 대학에서 임상 및 교육심리학 박사과정을 마쳤고, 로체스타에 있는 Guidance Center의 연구원으로 일하다가 나중에는 그 연구소의 소장이 되었다. Rogers는 이 연구소에서 12년간 재직하였으며, 이 기간에 임상경험에 기초한 그의 이론이 형성되기 시작했다.

Carl Rogers

2) 로저스(Rogers)의 인간중심이론

Rogers는 정신분석적인 접근법에 대한 반동으로 비지시적 치료법(1940년대)을 발전시켰다. 비지시적 치료법은 후에 치료자가 내담자를 연구대상으로 생각하거나 치료자의 입장에서 진단하거나 치료하려고 하지 않고 인간 대 인간으로서 관계를 맺으면서 치료가 이루어지고, 내담자를 하나의 인간으로 생각하고 있음을 의미하는 차원에서 내담자 중심 심리치료(1950년대)로 발전하다가 인간중심치료(1970~1980년대)로 발전하였다. 정신분석이 과거에 초점을 둔 것에 비해 인간중심은 지금-여기에 초점을 두고 있고, 치료과정이 정신분석과 비교해서 간단하여 상담가들 사이에서 인기를 얻고 있다. 치료자의 태도와 성격특성을 강조하고 내담자와 치료자의 관계의 질이 치료결과의 중요한 결정요인이라고 한다.

Rogers(1974)는 인간은 본질적으로 신뢰할만하며 자기를 이해할 수 있는 능력과 자아실현을 이룰 충분한 잠재력을 지니고 있다고 믿었다. 이 잠재력은 일상생활에서는 잘 드러나지 않지만, 적절한 심리적 환경이 조성되면 나타난다. Rogers 이론에서 자아에 대한 개념은 매우 중요하다. 자신이 지각하는 자아와 다른 사람이 자신을 보는 자아가 일치하면 적응적인 삶을 살아가지만, 일치하지 않으면 부적응적이 되어 불안, 방어, 왜곡된 사고를 하게 된다.

Rogers는 실제적 자아(real self)와 이상적 자아(ideal self) 간의 관계를 강조하는데 실제적 자아는 실제로 있는 그대로의 자아이고, 이상적 자아는 자신이 그렇게 되었으면 하고 바라는 자아를 말한다. 실제적 자아와 이상적 자아 간의 차이가 크면 클수록 적응에 문제가 있는 경우가 많고, 심한 경우 적응을 잘 하지 못하게 되어 신경증으로까지 발전한다.

Rogers는 또한 아동기 때 의미 있는 타자와의 경험이 성인기에 개인의 자기 지각에 영향을 미친다고 하였다. 아동이 부모, 형제, 또래, 교사와의 관계에서 부정적인 평가를 자주 받으면 성인이 되어서 적응문제를 보이기 쉽다. 부정적인 피드백을 많이 받을수록 다른 사람으로부터 받는 부정적인 평가에서 벗어나려고 자기지각을 왜곡하게 된다. 다른 사람들의 자신에 대한 평가와 자기지각 간에 상위가 클수록 불안하게 되고 방어적이 되어 다른 사람들에게 적개심을 갖게 된다(정옥분, 2007).

Rogers 이론에서의 성격발달은 자아를 중심으로 이루어진다. 타인이 자신을 긍정적으로 평가할 때 긍정적 자아상이 발달하고, 타인이 자신을 부정적으로 평가할 때 부정적 자아상이 발달한다. 따라서 건강한 성격을 발달시키는데 중요한 요소는 무조건적 긍정적 관심이다. 무조건적 긍정적 관심이란 타인을 조건 없는 그대로 수용하거나 존경하는 것으로 진실된 사랑과 존중을 의미한다. 잘 적응하는 사람은 자신이 어떻게 진실되게 행동하고, 생각하며 경험하는지에 대해 정확하게 인식하는 사람이다. 이런 사람은 자기 이미지와 현실 사이에 조화를 이루는 성격으로 발달한다.

3) 충분히 기능하는 사람

Rogers는 인간은 자아실현을 위해 움직이며 그것을 통해 의미를 찾을 수 있는 잠재력을 가지고 있다고 믿었다. Rogers가 생각하는 이상적인 인간상은 자아실현을 이룬 사람이다. 자아실현을 이룬 사람들은 진정한 자기 자신이 되며 자기가 아닌 어떤 것을 가장하거나 진정한 자아의 일부를 숨기지 않는다. Rogers

는 이런 사람들을 "충분히 기능하는 사람(The fully functioning person)"이라고 불렀고, 인간중심 심리치료의 목표는 개인이 충분히 기능하는 사람이 되도록 도울 수 있는 적절한 심리적 환경을 제공하는 것이라고 하였다.

충분히 기능하는 사람은 공통적으로 다섯 가지의 성격 특성을 가지고 있다.

첫째, 기능에 대해 개방적이다. 가치의 조건에 제재를 받지 않고 모든 감정과 태도를 자유로이 경험할 수 있다.

둘째, 매 순간을 충분히 만끽하며 실존적인 삶을 산다. 과거의 자기 자신에게 얽매이거나 미래를 예측하며 살지 않고 지금-여기에서 매 순간마다 새로운 것을 경험하며 살아간다.

셋째, 자신의 유기체에 대해 신뢰한다. 타인의 판단에 의해 행동하지 않고 자신의 평가에 의해 행동하며 가장 만족스러운 행동에 도달하는 방법으로 자신을 신뢰한다. 경험을 어떤 결정을 내리는데 가장 중요한 것으로 본다.

넷째, 자신의 선택과 행동에 대해 자유의식을 갖는다. 자기가 선택한 인생을 자유롭게 살아가며 자신의 행동과 결과에 책임을 진다. 자기 자신이나 타인에 의해서 한 방향으로 행동하도록 강요받지 않고, 자유롭고 다양하게 행동한다.

다섯째, 창조적이다. 모든 영역에서 창조적인 삶으로 스스로를 표현한다.

제5절 동물행동학적 이론

동물행동학은 진화론적 관점에서 동물과 인간의 행동을 연구하는 학문으로 인간발달에 있어서 생물학적 역할을 강조한다. 동물행동학의 기본 가정은 동물의 적응과 진화적 과정과는 밀접한 관계가 있다고 봄으로써 행동의 적응력 또는 생존적 가치와 진화적 근거에 관심을 갖는다. 동물행동학의 기원은 찰스 다윈의 진화론이고, Lorenz와 Tinbergen은 진화과정과 적응행동 간의 밀접한 관계를 강조함으로써 동물행동학의 기초를 확립하였고, 1960년대에 와서 Bowlby는 동물행동학의 이론을 인간의 발달 – 유아와 어머니 간의 애착관계 – 에 적용하였다. 이 장에서는 Lorenz의 각인이론과 Bowlby의 애착이론을 다룬다.

1 로렌즈(Lorenz)의 각인이론

1) 로렌즈(Lorenz)

Konrad Lorenz는 1903년 오스트리아에서 태어났다. 그의 아버지는 자신의 뒤를 이어 Lorenz도 의사가 되기를 바랐지만, 그는 빈 대학에서 동물학을 연구하고 박사학위를 받았다. 1973년에는 노벨생물학상을 수상하였다. 동물행동연구에 Darwin의 진화론적 관점을 도입하여 독자적인 이론을 확립하였다.

Konrad Lorenz
2018.12.19. 백과사전
http://100.daum.net/multimedia

2) 로렌즈(Lorenz)의 각인이론

자연계의 서식지에서 여러 종의 동물들의 행동을 관찰하면서 Lorenz는 생존 가능성을 증진시키는 행동패턴을 발견하였다. 이들 중에서 가장 잘 알려진 것이 새끼 새가 부화한 직후부터 어미를 따라 다니는 행동에서 볼 수 있는 각인이다.

이것은 새끼가 어미 곁에 가까이 있음으로써 먹이를 얻을 수 있고, 위험으로부터 보호받을 수 있기 때문이다. 각인은 생후 초기 제한된 시간 내에서만 일어난다. 이 시간 내에 어미가 없다면 대신 어미를 닮은 대상에 각인이 일어날 수도 있다(Lorenz, 1952).

그림 2-12　Lorenz의 각인현상

* 사진설명: 새끼 오리가 Lorenz를 '엄마'로 잘못 알고 그 뒤를 졸졸 따라가고 있다. 여기서 새끼오리는 로렌츠에게 각인되었다.

　Lorenz(1965)는 어미 오리가 낳은 알을 두 집단으로 나누어서 실험하였다. 한 집단의 알은 어미 오리가 부화하게 하고, 다른 집단의 알은 부화기에서 부화되게 하였다. 첫 번째 집단의 새끼 오리는 부화 직후부터 어미 오리를 따라다녔지만, 부화하자마자 Lorenz를 보게 된 두 번째 집단의 새끼 오리들은 Lorenz를 어미처럼 졸졸 따라다녔다. Lorenz는 새끼 오리들에게 표시를 한 후 상자를 덮어 씌웠다. 어미 오리 옆에 Lorenz가 나란히 서서 상자를 들어 올리자 두 집단의 새끼 오리들은 각각 자기 '엄마' 뒤에 나란히 줄을 섰다. Lorenz는 이 과정을 각인이라고 불렀다. '각인'이란 태어나서 처음 접하는 물체에 애착을 형성하는 선천적 학습을 일컫는 말이다.

 알아두기

각인되는 대상의 범위

Lorenz는 각인되는 대상의 범위가 종에 따라 다르다는 것을 발견하였다. 기러기 새끼는 움직이는 것이면 무엇이든지 각인되는 것으로 보인다. 실제로 움직이는 보트에 각인된 경우도 있었다. 그러나 물오리 새끼들은 Lorenz가 어떤 높이 이하로 몸을 구부리고 꽥꽥거리는 소리를 지를 때에만 그에게 각인되었다.

3) 결정적 시기

각인 연구에서 Lorenz는 이 현상이 결정적 시기에서만 일어난다고 제시하였다. 각인은 어린 동물이 일단 생후 초기의 특정한 시기에 어떤 대상에 노출되어 그 뒤를 따르게 되면 그 대상에게 애착을 가지게 되는 것을 의미하는데 여기서 '특정한 시기'가 결정적인 시기가 된다.

만약 결정적 시기 이전이나 이후에 대상에 노출되면 애착은 형성되지 않는다. 일단 결정적 시기가 경과해 버리면 다른 대상에게 애착하도록 유도하는 것이 불가능하다. 병아리와 오리의 결정적 시기는 부화 후 36시간이며 13~16시간 사이가 가장 민감한 시기이다. 포유동물인 개나 원숭이도 각인 현상을 보인다.

각인은 아동발달에 폭넓게 적용되어 온 주요 개념인 결정적 시기라는 개념을 이끌어 냈다. 결정적 시기는 제한된 시간 내에 아동이 특정한 적응행동을 습득하도록 생물학적으로 준비되어 있으며, 그 행동을 습득하기 위해서는 환경 내의 적절한 자극이 있어야 한다는 것을 의미한다.

2 보울비(Bowlby)의 애착이론

1) 보울비(Bowlby)

John Bowlby는 1907년 런던에서 태어나 의학과 정신분석학적 훈련을 받았다. 제2차 세계대전 후 고아원에서 성장한 아동들에게서 타인과 친밀하고 지속적인 관계를 형성하지 못하는 등 정서적인 문제가 있음을 발견하였다. 아동들이 생의 초기에 어머니에 대한 확고한 애착을 형성할 기회가 없었기 때문에 친밀한 인간관계를 맺지 못하는 것으로 해석하고, 동물행동학적 이론을 인간관계(특히 유아와 어머니 간의 애착관계)에 적용하였다.

John Bowlby

2) 보울비(Bowlby)의 애착이론

Bowlby(1969)는 각인형성을 인간의 영아와 양육자 간의 관계에 적용시켰다. Bowlby(1969, 1973)는 영아도 다양한 형태의 프로그램된 행동을 나타내는데 이러한 행동은 생존을 위해서 뿐만 아니라 영아의 정상적인 발달에도 유용하다고 주장한다. 예를 들면, 아기의 울음을 어머니의 주의를 집중시키는 생물학적으로 프로그램된 '고통 신호'로 보았다. 아기가 큰 소리로 우는 것은 아기가 자신의 고통을 전하기 위해 생물학적으로 프로그램된 것이고, 아기의 울음에 어머니가 반응하는 것도 생물학적으로 프로그램된 것이다. 아기는 울음을 통해 첫째로 아기의 기본 욕구(배고픔, 목마름, 안전 등)를 충족하고, 둘째로 아기가 애착관계를 형성하는 데 필요한 충분한 접촉을 할 수 있다.

유아는 태어나서 자신을 돌보는 사람, 특히 어머니와 강한 정서적 유대를 맺게 되는데, 이것이 애착관계이다. Bowlby는 아기의 애착행동-미소 짓기, 옹알이하기, 울기, 잡기, 매달리기 등-을 선천적인 사회적 신호라고 주장한다. 이러한 행동들은 양육자로 하여금 아기에게 접근해서 돌보고, 상호작용하도록 격려할 뿐만 아니라 아기를 먹이고, 위험으로부터 보호하고, 건강한 성장에 필요한 자극과 애정을 기울이게 한다. 영아의 애착발달은 새끼 새의 각인형성과는 달리 양육자와의 장기간의 과정을 통해 깊은 애정관계를 형성하게 된다.

Bowlby의 애착에 관한 연구는 인간의 애착관계의 질이나 유대과정에 관해 활발한 연구를 촉진하였다. Bowlby(1969)는 영아가 어머니와 어떻게 애착을 형성해 나가는가에 대해 영아의 발달단계와 관련해서 애착의 발달단계를 전애착단계, 애착형성단계, 애착단계, 상호관계의 형성단계 등 4단계로 분류하였다. Bowlby는 이 4단계를 거쳐 부모·자녀 간에 형성되는 애착관계는 성격발달에 큰 영향을 미치므로 발달단계에 따라 애착형성에 초점을 두어야 한다고 했다.

3) 애착의 단계

(1) 전 애착단계(출생 후~6주)

영아는 미소 짓고, 옹알이하고, 울고, 붙잡고, 매달리는 등 다양한 신호체계를 통해서 주위 사람들과 가까운 관계를 유지한다. 그러나 영아는 이 단계에서는 아직 애착이 형성되지 않아 낯선 사람과 혼자 남겨져도 별로 개의치 않는다.

(2) 애착형성단계(6주~8개월)

영아는 친숙한 사람과 낯선 사람을 구분하여 다르게 반응하기 시작한다. 그러나 아직 이 단계에서는 부모가 자기를 혼자 남겨 놓고 자리를 떠나도 분리불안은 나타나지 않는다.

(3) 애착단계(8개월~18개월)

영아가 이미 애착이 형성된 사람에게 강한 집착을 보이며, 애착대상이 떠나면 분리불안을 보인다. 모든 문화권에서 보편적으로 나타나는 현상으로 돌 전후에 나타나기 시작해서 15개월까지 계속 증가한다.

(4) 상호관계의 형성단계(18~24개월)

영아는 정신적 표상과 언어 발달로 인해 애착을 형성한 대상이 다시 돌아온다는 사실을 알게 되어 분리불안이 감소된다. 이 단계에서 영아는 양육자와 협상하고 자신이 원하는 대로 그 사람의 행동을 수정하기도 한다.

4) 민감한 시기

동물행동학에서도 Freud와 마찬가지로 초기 경험의 중요성을 강조한다. Bowlby는 Freud처럼 인생 초기에 형성되는 사회적 관계의 질이 그 후의 발달에서 결정적인 역할을 한다고 믿었다. 동물행동학에서는 아동발달에 결정적 시기가 있다고 하였다. 동물에게서는 결정적 시기의 개념을 각인과 같은 발달의 특정 측면으로 설명하지만, 인간발달에서는 결정적 시기보다 민감한 시기라는 개념이 더 적절한 것으로 보인다. 민감한 시기란 특정 능력이나 행동이 출현하는 최적의 시기를 말하며, 아동은 이 시기에 특정한 환경의 자극에 민감한 반응을 보인다. 민감한 시기가 지난 후에도 발달이 이루어질 수는 있지만, 그 때는 시간이 더 오래 걸리고 어렵게 된다.

Bowlby(1988)는 인생에서 첫 3년간이 친밀한 정서적 유대를 형성하는 즉, 사회정서발달의 민감한 시기라고 본다. 만약 이 기간 동안 그런 기회를 갖지 못한다면, 나중에 친밀한 인간관계를 형성하는 것이 거의 불가능하게 된다고 한다.

 알아두기

애착형성을 위한 5가지 전략

- 자녀와의 애착형성은 양보다 질이 중요하다.
- 자녀의 행동에 대해 즉각적이고 일관적으로 반응해야 한다.
- 자녀의 신호에 대해 민감하게 반응하며, 자녀의 관점에서 그 신호를 정확히 이해해야 한다.
- 자녀와의 지속적인 신체접촉을 통해 아이가 보호받고 있다는 느낌을 가지도록 해야 한다.
- 자녀와의 놀이나 상호작용에서 가급적 자녀가 이끄는 대로 따르는 것이 바람직하다.

제6절 생태학적 이론

생태학적 이론은 인간은 생물학적 유기체인 동시에 사회적 존재로서 환경과 상호작용한다는 점에 초점을 둔 이론이다. 아동의 발달은 가족, 이웃, 국가라는 여러 가지 환경 속에서 발달한다고 본다. 즉, 아동은 가족, 친구, 친척, 종교단체, 학교, 대중매체나 아동 자신이 속한 문화뿐만 아니라 세계도처에서 일어나는 사건에 의해서도 영향을 받는다. 따라서 아동발달은 부분적으로 환경과 사회적 영향의 산물이라 할 수 있다. 이 장에서는 Bronfenbrenner의 이론을 통해 아동발달의 생태학적 접근법을 알아보기로 한다.

1 Bronfenbrenner의 생태학적 체계이론

1) Bronfenbrenner

Urie Bronfenbrenner는 1917년 러시아의 모스크바에서 출생했으나 6세 때 미국으로 이주하여 지금까지 미국에서 살고 있다. 음악과 심리학을 이중 전공하여 코넬대학에서 학사학위를 받았고, 하버드대학에서 심리학을 전공하여 석사학위를 취득하였으며, 미시간 대학에서 박사학위를 취득한 후 1948년에 코넬 대학의 교수가 되었다. 현재 코넬 대학의 인간발달·가족학과 석좌교수로 재직하고 있다.

Urie Bronfenbrenner

2) Bronfenbrenner의 생태학적 체계이론

생태학적 체계이론은 Bronfenbrenner(1979)가 사회문화적 관점에서 인간발달을 이해하는 이론이다. Bronfenbrenner는 아동에 대한 이해가 사회문화적 맥락에서 이루어져야 한다는 관점에서 이론을 체계화하고, 생태학적 체계모델을 제시하였다. 생태학적 모델에서는 아동이 살고 있는 환경은 가장 직접적인 체계인 미시체계부터 넓게는 문화에 기초한 거시체계까지 4가지 체계로 나누었고, 후에 시간체계를 하나 더 첨가하여 다섯 가지 체계로 나누었다.

Bronfenbrenner의 생태학적 체계모델에서는 아동을 중심으로 아동과 가까이 있는 체계일수록 아동에게 가장 크게 직접적으로 영향을 미치고, 외부에 있는 체계는 그 안에 있는 체계에 영향을 미쳐, 모든 체계들은 상호작용하여 영향을 미친다고 하였다.

3) Bronfenbrenner의 생태학적 체계 모델

Bronfenbrenner는 생태학적 체계 모델을 미시체계, 중간체계, 외체계, 거시체계, 시간체계로 나누었다.

그림 2-13 Bronfenbrenner의 생태학적 체계 모델

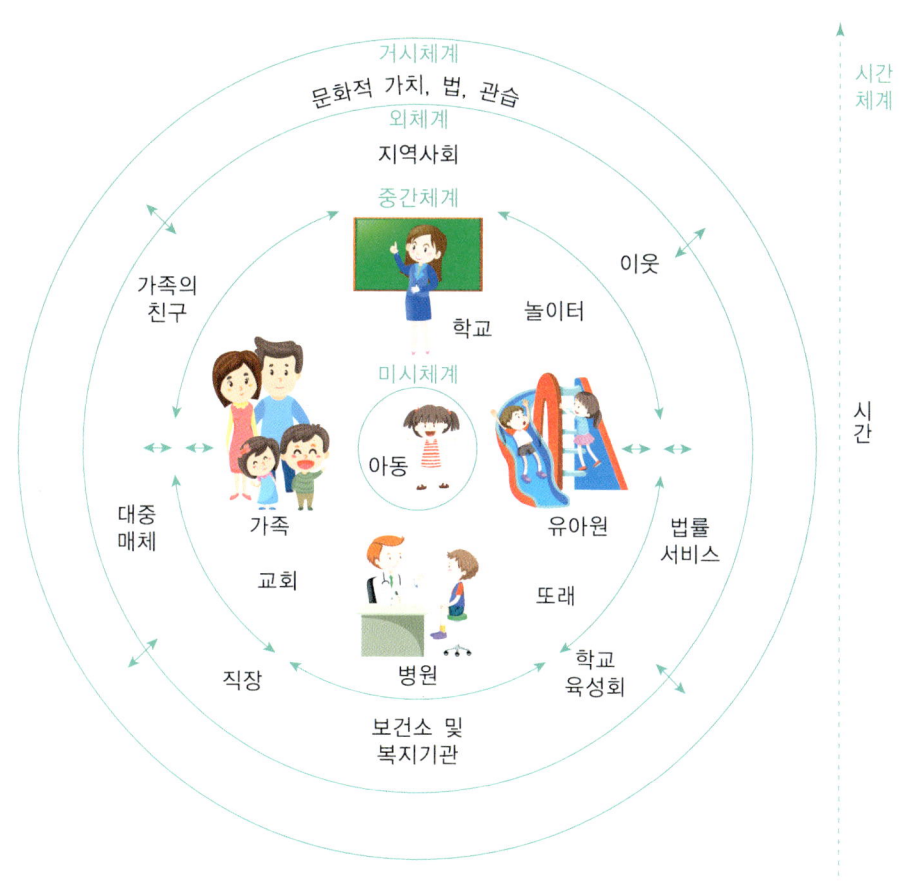

출처: 이시종, 알기쉬운 발달과 이상심리, p.55 인용

(1) 미시체계(Microsystem)

<그림 2-13>은 Bronfenbrenner의 생태학적 체계 모델이다. 여기서 아동은 중앙에 위치하고, 아동이 속한 가장 직접적인 환경이 미시체계이다. 아동이 속한 가정, 친구, 학교, 지역사회 등이 미시체계에 해당되며, 이 미시체계 내에서 부모, 친구, 선생님들은 아동과 직접적인 상호작용이 이루어진다. 아동은 환경의 영향을 받는 수동적인 존재가 아니라 환경을 구성하는 능동적인 주체이므로 미시치계는 아동이 성장하면서 변화된다.

Bronfenbrenner는 대부분의 아동발달에 대한 연구가 이 미시체계에 집중되어 있다고 지적한다.

(2) 중간체계(Mesosystem)

중간체계는 미시체계와 미시체계 간의 관계로 미시체계 속에서 성장하는 개체가 특정한 시점에서 상호작용하는 것을 말한다. 예를 들면, 부모와 교사 간의 관계, 형제 관계, 이웃 친구와의 관계 등을 말한다. 이 체계들 간의 관계가 밀접할수록 아동의 발달은 순조롭게 진행된다. 부모와의 관계가 원만하지 못한 아동은 친구와의 관계에서도 긍정적인 관계를 맺기 어려울 수도 있다. 발달론자들은 아동의 발달을 보다 체계적으로 이해하기 위해서는 가족, 친구, 학교, 교회 등 다양한 상황에서 아동이 어떻게 행동하는지 관찰하는 것이 중요하다고 한다.

(3) 외체계(Exosystem)

외체계는 아동이 직접 참여하지는 않지만 아동에게 영향을 미치는 사회적 환경을 의미하는 것으로, 정부기관, 사회복지기관, 교육위원회, 대중매체, 직업 세계 등이 여기에 속한다. 아동은 이러한 외체계에 직접 참여하지는 않지만, 이러한 환경들은 아동의 행동에 여러 가지 영향을 미친다. 예를 들면 부모의 직장상사는 부모의 근무지, 급여, 휴가, 근무시간 등을 결정할 수 있는데 만약 직장상사가 아버지나 어머니를 해고시키거나 전근시킬 경우 자녀의 미시체계와 중간체계는 변화되고 때로는 심각한 영향을 줄 수도 있다.

(4) 거시체계(Macrosystem)

거시체계에는 미시체계, 중간체계, 외체계에 포함된 모든 요소에다 개인이 살고 있는 문화적 환경까지 포함된다. 문화적 환경에는 사회적 문화, 이념, 가치관, 법률, 제도, 관습, 행동유형, 일상생활습관 등이 포함된다. 아동이 속해 있는 사회문화적 배경에 따라 부모의 양육태도 등 가치관이 달라지며 이러한 가치관은 아동의 발달에 지속적으로 영향을 미친다. 거시체계는 아동의 삶에 직접적으로 개입하지는 않으나, 전체적으로 보면 간접적이기는 하나 매우 강력한 영향력을 미친다. 예를 들면, 의학지식의 확산은 건강습관에 영향을 줄 수 있고, 메마른 체형을 미모 또는 성적 매력과 동일시함으로써 거식증이나 폭식증 같은 먹기장애를 초래할 수 있다.

(5) 시간체계(Chronosystem)

시간체계는 처음 발표한 생태학적 모델에는 포함되어 있지 않으나 생태학적 관점에서 필요한 체계로 간주되어 후에 새롭게 포함되었다. 시간체계는 전생애에 걸쳐 일어나는 변화와 사회역사적인 환경을 포함한다. 아동이 성장하면서 겪게 되는 외적인 사건(부모의 죽음 등)과 내적인 사건(심리적 변화 등), 아동이 어떤 시대에 출생하여 성장하였는가가 시간체계의 구성요소가 된다. 시간체계에 관한 연구들은 인간의 생애에서 단일 사건이 발달에 미치는 영향에 국한하지 않고 시간의 경과와 더불어 연속적으로 일어나는 사건들이 누적되어 미치는 영향에 관한 연구를 한다. 예를 들면, 부모의 이혼이 아동에게 미치는 영향에 관한 연구에서 이혼의 부정적인 영향은 이혼한 첫 해에 최고조에 달하다가 2년쯤 되면 안정을 되찾는다. 사회문화적인 환경과 관련해서는 최근 여성들의 취업에 대한 욕구는 20~30년 전보다 매우 높다. 이와 같이 시대에 따라 달라지는 경험을 시간체계라고 하며, 이런 상황에서 시간체계는 아동의 발달과 삶에 지대한 영향을 미친다.

CHAPTER 03
인간의 성장과 발달

제1절 태내기

 정자와 난자가 결합하여 수정이 이루어지는 순간부터 출산하기까지의 280일을 태내기라고 한다. 정자와 난자의 결합으로 이미 형성된 생명체는 어머니 자궁 내에서 매우 빠른 속도로 성장한다. 태내기에 형성되는 신체적 구조와 기능은 한 개인의 전생애에 영향을 주는 발달의 기초가 되기 때문에 태내 환경을 매우 중요하다. 이 장에서는 태내발달 단계와 태내발달에 영향을 미치는 요인에 대해 알아본다.

1 태내발달 단계

 정자와 난자가 만나 형성된 수정란은 배란기, 배아기, 태아기의 발달단계를 거쳐 출산에 이르게 된다.

1) 배종기

 정자와 난자가 결합한 수정란이 나팔관을 거쳐 자궁벽에 착상하기까지 2주간을 배종기라고 한다. 배종기는 발생기, 발아기, 난체기, 배시기, 정착기, 배아전기라고도 한다. 배종기는 인간의 생애에서 사망률이 가장 높은 시기이지만, 신체는 전혀 지각을 하지 못한다.

정자와 난자의 결합으로 이루어진 수정란은 급속도로 세포분열을 하여 2일 후에는 4개의 세포로, 3일 후에는 32개의 세포로, 1주일 후에는 약 100~150개의 세포로 분열한다.

수정란은 세포분열을 하는 동안 3~4일 후면 자궁에 이르게 된다. 자궁에 도달할 때쯤의 수정란의 크기는 머리핀만하며 작은 공 모양의 배반포로 변해 1~2일 동안 자궁 속을 자유롭게 떠다닌다. 배반포는 외세포 덩어리와 내세포 덩어리, 그 속에 채워진 액체로 구성되어 있다. 영양배엽으로 불리는 외세포 덩어리는 자궁벽에 정착하여 태아를 보호하고 태아에게 영양분을 공급하는 조직으로 발달하고, 내세포 덩어리가 자궁 내에 완전히 착상하게 되면 배아로 성장하게 된다.

착상이 완전히 이루어지기까지는 약 일주일이 걸리며 착상과 동시에 배종기는 끝나고 배아기가 시작된다. 그러나 임신의 약 58%가 착상에 실패한다. 경우에 따라서는 수정란이 자궁에 착상하지 못하고 난관, 난소, 자궁경부, 자궁각에 착상하게 되는데 이것을 자궁외 임신이라고 한다(정옥분, 2007).

2) 배아기

수정란이 자궁벽에 착상한 후부터 8주까지를 배아기라고 한다. 배아기가 되면 수정란이 자궁벽에 착상하여 어머니와 의존적인 관계를 형성하게 되며 이 때부터 태아의 발달은 매우 빠른 속도로 이루어진다. 이 시기는 신체의 주요기관과 조직이 형성되고 분화되며 인간의 성장과정 중 성장률이 가장 높은 시기이다.

내세포 덩어리는 외배엽, 중배엽, 내배엽으로 분화하기 시작한다. 외배엽은 피부의 표피, 머리카락, 손톱, 발톱, 감각기관, 신경계로 발달하고, 중배엽은 피부의 진피, 근육, 골격, 순환계, 배설기관으로 발달하며, 내배엽은 소화기관, 호흡기, 기관지, 간, 폐, 췌장, 침샘 계통으로 발달하게 된다. 그러므로 이 시기는 태내환경에 대한 각별한 주의가 필요하다.

18일째가 되면 심장이 생기기 시작하며, 3주 말에는 심장이 뛰고, 4주 말쯤에는 심장과 연결되는 탯줄이 형성되며 눈, 코, 신장, 허파가 될 부분을 볼 수 있다. 2개월 말 배아의 길이는 2.5cm 무게는 14kg쯤 된다(조복희 외, 2000).

배아기 말경 소변검사나 혈액검사 등을 통해 임신 사실을 확인할 수 있으며 유전적 결합으로 인한 얼굴 특징, 언챙이 등도 확인할 수 있다. 태아발달의 결정적 시기는 <그림 3-1>과 같다.

그림 3-1 태내발달의 결정적 시기

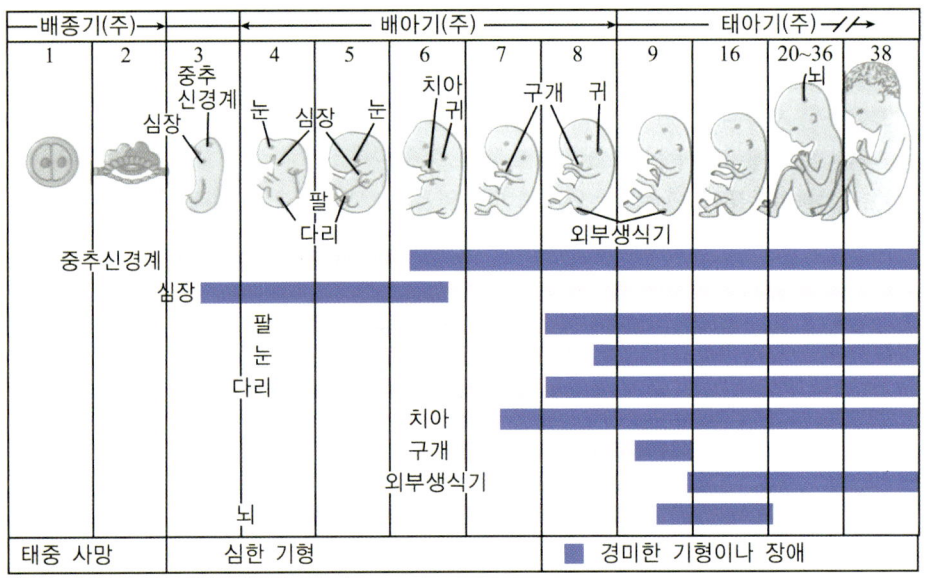

출처: Berk, L.E(1990). Infants and ohildrenillo

3) 태아기

8주 이후부터 출생까지의 시기를 태아기라고 한다. 이 시기는 배아기에서 기본적으로 형성된 여러 신체조직들이 급격하게 발달하고 기능을 하기 시작한다. 태아는 신생아와 유사한 수면과 각성의 사이클을 가지게 되며, 소음을 들을 수 있고, 큰 소리나 음악은 태아의 움직임에 영향을 준다.

12주경에는 인간의 형체를 닮기 시작하고, 팔과 다리의 움직임이 나타나며, 태아의 성별을 구분할 수 있다. 16주경에는 어머니가 태동을 느낄 수 있고, 20주에는 태아의 움직임이 활발하게 나타난다. 이 시기 태아의 크기는 25cm, 몸무게는 400~450g 정도가 된다.

태반은 이 시기에 와서 안정되므로 그 이전에는 유산의 위험이 좀 더 크다. 태반의 크기는 임신 말경 직경이 15~20cm, 무게는 50g 정도이며, 탯줄은 약 50cm 정도이다. 태반의 한쪽은 어머니의 자궁과 연결되어 있고, 다른 한쪽은 태아의 탯줄과 연결되어 있다. 태반을 통해 태아는 모체로부터 산소와 영양분을 공급받고, 몸 속에 생긴 탄산가스와 노폐물을 배출하며, 모체로부터 면역성을 얻어 출생 후 질병에 대한 면역성도 지니게 된다.

마지막 3개월 동안 태아의 체중은 급격하게 증가한다. 28주경이 되면 태아는 충분히 성장하여 미숙아로 태어난다고 하더라도 인큐베이터에서 양육이 가능할 정도이다. 보통 체중이 1.5kg 정도이면 생존이 가능하고, 2.3kg 이상이면 인큐베이터 안에서 양육하지 않아도 된다. 36주경에는 대부분의 태아는 머리가 아래로 간 위치로 정착하게 되는데 이런 형태는 자궁 내에서 가장 많은 공간을 확보하게 해 줄 뿐만 아니라 출산을 용이하게 해 준다.

알아두기

태내기의 특징

① 임신 초기에 해당하는 1~3개월은 산부의 영양상태, 약물복용에 가장 영향을 받기 쉽다.
② 임신 1개월에는 심장과 소아기관이 발달한다.
③ 임신 2개월에는 인간의 모습을 갖추기 시작한다.
④ 임신 3개월에는 팔, 다리, 손, 발의 형태가 나타난다.
⑤ 임신 중기에 해당하는 4~6개월은 손가락, 발가락, 피부, 지문, 머리털이 형성된다.
⑥ 임신 말기에 해당하는 7~9개월은 태아가 모체에서 분리되어도 생존이 가능하다.

2 태내발달에 영향을 미치는 요인

태내 발달은 어머니의 체내에서 이루어지지만 다른 어느 시기 못지않게 환경의 영향을 크게 받으며 또한 그 영향은 치명적일 수 있다. 태아의 발달에 영향을 미치는 환경적 요인들을 이해하는 것은 정상적인 태내발달을 이해하기 위한 중요한 과제가 된다.

1) 임산부의 영양상태

수정에서 출산시까지 태아는 성장에 필요한 모든 영양분을 전적으로 모체가 섭취하는 양양에 의존하므로 모의 영양 상태는 태아의 발달에 결정적인 영향을 미치는 태내환경이 된다. 태내에서의 영양공급이 충분하지 못한 경우 사산, 유산되거나 조산아나 미숙아가 태어날 확률이 증가한다. 또한 출산시 영아의 체중은 지능이나 성취도에 영향을 미친다.

임신 중기부터는 태아가 모체의 철분을 흡수해 자신의 혈액을 만들기 시작하므로 철분을 충분히 공급해야 한다. 철분은 혈액 속의 적혈구를 만드는 데 없어서는 안 될 중요한 영양소이다. 철분이 부족하면 빈혈을 일으키고 임신중독증의 원인이 되기도 한다.

2) 임산부의 질병

모체의 여러 가지 질병은 태반을 통해 태아에게 전이되거나 출생시 태아에게 감염된다. 그 가운데 풍진은 태내 결함을 유발하는 대표적인 질병이다. 특히 임신 3개월 이전에 모체가 풍진에 감염된 경우 태아에게 정신지체, 시각장애, 청각장애, 심장질환을 유발할 수 있는 심각한 질병이다. 임산부가 매독이나 임질 등의 성병에 감염된 경우에도 태아에게 심각한 영향을 미치게 된다. 임산부의 후천성면역결핍증(AIDS)도 태반을 통하거나 출산시 모체의 혈액에 의해 감염되거나 수유를 통해 감염될 수 있다.

3) 임산부의 정서 상태

임산부의 신체적·생리적인 변화에 따른 우울증상이나 스트레스는 태아의 건강 및 행동상 문제를 야기한다. 심한 공포, 불안 등 모의 강한 정서적 경험은 아드레날린을 분비하게 되고 이것이 모의 혈액을 통해 태반으로 들어가게 된다.

또한 심한 정서적 충격은 일시적으로 태반에 혈액공급을 차단시켜 태아에게 산소결핍을 유발하게 된다. 이런 상태가 반복되면 태아의 신체발육에 지장을 줄 수 있으며, 출생 후 잘 울고, 잘 놀라는 등 정서적인 불안정을 보일 수 있다.

4) 임산부의 연령 및 출산 횟수

일반적으로 모의 연령이 25~29세 사이에 있을 때 태어나면 성장에 가장 좋은 태내환경조건이 이루어지는 것으로 알려져 있으나, 최근에는 30~34세 사이의 임산모에게서 태어난 아기도 최적의 발달을 보이는 것으로 보고되고 있다. 모의 연령이 높아질수록 태아의 지적 발달장애가 나타날 가능성이 크다. 노산은 자연유산, 임신중독증, 난산, 미숙아 출산의 원인이 되며 다운증후군의 발병 비율을 급격히 증가시킨다. 둘째의 경우 첫째보다 출생결함이나 기형이 나타나는 비율이 상대적으로 낮다.

5) 약물복용과 치료

약물은 태반을 통해 태아에게 전달되는 경우 치명적인 영향을 줄 수 있으며, 특히 임신 초기인 1~3개월에 약물을 복용하는 경우 태아에게 심각한 영향을 미칠 수 있다. 약물복용은 흡연이나 음주 등과 복합적으로 이루어지며, 태아에게 인지, 운동, 언어, 사회성, 정서발달 등 여러 영역에 걸쳐 심각한 결함을 초래한다.

임신 26일째 되는 날에 임신한 사실을 모르고 임산모가 신경안정제인 탈리노마이드를 복용한 후 태어난 아기가 한쪽 팔이 없으며, 임신 28일째에 약을 복용한 경우 한쪽 팔이 팔꿈치까지만 발육한 사례들이 미국에서 보고되었다.

6) 알코올

알코올은 빠른 속도로 태반에 침투하여 장시간 태아에게 영향을 미친다. 태아의 알코올 분해 능력은 성인의 절반 수준이기 때문에 태아는 알코올에 매우 민감하게 반응하며 소량의 알코올도 비정상적인 발달을 야기할 수 있다. 임신 기간 중에는 전적으로 알코올 섭취를 제한하는 것이 가장 바람직하다.

모의 습관적인 음주는 태아알코올 증후군(FAS)을 유발하게 된다. FAS 증후군의 아기들은 얼굴, 팔다리, 심장의 기형이 나타나며 정신지체가 수반된다. 매일 한두 잔 정도라도 반복적으로 알코올이 섭취되면 출생 후 영아에게 주의집중력 결함이 나타날 수 있다. 임신 후 첫 3개월 이내에 알코올의 영향이 가장 크게 나타난다.

7) 흡연

흡연은 저체중아 출산에 영향을 미치는 가장 대표적인 요인이며, 뇌결함, 작은 두개골, 구개파열이나 조산아가 태어날 확률이나 질병에 걸릴 확률을 증가시킨다. 흡연을 한 어머니의 태아는 일반적으로 체중이 150~320g 정도 감소하며, 흡연 여성은 비흡연 여성에 비해 저체중아 출산율이 2배 정도 높게 나타난다.

최근의 연구결과에 의하면, 태아기의 니코틴 중독은 4세의 언어 및 인지발달에 지장을 초래하며, 수면장애, 과활동, 호흡장애 등을 유발한다. 이와 같이 모의 흡연은 태아에게 심각한 발달장애를 초래할 수 있다.

8) 사회·경제적 요인

적은 수입, 낮은 사회적 수준, 경제적 지위도 태아에게 영향을 준다.

9) 환경공해

X-ray 촬영 등을 통해 태아기에 반복적으로 라디움에 노출되면 출생 후 지적장애를 보일 확률이 높다. 동물실험에서 카본, 수은, 납 등의 중금속으로 오염된 물을 흡입시키면 태어나는 새끼의 신체기형이 될 빈도가 증가하여, 태아의 경우 뇌신경계 발육장애와 이에 따른 정신지체를 유발하는 것으로 알려져 있다. 화학물질인 PCB(폴리염화비페닐)에 감염된 물고기를 섭취한 임산모의 태아는 신체발육이 늦고, 조산할 위험이 있으며, 출생 후에도 감각적 반응이 느리고, 지각적인 변별장애가 있으며, 단기기억장애도 나타난다.

제2절 영아기

영아기는 생후 2주 후에서부터 약 2년간을 의미하며 인간발달의 여러 영역들에서 급속한 성장이 이루어지는 시기이다. 신체발달은 뛰어 다닐 수 있을 만큼 빠른 속도로 이루어지고, 언어능력은 다른 사람과 의사소통이 가능할 만큼 발달한다. 이후의 사회정서발달을 위해서는 부모와 애착을 형성하는 것이 필요하며, 인지발달을 촉진시키기 위해 여러 감각 기관들의 자극이 필요한 시기이다. 이 장에서는 신체발달, 인지발달, 사회정서발달에 대해 알아본다.

1 신체발달

영아기는 인간의 일생에서 신체적 성장이 가장 빠른 속도로 이루어지는 시기이다. 특히 출생 후 첫 1년간은 신체와 뇌의 성장이 급속도로 이루어지므로 영아기를 제1 성장급등기라 부른다.

1) 신체 및 운동기능 발달의 원리

영아기 신체와 운동기능의 발달은 두 가지 원리를 따라 움직인다.

(1) 머리 쪽에서 아래쪽으로 발달하는 원리

두미발달의 원칙에 따라 출생시 머리의 크기는 신장의 1/4로, 신체에 비해 머리가 크며, 6개월이 되면 머리둘레와 가슴둘레가 비슷해지고, 1년이 되면 가슴둘레가 머리둘레보다 커진다. 2돌 무렵에는 신체의 다른 부분이 성장해서 신장의 1/5이 되고, 성인이 되면 신장의 1/8이 된다. 이는 머리와 목이 먼저 발달하고 몸통과 다리가 뒤에 발달하기 때문이다. 운동기능의 발달순서도 이 원리를 따른다.

그림 3-2   태아기에서 성인기까지의 신체비율의 변화

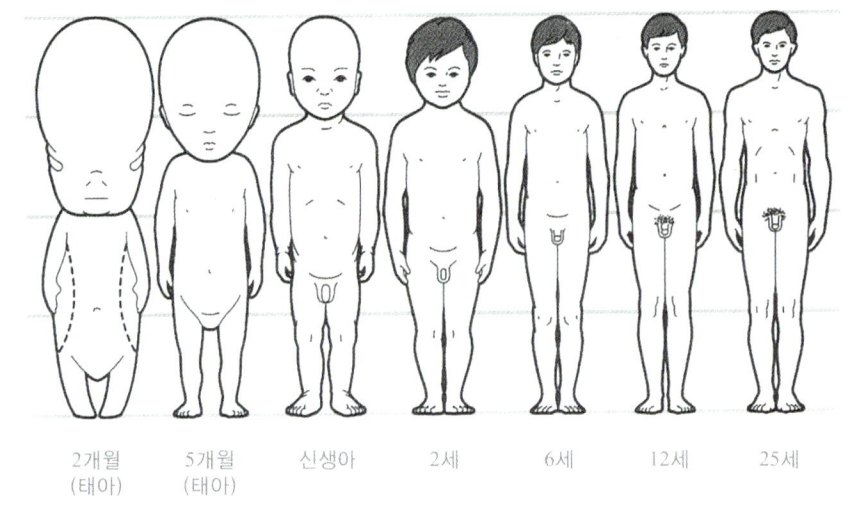

2개월(태아)   5개월(태아)   신생아   2세   6세   12세   25세

출처: 송길연 외, 발달심리학, 시그마프레스, 187page에서 인용

(2) 몸의 중심부에서 말초부로 발달하는 원리

근원발달의 원칙에 따라 신체는 먼저 몸통의 발달이 이루어진 후 팔, 다리, 손, 발의 신체지부가 발달한다. 운동기능에 있어서도 마찬가지이다.

2) 신장과 체중의 발달

생후 첫 1년간의 특징은 빠른 신체적 성장이라 할 수 있다. 건강한 영아의 경우 신장은 1년 동안에 1.5배, 체중은 3배 정도 증가한다. 두 돌 무렵이 되면 신장은 성인의 절반가량이 되고 체중은 출생시 체중의 4배가 된다.

3) 뇌와 신경계의 발달

(1) 뇌의 발달

뇌는 생의 초기에 놀라운 속도로 성장하여 출생 시 신생아의 뇌의 무게는 성인 뇌의 25%이던 것이 생후 1년이 되면 성인 뇌 무게의 66%, 2세가 되면 성인

뇌 무게의 75%, 5세말에는 90%가 된다(Shaffer, 1994). 몸무게가 출생시 성인 무게의 5%, 2세에 24%, 10세에 50%인 것에 비교하면 뇌가 얼마나 일찍 발달하는가를 알 수 있다. 이런 이유에서 출생시 2세까지를 뇌의 급진적 성장 시기라고 부른다.

(2) 신경계의 발달

뉴런(신경세포)은 뇌와 신경계의 기본적인 단위로서 신경 자극을 받아들이고 전달하는 역할을 하는 세포이며 세 가지 발달과정을 거친다. 첫째는 대부분의 뉴런이 임신 후 5~26주에 만들어지며 이 기간 동안에는 뇌에서 매분 25만개의 세포가 생성된다. 둘째는 임신 7주 무렵부터 세포가 생성되는 뇌의 중심으로부터 생득적으로 정해져 있는 각 세포가 위치할 장소로 이동하여 피질을 형성하는 뉴런이 된다. 세포의 이동은 임신 후 7개월경에 완성된다. 셋째는 정보를 다른 뉴런으로 전달하는 역할을 하는 축색돌기와 수지상돌기가 성장하고 다른 세포들과 연결망을 형성한다. 이와 같은 세포 정교화 과정은 출생 후 몇 년간 계속된다.

두뇌 발달은 과잉 생성 후 선택적 소멸과정이라고 할 수 있다. 출생 전후에 가장 많은 뉴런을 갖고 있다가 발달과정을 통해 필요한 뉴런과 시냅스를 만들어 가면서 불필요한 것을 버리는 방법이다. 이렇게 뇌의 구조와 기능을 다듬어 가는 것은 불확실한 환경 변화에 대응할 수 있는 잠재력을 극대화 할 수 있는 장점을 갖게 된다(최경숙, 2010).

인지발달과 관련될 수 있는 여러 가지 신경 생리적 변화들 중에서 시냅스 연결에 따른 시냅스 밀도의 변화와 수초화의 증가라는 두 가지 기제가 주로 관심의 대상이 되고 있다.

① **시냅스**: 한 신경세포와 다른 세포간의 연결부위를 시냅스라고 한다. 즉 신경세포의 축색종말과 또 다른 신경세포의 수상돌기가 연결되는 부분을 시냅스라고 한다. 두뇌발달의 중요한 측면 중의 하나는 시냅스의 극적인 증가이다. 영아기에는 성인기보다 훨씬 많은 시냅스를 가지고 있는데 시냅스의 생성은 실제로 사용되어질 것보다 거의 두 배 가량 많게 만들어진다. 대부분의 시냅스는 출생 후에 형성되며 그 수는 대단히 많다.

그림 3-3　신경세포

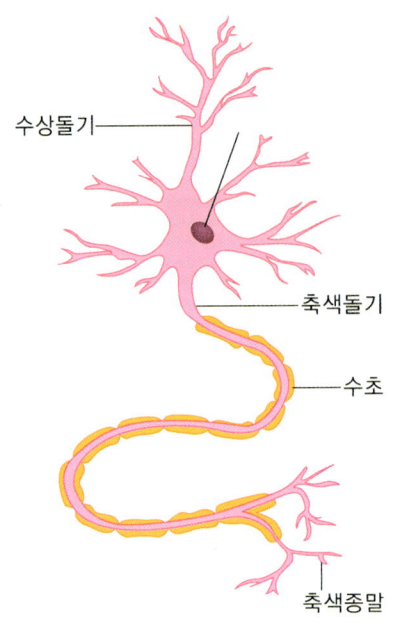

출처: 이시종, 알기쉬운 발달과 이상심리, p.64 인용

② **수초화**: 수초화는 축색돌기가 수초라는 덮개에 의해 마디를 이루면서 둘러싸여지는 과정을 말한다<그림 3-3>. 수초는 지방세포층의 절연물질로 되어 있어 신경자극이 마디를 건너 뛰어 전달됨으로써 신경자극을 보다 빠르게 전달하여 뇌가 신체의 다른 부분과 더욱 효율적으로 통신하도록 한다. 수초화는 임신 4개월부터 시작하여 2세 때 최고조에 달하고 그 후에도 속도는 느리지만 계속된다. 수초가 파괴되면 신경세포로 전달되는 정보가 빠른 속도로 전달되지 못한다. 따라서 수초화는 복잡한 인간의 행동이 성숙단계로 옮아가는 데 필수적이다.

4) 운동 기능의 발달

(1) 대근육 운동

출생 시 신생아는 고개도 가누지 못하지만 생후 1개월이 되면 엎드린 자세에서 고개를 들 수 있다. 2개월경에는 가슴을 들 수 있고, 3~4개월경에는 뒤집기를 할 수 있다. 7개월경에는 혼자 앉을 수 있고, 12~14개월경에는 혼자 설 수 있다. 12개월경에는 붙잡고 걸을 수 있으며, 15개월경에는 혼자 걸을 수 있다. 18개월경에는 계단을 오를 수 있고, 자전거 타기를 할 수 있다. 18~24개월경에는 달리기, 공차기, 공 던지기, 뒤로 걷기, 뜀뛰기 등을 할 수 있다.

(2) 소근육 운동

소근육 운동기능은 근원발달의 원칙에 의해 팔과 손, 그리고 손가락의 순으로 발달한다. 6개월이 되면 매달려 있는 물체를 팔을 뻗어 잡을 수 있고, 8~9개월경에는 자기 앞으로 던져 준 물체를 잡으려고 해 보지만 놓치고, 첫돌이 지나서야 제대로 잡을 수 있다. 영아는 처음에 작은 물체를 집기 위해 손 전체를 사용하다가 10개월이 지나면 엄지와 집게손가락을 사용해서 작은 물체를 잡을 수 있다. 이 시기에 영아는 눈에 보이는 작은 물체는 무엇이든지 집어 올리면서 즐거워한다.

2 인지발달

인지는 인간의 정신적 사고과정을 의미하는 광범위한 개념으로 생물학적 성숙뿐만 아니라 경험의 영향도 받게 되는 것이다. 영아기는 프로이트의 구강기, 에릭슨의 유아기, 피아제의 감각운동기에 해당된다.

1) 영아기 사고의 특징

인지적 성장은 영아기에 급속도로 이루어지는데, 몇 가지 반사 능력만을 가지고 태어난 신생아는 점점 목적의식을 가지고 행동하는 존재로 바뀐다. Piaget의 표현을 빌리면, 영아는 점점 자극에 자동적으로 반응하는 '반사적 유기체'에서 점차 자신의 행동을 통제할 수 있고 사고할 수 있는 '생각하는 유기체'로 변한다. 영아기 사고의 특징은 감각운동기와 대상영속성 개념을 들 수 있다.

(1) 감각운동기

Piaget(1960)는 인지발달 단계에서 영아기를 감각운동기라고 하였다. 아동이 태어나서 1년 반 혹은 2년까지는 언어와 같은 상징적인 기능이 작용하지 못하고, 단지 감각기관의 운동기능을 통해서 외부환경을 이해하고 적응해 간다고 해서 이 시기를 감각운동기라고 부른다. 영아기의 사고는 언어나 추상적 개념을 내포하지 않고, 영아가 이해하고 기억하는 것은 자신이 직접 보고, 듣고, 느끼고, 행동하는 것에 의존한다. 즉, 감각기관을 통해 받아들인 정보가 인지발달의 중요한 내용이 된다. Piaget는 감각운동기를 다음과 같이 6단계로 나누었다.

① 반사운동기(출생~1개월): 영아는 세상에 대한 지식을 획득하는 일차적 차원으로 빨기, 잡기, 큰 소리에 반응하기와 같은 반사적 행동에 의존한다.
② 일차 순환반응기(1~4개월): 영아의 관심은 외부의 대상보다는 자신의 신체에 있기 때문에 '일차 순환 반응'이라 불린다. '순환반응'이란 용어는 빨기, 잡기와 같은 감각운동의 반복을 말한다. 영아가 손가락을 빠는 것이 아주 재미있는 일이라고 생각하게 되면 손가락을 자꾸만 입속에 넣으려고 하는 것이다.
③ 이차 순환반응기(4~8개월): 영아가 자신의 외부에 있는 사건과 대상에 열중하는 의미에서 '이차 순환 반응'이라고 한다. 예를 들면, 우연히 딸랑이를 흔들어 소리가 났을 경우 영아는 잠시 멈추었다가 다시 한 번 그 소리를 듣기 위해 딸랑이를 흔드는 행동을 되풀이 하게 되는 것이다.
④ 이차 순환반응의 협응기(8~12개월): 영아가 자신의 목표를 달성하기 위해 두 가지 행동을 협응하게 되기 때문에 이 단계를 이차 순환반응의 협응기라고 한다. Piaget는 자신의 자녀가 성냥갑을 잡으려고 할 때 손으로 그것을 가로 막았다. 자녀는 처음에는 손은 무시하고 성냥갑만 잡으려고 하다가 나중에는 방해가 되는 손을 치우고 성냥갑을 잡는데 성공한다. 이와 같

이 자신의 목적을 달성하기 위해 둘로 분리된 도식 – 방해물 치우기와 성냥갑 잡기 – 을 협응하는 것을 말한다.

이 때 영아의 대상영속성 개념이 발달하기 시작한다.
⑤ 삼차 순환반응의 협응기(12~18개월): 영아가 실험적 사고에 열중하는 것을 '삼차 순환반응기'라고 한다. 예를 들면, 영아는 처음에 장난감 북을 칠 때 북채로 치지만 다음에는 어떤 소리가 나는지 보려고 블록이나 막대기를 가지고 북을 두들겨 보기도 한다.
⑥ 정신적 표상(18~24개월): 영아의 지적 능력이 놀랄 정도로 크게 성장하는 시기이다. 영아는 이제 눈앞에 없는 사물이나 사건들을 정신적으로 그려내기 시작하고, 행동을 하기 전에 머리 속에서 먼저 생각을 한 후에 행동한다. 영아는 정신적 표상이 가능해지면서 이전 단계에서는 불가능하던 지연모방이 가능하게 된다.

지연모방이란 어떤 행동을 목격한 후 그 행동을 그 자리에서 바로 모방하지 않고, 일정한 시간이 지난 후에 그 행동을 재현하는 것을 말한다. 예를 들면 어머니가 화분에 물을 주는 것을 관찰한 영아가 나중에 그 행동을 모방하여 꽃에 물을 주는 것을 말한다. 따라서 지연모방은 어떤 행동을 정신적으로 표상할 수 있는 능력과 그것을 정확하게 표현할 수 있는 능력을 필요로 한다.

(2) 대상영속성 개념의 발달

영아가 감각운동기에 획득하는 중요한 개념의 하나가 대상영속성이다. 대상영속성 개념이란 주변의 물체가 시야에 있지 않더라도 계속적으로 존재한다는 사고이다. Piaget는 대상영속성 개념의 발달단계를 다음과 같이 6단계로 제시했다.

① 1단계(출생~1개월): 대상영속성 개념이 전혀 없다. 영아는 엄마와 같은 친숙한 것은 인지하나 눈앞에 보이지 않는 대상이 존재한다는 개념은 갖고 있지 않다.
② 2단계(1~4개월): 대상영속성 개념이 어렴풋이 나타난다. 방문 앞에 서있는 엄마를 쳐다 본 영아는 엄마가 사라져도 다시 방문을 바라본다.

③ 1단계(4~8개월): 대상영속성 개념이 형성되기 시작하여 사라진 물건을 찾는 행동을 보인다. 그러나 일부 감추어진 물체를 찾지만 완전히 사라진 물체는 찾지 못한다. 예를 들면, 인형을 조금 보이도록 하여 이불을 덮으면 찾아내지만, 인형을 완전히 덮어 보이지 않게 하여 이불을 덮으면 인형을 다시 찾으려고 하지 않는다.

④ 4단계(8~12개월): 대상영속성 개념을 획득하여 시야에서 사라진 물체를 적극적으로 찾으려고 한다.

⑤ 5단계(12~18개월): 영아가 보는 앞에서 장난감을 여기저기 옮기면서 숨겨도 찾을 수 있다. 영아는 대상물을 어디에 숨기든지 가장 최근에 사라진 곳에서부터 대상을 찾는 능력을 보인다.

⑥ 6단계(18~24개월): 대상영속성 개념이 완전히 발달해서 눈앞에 없는 물체에 대한 내적 표상이 모두 가능하다. 장난감을 옮기는 과정을 전부 보지 않더라도 영아는 장난감을 찾을 수 있다. 이것은 영아가 사라진 물체를 마음속에서 여기에서 저기로 갔을 것이라고 상상을 할 수 있기 때문이다. 영아는 감각운동기 말에 가서야 이 세상의 모든 물체는 자신의 시야에 보이지 않더라도 영속적으로 존재한다는 것을 이해하게 된다.

2) 영아기의 기억발달

영아는 새로운 자극과 이전의 자극을 구별할 수 있는 능력이 있는데 이것은 영아에게 기억력이 있다는 사실을 말해준다. 만약 영아가 처음의 자극에 대한 기억이 없다면 새로운 자극이 제시되었을 때 그것이 이전의 자극과 다르다는 것을 알아채지 못할 것이다. 영아에게 기억력이 있는가, 없는가 하는 문제에서 재인기억과 회상기억을 구별하는 것은 매우 중요하다.

(1) 재인기억

영아는 일찍부터 상당한 재인기억 능력을 가지고 있지만 재인기억능력은 영아기에 더욱 더 발달한다고 한다. 예를 들면, 6개월 된 영아에게 '장난감 기차놀이'를 하게 해 주었는데 레버를 누르지 않으면 기차가 움직이지 않는다는 사실을 깨달은 영아는 레버를 눌러서 기차가 움직이게 하였다. 그리고 첫돌이 될 때까지 한 달에 한 번씩 기차놀이를 하면서 이것을 상기시켜 주었다. 일반적으로 6~8개월 된 영아는 2주 만 지나면 기억을 하지 못하는데 일정한 간격으로 상기시켰더니 1년 후(생후 1년 6개월)까지도 '기차놀이'를 기억하는 것으로 나타났다.

(2) 회상기억

단순한 형태의 회상기억은 영아기 초에도 가능하다고 주장하는 연구가 있다. 예를 들면, 영아가 좋아하는 장난감을 항상 같은 곳에 두다가 치워 버리면, 7개월 된 영아는 놀란 표정을 보이는데, 이것은 영아가 그 장소에 있던 물건에 대해 기억을 하고 있다는 것을 입증하는 것이다. 첫돌 무렵에 대부분의 영아는 대상영속성 개념을 보이기 시작하는 데 사라진 물체를 찾는 영아의 이러한 행동은 영아도 회상기억이 가능하다는 것을 증명하는 것이다.

지연모방에 관한 최근의 연구결과를 보면, 영아의 지연모방 능력은 Piaget가 생각했던 것보다 훨씬 일찍 나타나는 것으로 확인되었다. 지연모방능력은 영아가 회상기억능력을 갖고 있음을 보여준다. Bauer와 Mandler(1992)의 '인형목욕시키기' 실험에서 13개월 된 영아는 인형을 통 속에 집어넣고, 스폰지에 비누칠을 해서 인형을 씻기고, 수건으로 인형의 몸을 말리는 일련의 행동을 빠짐없이 그대로 재현하였다.

3 사회정서발달

신생아도 기쁨이나 슬픔 같은 기본 정서를 가지고 태어나지만 그것은 덜 분화된 상태에 있다. 그러나 연령이 증가함에 따라 영아는 점차 분화된 정서를 나타내고, 다른 사람의 정서를 이해할 수 있는 능력도 갖게 된다. 정서를 표현함에 있어서도 자신의 정서를 규제할 수 있게 된다. 영아기에 일어나는 가장 중요한 형태의 사회적 발달은 애착이다. 영아의 기질, 영아와 부모의 특성, 양육의 질 등이 애착형성에 영향을 미치는 요인으로 보인다.

1) 정서의 발달

영아기의 정서에는 두 가지 기능 또는 목적이 있다. 첫째, 영아의 정서표현은 영아의 상태를 다른 사람, 특히 양육자에게 알림으로써 양육자로 하여금 영아를 보살피게 하는 기능을 한다. 예를 들면, 영아의 미소는 양육자로 하여금 영아와의 상호작용을 더욱 더 계속하도록 해주고, 영아의 불편한 표정은 양육자로 하여금 영아에게 무슨 문제가 있는지 살펴보고 문제를 해결하도록 한다. 둘째, 영아기의 정서는 특정자극에 대해 특정한 행동을 하도록 하는 동기를 부여한다. 예를 들면, '분노'는 공격행동의 동기를 부여하고, '공포'는 회피 행동의 동기를 부여한다. 정서의 이러한 기능은 유기체가 환경에 적응하기 위한 것이다.

(1) 정서표현의 발달

① **일차정서**: 출생 시에 신생아는 몇 가지 제한된 정서만을 표현한다. 이러한 정서는 선천적인 것으로 생의 초기에 나타나고, 얼굴표정만 보고서도 정서 상태를 쉽게 알 수 있으며, 세계 모든 문화권의 영아에게서 볼 수 있기 때문에 일차정서 또는 기본 정서라고 부른다. 행복, 분노, 놀람, 공포, 혐오, 슬픔, 기쁨 등이 여기에 포함된다. 일차정서는 영아기의 초기에 나타난다.

그림 3-4 영아기의 일차정서

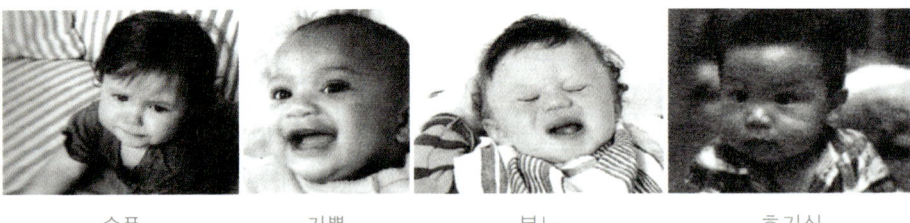

슬픔　　　기쁨　　　분노　　　호기심

② **이차정서**: 이차정서는 일차정서보다 늦게 나타나고, 좀 더 복잡한 인지능력을 필요로 한다. 즉, 당황, 수치, 죄책감, 질투, 자긍심 등을 포함하는 이

차정서는 영아가 거울이나 사진으로 자신을 알아보기 전에는 출현하지 않는 것으로 보인다. 이차정서는 자신에 대한 인식뿐만 아니라, 자신의 행동을 평가하는 능력까지도 필요로 하며 대부분 얼굴표정 외에도 손톱을 깨물거나 고개를 숙이는 등의 신체동작을 수반한다.

(2) 정서의 이해능력

영아는 6개월경에는 정서와 관련된 얼굴표정을 분간하기 시작한다. 즉, 행복해서 미소 짓는 얼굴과 불편해서 찡그린 얼굴을 구분할 줄 안다. 6개월이 지나면 영아는 정서를 구분할 수 있을 뿐만 아니라, 다른 사람의 정서에 의해서 영향을 받는다. 이것은 영아가 정서의 의미를 이해하고 있다는 것을 의미한다.

(3) 정서의 규제능력

어떤 사회에서든지 정서를 표현할 경우 어떤 특정 상황에서 어떤 정서는 표현해도 괜찮지만 어떤 정서는 표현해서는 안 된다는 규칙이 있다. 이러한 규칙을 습득하고 활용하는 것은 사회적 적응에 도움이 된다. 불쾌한 자극을 피하거나 관심을 다른 곳으로 돌려 부정적인 정서유발을 감소시키는 일은 영아에게는 매우 어려운 일이지만, 우리가 생각하는 것보다 훨씬 일찍부터 영아는 이러한 규칙을 습득하는 것으로 알려져 있다. 첫돌 무렵에 영아는 자기 몸을 앞뒤로 흔들거나, 입술을 깨물거나, 불쾌한 사건이나 사람들을 피함으로써 부정적 정서유발을 감소시킨다. 18개월이 되면 영아는 부정적 정서를 숨길 줄 알게 되고, 20개월이 되면 넘어졌을 때 어머니가 함께 있을 때만 울음을 터뜨리고, 3세가 되면 자기감정을 더 잘 숨길 수 있다.

2) 기질의 발달

심리학자들은 영아의 경우, 성격이라는 용어 대신 기질이라는 용어를 사용한다. 기질이란 한 개인의 행동양식과 정서적 반응유형을 의미하는 것으로 활동수준, 사회성, 과민성과 같은 특성을 포함한다. 영아는 출생 직후부터 각기 다른 기질적 특성을 보인다. 어떤 영아는 쾌활하고 명랑한 반면, 어떤 영아는 잘 울고 자주 보챈다. 또 어떤 영아는 조용하고 행동이 느린 반면, 어떤 영아는 활기차고 행동이 민첩하다. 이와 같은 개인차는 기질의 차이를 반영한다.

(1) 기질의 유형

Thomas와 Chess는 1956년 141명의 영아를 대상으로 아동기까지 연구한 결과, 기질을 구성하는 9가지 요인을 발견하고, 9가지 특성을 기준으로 하여 영아의 기질을 세 가지 유형으로 구분하였다. 이 연구에 의하면 초기의 기질은 이후에도 지속되는 것으로 나타났다.

① **순한 영아**: 전체연구대상의 40%를 차지했다. 행복하게 잠을 깨고 장난감을 가지고 혼자 잘 놀며, 쉽사리 당황하지 않는다. 규칙적인 생물학적 시간표에 따라 수유나 수면이 이루어지고, 낯선 사람에게도 미소를 보이며 이들로부터 음식도 잘 받아먹는다. 새로운 생활습관에 쉽게 적응하며 좌절에 순응한다.

② **까다로운 영아**: 연구대상의 10%를 차지한다. 영아는 눈을 뜨기 전부터 울고, 생물학적 기능이 불규칙적이다. 이들은 불행해 보이고 적대적이며 조그만 좌절에도 강한 반응을 보이며, 새로운 사람이나 상황에 적응하는 데 많은 시간이 필요하다.

③ **반응이 느린 영아**: 연구대상의 15%를 차지한다. 영아는 수동적이고 새로운 상황에 대해 움추러드는 경향을 보인다. 이들은 새로운 상황을 좋아하지 않지만, 다시 기회가 주어지면 결국 흥미를 가지고 이에 참여한다.

(2) 영아의 기질과 부모의 양육행동

영아의 기질은 부모, 특히 주 양육자인 어머니와의 관계에 영향을 미친다. 예를 들면, '까다로운' 기질을 가진 영아는 부모를 좌절하게 만들고, 부모로 하여금 그들에게 덜 기대를 하게 하여 부모의 양육태도에 영향을 미친다. 부모의 양육태도도 영아의 기질을 변화시킨다. 수줍고 소심한 기질을 가지고 태어났다 하더라도 외부세계에 대한 대처양식을 부드럽게 촉진시키는 환경에서 양육되는 영아는 이러한 속성이 점차 소멸된다. 사교적이고 과감한 성격을 가지고 태어났다 하더라도 지나치게 스트레스를 주는 환경은 소심한 영아가 되게 한다. 이와 같이 부모의 양육태도와 영아의 기질 간의 상호작용은 쌍방적 원칙에 근거한다. 즉, 영아의 발달은 자신이 타고난 기질과 그를 사회화시키는 사람의 기질 간의 상호작용의 산물이며, 부모-자녀 간의 상호작용을 통해 부모는 자녀가 타고난 유전적 요인에 변화를 주는 역할을 한다.

3) 애착의 발달

영아기에 발생하는 가장 중요한 형태의 사회적 발달이 애착이다. 영아가 특정 인물에게 애착을 형성하게 되면 그 사람과 있을 때 기쁨을 느끼고, 불안한 상황에서 그의 존재로 인해 위안을 받는다. 영아기에 형성된 애착은 이후 인지, 정서, 사회성 발달에 중요한 영향을 미친다. 안정된 애착관계를 형성한 영아는 유아기에 자신감, 호기심, 타인과의 관계에서 긍정적인 성향을 보이고, 아동기에는 도전적인 과제를 잘 해결하고, 좌절을 잘 참아내며 문제행동을 덜 보이는 것으로 나타났다. 또한 영아기에 형성된 애착은 이후 주변세계에 대한 신뢰감으로 확대되기도 한다. 영아가 특정 인물과 애착을 형성했다는 증거로 나타나는 현상이 낯가림과 분리불안이다.

(1) 낯가림

영아가 특정인과 애착을 형성하게 되면 낯선 사람이 다가오거나 부모가 낯선 사람에게 자신을 맡기면 큰 소리로 우는데 이런 반응을 낯가림이라고 한다. 낯가림은 6~8개월경에 나타나기 시작해서 첫돌 전후에 최고조에 달했다가 서서히 감소한다.

(2) 분리불안

분리불안은 영아가 부모나 애착을 느끼는 대상과 분리될 때 느끼는 불안을 의미한다. 분리불안은 돌 전후에 나타나기 시작해서 20~24개월경에 없어진다. 안정애착을 형성한 영아는 불안정 애착을 형성한 영아보다 분리불안 반응을 덜 보이며, 어머니를 탐색을 위한 기지로 삼아 주변 환경에 대한 탐색활동을 한다.

박은숙(1982)의 연구에서 분리불안은 평균 9개월경에 시작되어 첫돌 무렵에 가장 심한 것으로 나타났다.

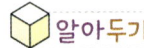 알아두기

반사운동(영아의 반사기능)

신생아는 여러 형태의 선천적인 반사기능을 가지고 태어난다. 이들 반사기능은 인간의 생존에 필요하며 지속적으로 유지되는 생존반사와 종 특유의 반사기능이면서도 생후 일정기간이 지나면 사라지는 원시반사로 구분된다.

1) 생존반사

    생존반사에는 숨 쉬는 호흡반사, 갑작스런 자극이 다가오면 눈을 감는 눈 깜빡이기 반사, 자극을 주는 쪽으로 입을 돌리는 입술 내밀기 반사, 빨기 반사, 젖 찾기 반사, 삼키기 반사 등이 포함된다.
    ① 빨기 반사: 입술을 오므려 젖꼭지를 입안에 넣고 모유가 입안으로 들어갈 수 있도록 하는 반응으로 삼키는 반사, 숨쉬기와 연결된다.
    ② 젖 찾기 반사: 아기의 입 주위나 뺨 등을 손가락 끝으로 가볍게 찌르면 어머니의 젖을 빨 때처럼 입을 움직이는 것이다.

2) 원시반사

    원시반사에는 바빈스키 반사, 모로 반사, 잡기(쥐기) 반사가 포함된다.
    ① 바빈스키 반사: 영아의 발바닥을 간지럽게 하면 발가락을 발등 위쪽으로 부채처럼 펴는 반사로서 생후 8개월에서 1년 사이에 사라진다.
    ② 모로반사: 영아가 갑작스러운 큰 소리를 듣게 되면 자동적으로 팔과 다리를 펴는 반사로서 생후 6~7개월에 사라진다.
    ③ 잡기반사(쥐기반사): 영아의 손바닥에 물체를 대면 꼭 쥐는 반사로서 생후 3~4개월에 의도적으로 잡는 행동이 대치되면서 사라진다.

제3절 유아기

유아기는 2세부터 초등학교 입학 이전인 6세까지의 시기이다. 신체적 성장은 영아기에 비해 속도는 원만하지만 꾸준한 성장이 이루어지고, 인지능력은 표상능력이 발달하여 상상과 환상이 풍부해지고, 놀이를 통해 유아는 사회적 관계를 형성하고 사회적 기술과 역할을 습득하게 된다. 또한 성에 대한 호기심이 증대하여 자신이나 부모, 형제자매, 친구의 성별에 관심을 보이고, 부모의 사랑과 관심을 독차지하려는 경향이 나타나 형제자매나 동성의 부모가 경쟁의 대상이 되기도 한다. 이 장에서는 신체발달, 인지발달, 사회정서발달에 대해 알아본다.

1 신체발달

유아기의 신체발달은 영아기처럼 급속도로 이루어지지는 않으나 꾸준한 성장을 보인다. 운동능력은 신체발달과 밀접한 관련이 있으며 신체가 발달함에 따라 운동능력도 꾸준히 발달한다.

1) 신체적 성장

유아기의 가장 눈에 띄는 변화는 신체의 크기나 모습에서의 현저한 변화이다. 눈에는 덜 띄지만 보다 중대한 변화는 뇌와 신경계의 성숙이다. 뇌와 신경계의 성숙으로 유아는 새로운 운동기술과 인지능력을 발달시킨다.

(1) 신체와 체중의 증가

유아기에도 신장과 체중은 꾸준히 증가한다. 유아기의 신장과 체중에 영향을 미치는 요인 중 가장 영향력 있는 것은 유전적 배경, 영양, 건강관리 등이다. 유아기에 건강을 유지하고, 골격의 성장을 촉진하기 위해서는 균형 잡힌 식사를 해야 한다.

(2) 신체비율의 변화

유아기에는 하체가 길어지면서 가늘어진다. 여전히 머리가 신체에 비해 큰 편이지만 유아기 말이 되면 머리가 무겁고 커 보이는 모습에서 벗어나게 된다. 전체적으로 통통하던 영아의 모습에서 길고 홀쭉한 모습으로 변한다.

(2) 뇌의 성장

유아기의 가장 중요한 신체발달 중 하나는 뇌와 신경계의 계속적인 성장이다. 영아기만큼 빠른 속도는 아니지만 뇌는 유아기에도 계속 성장한다. 두미발달의 원칙에 의해 뇌와 머리의 크기는 신체의 다른 어떤 부분보다도 더 빨리 성장한다. 유아기 동안의 뇌 크기의 증가는 수초화와 시냅스 밀도의 증가에 의한 것이다. 수초화가 증가할수록 정보 전달속도가 빨라지고 효율성이 높아진다. 눈과 손의 협응을 관장하는 뇌영역의 수초화는 4세 이전에는 완성되지 않아 4세 이전에는 눈과 손의 협응이 원활하지 못하고, 유아나 아동은 성인에 비해 주의집중 시간이 짧다.

(3) 운동기능의 발달

유아기에 들어서면서 운동기능은 급속도로 증대한다. 영아기에 걸음마를 배운 영아는 유아기에 와서는 대근육 운동으로 달리기, 뛰기, 공 던지기, 자전거 타기, 그네 타기 등을 할 수 있다. 소근육 운동으로는 구두끈 매기, 크레용으로 색칠하기 등이 가능하다.

① 대근육 운동
  ㉠ 걷기와 달리기: 영아는 첫돌을 전후해서 걷기 시작하고, 2~3세 사이에는 달리기 시작한다. 3세에는 잘 달리면서 방향을 바꾸지는 못하고, 일단 달리기를 멈춘 다음 방향을 바꾸고 다시 달리기 시작한다. 5세경에는 계속 달리면서 방향을 바꿀 수 있고 갑자기 멈추어도 앞으로 넘어지지 않는다.
  ㉡ 뛰기: 2세 전에는 한쪽 발로 뛸 수 있고, 2세에는 두 발로 잠깐 뛸 수 있다. 3세에는 멀리뛰기를 할 때 팔을 뒤로 흔들기 때문에 착지할 때

뒤로 넘어간다. 5세경에는 팔을 앞으로 흔들어 앞으로 떨어진다.
ⓒ **계단 오르내리기**: 영아가 걸을 수 있게 되면 바로 계단을 오를 수 있다. 계단을 오를 때 한쪽 발을 먼저 올려놓고 그 다음 다른 쪽 발을 그 옆에 놓는다. 그리고 그 다음 단계로 올라간다. 그러나 유아기에는 발을 번갈아가면서 계단을 오른다.
ⓔ **공 던지기**: 영아기에는 공을 던질 때 두 손을 사용하는데 체중의 중심이 매우 높기 때문에 체중을 실어 공을 던지고 나면 비틀거리게 된다.

그림 3-5 공 던지기의 발달단계

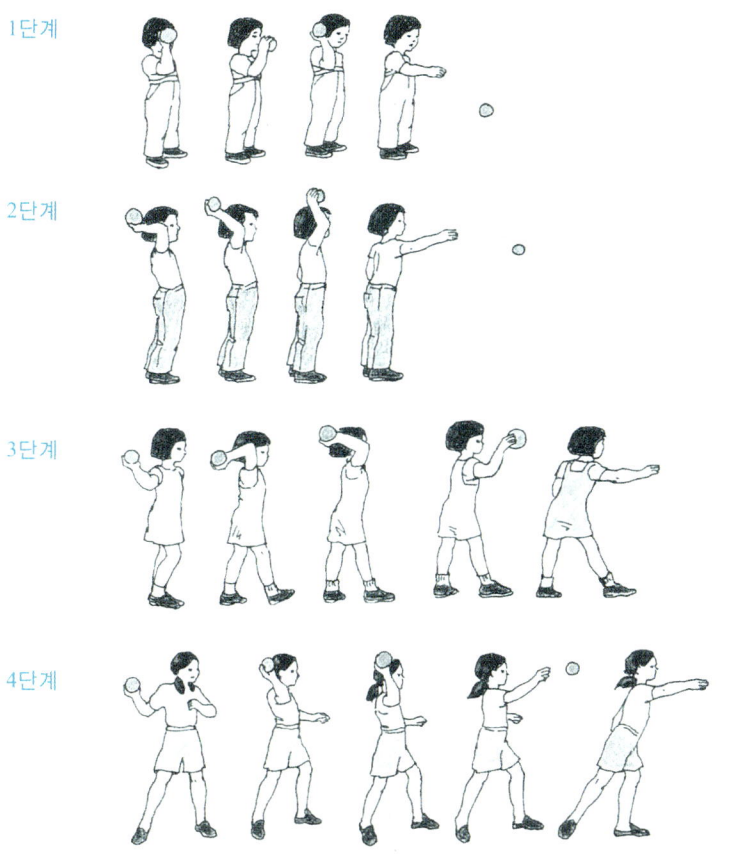

출처: 정옥분, 발달심리학, p.265 인용

그러나 유아기에는 한 손으로 공을 던질 수 있는데, 공 던지기 기술은 연령이 증가하면서 1단계에서 4단계를 거치게 된다<그림 3-5>.

ⓜ **공받기**: 공받기 기술도 유아기에 습득되는데, 3단계에 걸쳐 발달하게 된다<그림 3-6>. 1단계(2세경)에서는 공을 받으려고 할 때 팔을 앞으로 쭉 내밀기만 하기 때문에 공을 잘 받지 못하고, 공이 몸에 맞고 튕겨져 나온다. 2단계(3세경)에서는 공을 받을 준비를 하면서 팔꿈치를 구부린다. 그리고 가슴으로 공을 받는다. 3단계(5~6세경)에서는 몸 전체를 사용해서 공을 받을 준비를 하고 손과 손가락을 사용해서 공을 받는다.

그림 3-6 공받기의 발달단계

출처: 정옥분, 발달심리학, p. 266 인용

② **소근육 운동**: 유아기에는 눈과 손의 협응과 소근육의 통제도 급속히 발달하기 때문에 손의 사용이 점점 정교해진다. 우유를 흘리지 않고 컵에 따르기, 수저로 밥 먹기, 연필로 글씨쓰기, 크레용으로 색칠하기, 가위로 오리기, 단추 채우기, 신발 끈매기 등은 유아에게는 상당히 어려운 것이다. 대근육 운동기술은 남아가 우세하지만 소근육 운동기술은 여아가 앞선다.

㉠ **3세 유아**: 3세 유아는 엄지와 검지 손가락으로 매우 작은 물체를 잡을

수 있지만 아직 서투르다. 블록으로 탑을 쌓을 수 있는데 똑바로 쌓지 못하고 삐뚤빼뚤하다. 단순한 조각그림 맞추기에서는 어디에 어느 조각을 넣어야 하는지 알고 있지만 그 자리에 제대로 넣지 못하고 억지로 쑤셔 넣으려고 한다.

ⓒ 4세 유아: 4세 유아는 소근육 운동이 상당히 발달하여 블록으로 탑을 높이 쌓을 수 있는데 완벽하게 잘 쌓으려고 몇 번씩 다시 쌓기도 한다. 구두끈을 맬 수 있고 선을 따라 가위로 오릴 수 있다.

ⓒ 5세 유아: 5세 유아는 블록으로 탑을 쌓는 단순한 놀이에는 더 이상 관심이 없다. 집이나 뾰족 탑이 있는 교회를 짓고자 하고, 종이를 반으로 또는 1/4로 접을 수 있고, 글자나 숫자를 베낄 수 있고, 크레용으로 색칠할 수 있다.

ⓔ 그림 그리기: 그림 그리기에서 2세 유아는 끼적거리기, 3세 유아는 원, 정사각형, 직사각형, 삼각형, 십자 모양, X자 모양을 그릴 수 있다. 4세 유아는 사람을 그릴 때 눈은 큰 점으로, 다리는 막대기 모양으로 그린다. 5세 유아는 그림을 잘 그리게 된다.

2 인지발달

유아기에는 인지적 성장과 언어발달이 빠른 속도로 이루어진다. 유아기에 뇌의 성장은 유아로 하여금 정보를 보다 효율적으로 처리하게 해 준다. 유아는 눈 앞에 존재하지 않는 대상이나 사건에 대해 정신적 표상에 의한 사고를 할 수 있으며, 상징을 사용할 수 있는 능력을 갖게 된다. 이 시기에 습득하는 언어발달은 상징적 표현의 중요한 수단이 되므로 매우 중요한 역할을 한다.

1) 유아기 사고의 특징

유아기는 Piaget의 인지발달의 네 단계 중에서 두 번째 단계인 전조작기에 해당한다. 전조작기를 다시 두 개의 하위 단계로 나누면 2~4세까지를 전개념적 사고기라고 부르고, 4세부터 7세까지를 직관적 사고기라고 부른다.

(1) 전개념적 사고기

이 단계의 아동은 환경 내의 대상을 상징화하고 이를 내면화시키는 과정에서 성숙한 개념을 발달시키지 못하므로 이 단계를 전개념적 사고기라고 부른다. 전개념적 사고의 특징은 상징적 사고, 자기중심적 사고, 물활론적 사고, 인공론적 사고, 전환적 추론을 하는 것 등이다.

(2) 직관적 사고기

직관적 사고란 어떤 사물을 볼 때 그 사물의 두드러진 속성을 바탕으로 사고하는 것을 말한다. 즉 직관에 의해 사물을 판단하는 것을 의미한다. 판단이 직관에 의존하기 때문에 전체와 부분의 관계를 정확하게 파악할 수 없으며, 과제에 대한 이해나 처리방식이 그때그때의 직관에 의해 좌우되기 쉽다. 4세를 넘기면서 개념형성의 발달로 조작적 사고가 어느 정도 가능해지나 아직 논리적 수준까지는 이르지 못한다. 직관적 사고의 특징은 보존개념이 결여되어 있는 점에 잘 나타나 있다. 직관적 사고기에 있는 유아는 어떤 사물의 본질적 특징이 변화하지 않는 경우에도 그 외관이나 형상이 바뀌면 그 사물의 본질이나 속성까지 변화하였다고 생각하며, 논리적 사고나 가역적 사고는 아직 발달되지 못한 상태에 있다.

2) 유아기의 기억발달

유아기에는 영아기에 비해 기억능력이 크게 발달하는데, 여기에는 몇 가지 요인이 작용하기 때문이다. 첫째, 정보를 저장할 수 있는 저장 공간의 크기, 즉, 기억용량이 증가한다. 둘째, 정보를 체계적으로 저장하고 인출할 수 있는 기억전략이 발달한다. 셋째, 기억과 기억과정에 대한 지식인 상위기억이 발달한다. 넷째, 연령증가에 따른 지식기반이 확대된다.

(1) 기억용량의 증가

기억용량이 증가한다는 것은 정보를 저장할 수 있는 공간이 증가한다는 것을 의미한다. 기억공간에는 감각기억, 단기기억, 장기기억이 있는데 감각기억과 장기기억의 용량은 연령에 따른 변화가 거의 없는 것으로 보이기 때문에 기억용량의 증가는 단기기억 용량의 증가를 의미한다. 단기기억의 용량을 기억폭 검사로 측정한 결과, 기억폭은 유아기에 급격하게 증가하는 것으로 나타났다. 2세 유아의 기억폭은 2개 정도, 5세 유아는 4.5개, 성인의 기억폭은 7~8개 정도이다(Dempster, 1981). 연령이 증가하면서 정보를 처리하는 속도가 빨라지고 점점 더 효율적이 되기 때문에 조작공간을 덜 필요로 하고 저장공간이 증가하게 된다(Case, 1985).

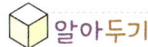

기억폭 검사

기억폭 검사란 숫자 몇 개를 불러 준 다음 그 순서대로 말해 보도록 하여 정확하게 회상할 수 있는 항목수로 기억폭을 측정하는 것이다.

(2) 기억전략의 발달

기억전략은 정보를 장기기억 속에 저장하고 그 정보가 필요할 때 인출이 용이하도록 해 주는 의도적인 활동을 말하는데 기억기술이라고도 한다. 기억전략에는 주의집중, 시연, 조직화, 정교화, 인출전략 등이 있다. 기억전략은 유아기에 출현하기 시작하지만 처음에는 그렇게 효율적이지 못하고, 아동기가 되면 기억전략은 크게 발달한다.

① **주의집중**: 기억해야 할 정보에 주의를 기울이는 것이다.
② **시연**: 기억해야 할 정보를 여러 번 반복해서 암송하는 것을 말한다.
③ **조직화**: 기억하려는 정보를 관련이 있는 것끼리 묶어 범주나 집단으로 분류함으로써 기억의 효율성을 높이려는 전략이다.
④ **정교화**: 서로 관계가 없는 정보 간에, 즉 같은 범주에 속하지 않는 기억재료 간에 관계를 설정해 주는 것을 말한다. 일반적으로 11세 이전에는 정교화 전략을 사용하지 못하므로 11세 이전에는 아동들에게 정교화 전략을 가르치는 것이 별 효과가 없다.

⑤ **인출전략**: 시연, 조직화, 정교화가 정보를 효율적으로 저장하기 위해 사용하는 기억 전략이라면, 인출전략은 저장된 정보 중에서 필요한 정보를 인출하기 위한 기억 전략이다. 저장된 정보를 인출하는 데에도 전략이 필요하다. 적절한 인출전략은 정보를 저장할 때 사용했던 전략을 그대로 사용하는 것이다. 조직화 전략을 이용해서 정보를 저장한 경우는 조직화 전략을 이용하여 정보를 인출하는 것이 효과적이고, 정교화 전략을 이용해서 정보를 저장한 경우는 정교화 전략을 이용하여 정보를 인출하는 것이 효과적이다.

(3) 상위기억의 발달

상위기억이란 기억과 기억과정에 대한 지식을 말한다. 즉, 자신이 정보를 기억하는 데에는 한계가 있으며, 짧은 내용보다 긴 내용이 기억하기 더 어렵고, 어떤 기억전략을 이용하는 것이 더 효과적인지를 아는 것 등이 상위기억에 관한 것이다. 3, 4세 유아도 짧은 내용이 긴 내용보다 기억하기 쉽고, 긴 내용을 기억하려면 더 많은 노력이 필요하다는 것을 안다. 유아기 때는 상위기억에 대한 초보적인 지식을 가지고 있는 것으로 보이나, 아동기에 들어서면 상위기억에 대한 지식이 급격하게 발달한다. 예를 들어 8세 된 아동이 전화번호를 받아 적는 것은 나중에 이 번호를 기억하는 데 효과적인 기억전략이라는 것을 깨달았기 때문이다.

(4) 지식기반의 발달

우리가 학습할 내용에 관해 많은 지식을 이미 가지고 있다면 그 내용을 기억하는 데 훨씬 수월하다. 즉, 우리가 이미 알고 있는 주제에 관해 학습한다면 그것은 우리 기억 속에 저장되어 있는 기존의 지식이나 정보와 빠르게 연결될 수 있기 때문에 쉽게 기억할 수 있다는 것이다. 아동은 유아보다 대부분의 주제에 대해 더 많은 지식을 갖고 있기 때문에 확장된 지식을 통해 정보를 더 빨리 처리할 수 있고, 정보를 범주화시키고 정교화할 수 있는 전략들을 획득한다는 것이다.

3 사회정서발달

유아기는 영아기에 비해 대인관계의 폭이 넓어지고 다양해지는 시기이다. 이 시기에는 활동반경이 넓어지면서 인간과의 상호관계에 따른 정서적 긴장도 심하게 나타난다. 놀이는 유아의 사회성 발달에 매우 중요한 역할을 한다. 유아가 최초로 맺는 인간관계는 부모와의 관계이므로 부모가 제공하는 환경은 유아의 신체적·지적·사회정서적 발달에 중요한 영향을 준다.

1) 정서의 발달

(1) 정서이해 능력의 발달

유아기에는 정서를 표현하는 단어를 사용하거나 이해하는 능력이 급속도로 증가한다. 슬픔과 같은 부정적 정서보다는 행복과 같은 긍정적 정서를 더 쉽게 이해한다. 3~4세 유아들의 반 이상이 "좋다"라는 단어를 사용하고, 소수만이 "슬프다"라는 단어를 사용할 수 있는 것으로 보인다. 6세의 유아는 '뽐내는', '시샘하는', '가련한', '난처한'과 같은 복잡한 정서개념도 이해할 수 있고, 다른 사람의 긍정적 정서를 이해하는 것은 성인과 거의 비슷한 수준이지만, 부정적 정서를 이해하는 것은 아직 서툴다. 또한 사람들이 '진짜로' 느끼는 정서와 그들이 '표현하는' 정서를 잘 구별하지 못한다. 즉, 행복한 얼굴표정과 슬픈 얼굴표정을 구별하는 것이 가능하지만, 슬픔을 느끼는 사람이 행복한 표정을 짓고 있거나, 기쁜 상황에서 기쁜 표정을 짓지 않으면 유아는 혼란을 느낀다.

(2) 정서규제 능력의 발달

정서규제 능력이란 정서표현, 특히 부정적 정서표현을 통제하는 능력을 말한다. 정서규제 능력은 유아기에 크게 증가한다. Saami(1984)는 정서규제 능력의 발달에 필요한 요소를 첫째로 정서를 통제할 수 있는 능력, 둘째로 언제 부정적 정서를 감추어야 할지에 대한 지식, 셋째로 정서를 통제하고자 하는 동기라고 제시했다.

다른 사람 앞에서 부정적 정서표현을 자제하는 능력은 3세경에 나타나는데 여아가 남아보다 자신의 정서를 더 잘 숨기는 것으로 보인다.

정서규제에서 중요한 좌절에 대한 참을성은 2세경에 나타나기 시작해서 유아기에 극적으로 증가한다. 예를 들면, 원하는 장난감을 가질 수 없거나 하고 싶지 않은 일을 해야 되는 좌절상황에서 어린 유아보다 나이든 유아가 더 잘 견딘다. 부모에게 떼를 쓰거나 반항하는 것이 2~5세가 되면 급격히 감소한다.

좌절에 대한 참을성은 만족지연에서도 나타난다. 만족지연이란 지금 바로 보상을 받는 것보다 만족을 지연시켜 나중에 더 큰 보상을 받게 되는 것을 말한다. 유아기에는 만족지연 능력도 증가하는데 여기에는 자신의 정서를 통제하는 능력이 작용하는 것으로 보인다. 연구 결과, 아동의 연령이 증가할수록 만족지연 시간이 길어졌다(허수경, 이경님, 1996).

2) 놀이

유아의 하루는 놀이의 연속이며, 유아가 하는 모든 활동은 놀이가 된다. 즉 놀이는 유아의 생활이다. 놀이를 통해 유아는 사회적 관계를 형성하고, 사회적 기술과 역할을 습득하게 되어 놀이는 사회성 발달에 매우 중요한 역할을 한다. 유아는 자신의 생각과 감정을 쉽게 언어화 할 수 없으므로 언어보다는 놀이를 통해 이를 더 적절하게 표현할 수 있고, 놀이를 통해 새로운 지식을 쉽게 습득한다. 이 외에도 놀이는 유아의 신체발달을 돕는 다양한 기능을 가지고 있다. 또래와의 놀이 상황을 보면 남아와 여아는 성을 분리해서 여아는 여아끼리, 남아는 남아끼리 따로따로 노는 경향이 있다. 이러한 경향은 2~3세에 이미 시작된다. 놀이의 유형을 인지적 수준과 사회적 수준으로 나누어 보면 다음과 같다.

(1) 인지적 수준에 따른 놀이의 유형

유아기의 놀이를 인지적 수준에 따라 기능놀이, 구성놀이, 가상놀이, 규칙 있는 게임 등 네 가지 형태로 구분한다.

① **기능놀이**: 영아기에는 딸랑이를 흔들거나 자동차를 앞뒤로 굴리는 것과 같은 단순히 반복적으로 근육을 움직이는 기능놀이가 주를 이룬다.

② **구성놀이**: 유아기에는 블록 쌓기, 그림 그리기, 그림 붙이기와 같이 무엇인가를 만들어내는 구성놀이가 주로 나타난다.
③ **가상놀이**: 병원놀이, 소꿉놀이 등의 가상놀이는 아동의 표상능력을 반영해 주는 것으로 인지발달을 위해 유용한 정보를 제공해 준다. 연구결과, '아기돼지 삼형제' 가상놀이를 진행한 집단과 자르고 풀칠하는 단순 활동을 위주로 한 집단 비교에서 6개월 후 가상놀이 집단의 지능지수가 높게 나타났다(Saltz, Dixon, & Johnson, 1977).
④ **규칙 있는 게임**: 아동기에 접어들면서 윷놀이, 줄넘기 놀이, 숨바꼭질과 같이 미리 만들어진 규칙에 따라 놀이를 하는 게임이 주를 이룬다.

(2) 사회적 수준에 따른 놀이의 유형

Parten(1932)은 놀이 활동에서 사회적 상호작용이 얼마나 이루어지느냐에 따라 놀이를 다음과 같이 6가지 유형으로 구분하고, 유아가 성장하고 사회성이 발달하면서 혼자놀이와 평행놀이의 비중은 감소하고, 연합놀이나 협동놀이의 비중은 증가한다고 하였다.

① **몰입되지 않은 놀이**: 영아는 놀고 있지 않은 것처럼 보이지만 주로 자신의 신체를 가지고 놀고, 주변의 일에 흥미를 가지고 있다.
② **방관자적 놀이**: 유아는 대부분의 시간을 다른 유아가 노는 것을 관찰하면서 보낸다. 다른 유아에게 말을 하거나 질문을 하거나 제안은 하지만, 자신이 직접 놀이에 끼어들지는 않고 계속 관찰하는 방관자적 입장에 있다.
③ **혼자놀이**: 유아는 곁에 있는 유아와 상호작용을 하기 보다는 혼자 장난감을 가지고 논다.
④ **평행놀이**: 유아는 같은 공간에서 다른 유아와 같거나 비슷한 종류의 장난감을 가지고 놀지만 상호 간에 특별한 교류가 없고, 이들과 가까워지려는 어떠한 노력도 하지 않는다.
⑤ **연합놀이**: 둘 이상의 아동이 함께 공통적인 활동을 하고, 장난감을 빌려주고 빌리기도 하면서 놀이를 하지만, 각자의 방식대로 행동하며, 놀이에서 리더나 역할분담, 일정한 목표가 있는 것은 아니다.

⑥ 협동놀이: 아동은 한 가지 활동을 함께 하고, 서로 도우며, 조직된 집단으로 편을 이루어 놀이를 한다. 규칙에 따라 놀이가 이루어지며 리더나 일정한 역할분담, 공동의 목표가 존재한다.

그림 3-7 여러 가지 놀이의 유형

방관자적 놀이

혼자놀이

평행놀이

연합놀이

협동놀이

출처: 정옥분, 발달심리학, p. 303 인용

3) 성역할 발달과 영향 요인

성별은 인간을 분류하는 가장 기본적인 범주이며, 우리가 속해 있는 사회는 성별에 따라 남성과 여성에게 적합하다고 생각되는 특성을 규정하고 있다. 한 개인이 그가 속해 있는 사회가 규정하는 성에 적합한 행동, 태도 및 가치관을 습득하는 과정을 성역할 사회화라고 한다. 성역할 발달에 영향을 미치는 요인은 다음과 같다.

(1) 부모의 역할

부모는 아동이 제일 먼저 그리고 가장 많이 접하게 되는 중요 인물이므로 생후 초기부터 자녀의 성역할발달에 지대한 영향을 미친다. 부모는 자녀에게 적극적으로 성에 적합한 행동을 권유할 뿐만 아니라 그러한 행동을 했을 때 보상을 하고, 성에 적합하지 않은 행동을 했을 때 벌을 주기도 한다. 자녀는 이러한 부모를 통하여 성역할을 발달시킨다. 이런 의미에서 부모는 성역할 습득을 위한 훈육자가 되기도 하고 모델이 되기도 한다.

(2) 아버지 역할과 아버지 부재

근래에 와서 아버지 역할의 중요성이 강조되고, 성역할에 미치는 아버지의 영향에 대한 논의가 매우 활발해지고 있다. Johnson(1977)은 아버지 역할이 자녀의 성역할발달에 있어 매우 특이하고 중요하다고 하였다. 그 이유는 어머니는 아들딸을 특별히 다르게 대하지 않지만 아버지는 아들딸을 구별하여 서로 다른 상호작용 양식을 발달시키고, 이것이 자녀의 성역할발달에 큰 영향을 미치기 때문이라고 하였다. 즉 아버지는 아들에게는 엄격하고 비판적으로 대함으로써 도구적 역할의 성역할을 습득시키고, 딸에게는 관대하고 애정적으로 대함으로써 반대성과의 상호작용 형태를 보여주는 방법으로 표현적 성역할발달을 도모한다는 것이다.

연구결과, 아버지가 없는 가정의 남아는 여성적인 경향을 보였다. 덜 공격적이고, 의존적이고, 여성적인 놀이를 좋아하고, 여성적 취미를 나타내었다. 또한 학업성적이 낮고 일반적인 지능도 부족하고, 사회적·정서적 적응에서 낮은 점수를 보였다.

(3) 형제의 역할

형제의 수, 출생순위, 그리고 형제들과의 관계는 아동의 성역할발달에 중요한 역할을 한다. 대체로 남자형제가 있는 아동은 여자형제가 있는 아동보다 더 남성적이다. 예를 들면, 남자형제만 있는 여아는 여자형제만 있는 여아보다 더 야심적이고 공격적이고, 지적 발달도 빠르다. 같은 성의 형제가 있으면 성역할발달이 빨리 이루어진다고 한다. 아버지가 없는 가정의 경우라도 남자형제, 특히 손위 형제가 있는 남아는 남성성을 발달시키는데 큰 장애를 받지 않았다.

(4) 또래의 역할

또래가 성역할발달에 미치는 영향도 매우 중요하며 또래의 영향은 유아기에 특히 두드러지게 나타난다. 대부분의 성역할 학습은 성이 분리된 놀이 상황에서 일어나는데 그 이유는 같은 성의 또래와의 놀이가 성에 적합한 행동을 배우고 실행해 보는 좋은 방법이 되기 때문이다. 유아들은 성에 적합한 행동은 보상하고, 성에 부적합한 행동은 벌한다. 연구결과, 유아원의 아이들은 남아의 경우 망치질을 하거나 나가서 놀 때 강화를 받았고, 여아의 경우 인형놀이나 소꿉놀이 등을 할 때 강화를 받았다. 성에 적합하지 않은 행동을 할 경우 비판하거나 망신을 주기도 하였다(Fagot, 1977).

(5) 교사의 역할

교사들은 또래집단만큼 강하지는 않지만 교사들 또한 유아의 성에 적합한 놀이는 보상을 하고, 성에 적합하지 않은 놀이는 하지 못하도록 한다. 많은 교사들이 남녀 유아 모두에게 여성적인 특성을 강조하는 경향이 있는데 그 이유는 교사가 정숙과 질서를 유지시켜 수업을 잘 이끌어 나가기 위해서는 여성적 특성을 강화하는 것이 효과적이라는 것을 경험을 통해 알게 되었기 때문이다. 교사의 이러한 태도는 남성적 특성을 강조하는 또래 집단의 가치와 모순되기 때문에 남아에게 혼란을 주기도 한다. 남아의 이런 혼란과 갈등은 입학 초기에 남아들이 학교에 가기를 싫어하며 학업성적이 떨어지는 원인이 될 수 있다.

(6) 텔레비전의 영향

텔레비전은 전통적인 성역할을 자주 묘사함으로써 많은 시간을 텔레비전 시청으로 보내는 아동에게 전통적 성역할을 고수하게 하는 결과를 초래한다. 텔레비전에서 묘사되는 남녀의 역할을 보면 대부분 남자가 주인공이고, 남자는 적극적이고 공격적이며 중요한 의사결정을 하는 인물로 묘사된다. 반대로, 여자는 주로 가정주부나 비서, 간호사 등으로 등장하며, 수동적이고 의존적이며 소극적인 인물로 묘사된다. 따라서 텔레비전을 적게 보는 아동보다 텔레비전을 많이 보는 아동이 훨씬 더 성역할 고정관념을 고수하였다는 결과는 그리 놀라운 것이 아니다. 그러므로 텔레비전은 전통적인 성역할 개념에서 벗어나 새로운 성역할 개념으로 발전하는데 매우 중요한 역할을 할 수 있다.

4) 사회화와 가족의 영향

사회화란 개인이 자기가 속해 있는 사회집단에 적합하다고 생각되는 행동양식을 습득하는 과정을 말한다. 가족은 자녀의 사회화에 가장 큰 영향을 미치는 집단이다. 부모는 아동이 이 세상에 태어나 최초로 관계를 형성하는 대상이며, 형제는 아동이 출생 후 처음으로 경험하는 또래집단이자 가장 오랫동안 개인의 사회화에 영향을 미치는 중요한 인물이다.

(1) 부모의 양육행동

부모의 양육행동은 자녀의 성격형성에 가장 큰 영향을 미치는 요인 중 하나이다. 부모의 양육태도는 수용, 애정, 통제, 양육, 온정, 허용 등과 같은 여러 다른 영역으로 기술될 수 있다. 어떠한 양육방식이 가장 효과적인가는 문화, 가족의 특성, 시대에 따라 다르다.

① 애정과 통제: Baumrind(1991)는 애정과 통제라는 두 차원에 의해 부모의 유형을 네 가지로 나누어 설명하였다. 애정차원은 부모가 자녀에게 얼마나 애정적이고 지원적이며, 얼마나 민감한 반응을 보이고, 얼마나 관심을 가지고 있는가 하는 것이다. 통제차원은 아동에게 성숙한 행동을 요구하고,

아동의 행동을 통제하는 것을 말한다.
  ㉠ 권위적 부모: 애정과 통제차원이 둘 다 높은 경우
  ㉡ 권위주의적 부모: 통제차원은 높지만 애정차원이 낮은 경우
  ㉢ 허용적 부모: 애정차원은 높은데 통제차원이 낮은 경우
  ㉣ 무관심한 부모: 애정과 통제차원이 모두 낮은 경우

그림 3-8 애정과 통제 두 차원에 의한 네 가지 부모유형

	통제 낮음	통제 높음
애정 높음	허용적 부모	권위적 부모
애정 낮음	무관심한 부모	권위주의적 부모

출처: 정옥분, 발달심리학, 학지사, 317page에서 인용

표 3-1 부모의 유형과 아동의 사회적 행동

부모의 유형	특 성	아동의 사회적 행동
권위적 부모	애정적·반응적이고 자녀와 항상 대화를 갖는다. 자녀의 독립심을 격려하고 훈육 시 논리적 설명을 한다.	책임감, 자신감, 사회성이 높다.
권위주의적 부모	엄격한 통제와 설정해 놓은 규칙을 따르도록 강요한다. 훈육시 체벌을 사용하고 논리적 설명을 하지 않는다.	비효율적 대인관계, 사회성 부족, 의존적, 복종적, 반항적 성격
허용적 부모	애정적·반응적이나 자녀에 대한 통제가 거의 없다. 일관성 없는 훈육	자신감이 있고, 적응을 잘하는 편이나, 규율을 무시하고 제멋대로 행동한다.
무관심한 부모	애정이 없고, 냉담하고, 엄격하지도 않으며, 무관심하다.	독립심이 없고, 자기통제력이 부족하다. 문제행동을 많이 보인다.

출처: 정옥분, 발달심리학, 학지사, 317page에서 인용

② **자애로움과 엄격함**: 우리나라에서도 청소년 상담원(1996)은 이와 비슷하게 자애로움과 엄격함이라는 두 차원에 의해 부모유형을 네 가지로 나누었다 <그림 3-9>. 여기서 자애로움은 자녀를 신뢰하고, 따뜻하고 관대하게 대하는 것을 말하고, 엄격함은 확고한 원칙을 가지고 정해진 바를 일관성 있게 밀고 나가는 것을 말한다. 부모의 유형에 따른 부모의 특성과 자녀의 특성은 <표 3-2>와 같다.

그림 3-9 자애로움과 엄격함의 두 차원에 의한 네 가지 부모유형

	엄격함 낮음	엄격함 높음
자애로움 높음	자애롭기만 한 부모	엄격하면서 자애로운 부모
자애로움 낮음	엄격하지도 못하고 자애롭지도 못한 부모	엄격하기만 한 부모

표 3-2 부모의 유형과 자녀의 특성

부모의 유형	부모의 특성	자녀의 특성
자애롭기만 한 부모	• 자녀의 모든 요구를 다 들어준다. • 단호하게 자녀들을 압도하기보다는 양보한다. • 말은 엄격하나 행동으로 보여주지 못한다. • 때로는 극단적으로 벌을 주거나 분노를 폭발하여 스스로 죄책감을 느낀다.	• 책임회피 • 쉽게 좌절하고 그 좌절을 극복하지 못한다. • 버릇없고 의존적이며 유아적인 특성을 보인다. • 인정이 많고 따뜻하다.

엄격하기만 한 부모	• 칭찬을 하지 않는다. • 부모의 권위에 의문을 제기하는 것을 허락하지 않는다. • 자녀가 잘못한 점을 곧바로 지적한다. • 잘못한 일에는 반드시 체벌이 따라야 한다고 생각한다.	• 걱정이 많고 항상 긴장하고 불안해한다. • 우울하고 때로 자살을 생각하기도 한다. • 책임감이 강하고 예절이 바르다. • 지나치게 복종적, 순종적이다. • 부정적 자아이미지, 죄책감, 자기비하가 많다.
엄격하면서 자애로운 부모	• 자녀가 일으키는 문제를 정상적인 삶의 한 부분으로 생각한다. • 자녀에게 적절하게 좌절을 경험케 하여 자기훈련의 기회를 제공한다. • 자녀를 장점과 단점을 아울러 지닌 한 인간으로 간주한다. • 잘못을 벌할 때도 자녀가 가진 잠재력은 인정한다. • 자녀의 장점을 발견하여 키워준다.	• 자신감 있고 성취동기가 높다. • 사리분별력이 있다. • 원만한 인간관계를 유지한다.
엄격하지도 자애롭지도 못한 부모	• 무관심하고 무기력한 부모 • 칭찬도 벌도 주지 않고 비난만 한다. • 자식을 믿지 못한다(자녀가 고의적으로 나쁜 행동을 한 것으로 생각한다).	• 반사회적 성격으로 무질서하고 적대감이 많다. • 혼란스러워하고 좌절감을 많이 느낀다. • 세상 및 타인에 대한 불신감이 많다.

출처: 정옥분, 발달심리학, 학지사, 318page에서 인용

이상 4가지 부모유형 중에서 가장 바람직한 유형은 '엄격하면서 자애로운 부모'이고, 제일 바람직하지 못한 유형은 '엄격하지도 자애롭지도 못한 부모'이다. 우리나라에서 요즘 가장 많은 유형은 '자애롭기만 한 부모'이다.

(2) 형제자매

유아기에는 어머니와 보내는 시간보다 많은 시간을 형제와 보내게 된다. 형제관계는 대인관계 중 가장 오래 지속되는 관계이며, 부모가 사망한 이후에도 지속된다. 형제관계는 부모-자녀관계에 비해 상호적이며 보다 평등한 관계이고, 상호작용을 통해 서로를 모방하려는 경향이 강하게 나타난다. 형제간의 상호작

용은 또래집단 간의 상호작용과 상당히 유사하여 빈번한 상호작용이 이루어지고, 솔직한 정서표현, 상호간의 관심과 애착이 나타난다. 형제관계가 긍정적인 관계를 유지할 수 있는가 혹은 경쟁적인 상대로 발전하는가는 어머니의 양육방식이나 아동의 성격에 의해 많은 영향을 받는다.

(3) 출생순위

출생순위도 유아의 성격형성에 영향을 미친다. 자녀는 부모를 중심으로 경쟁관계를 형성하고 있어 출생순위는 이들의 심리적 위치를 이해하는데 매우 중요하다.

① **맏이**: 맏이는 일반적으로 부모로부터 가장 많은 기대와 관심 속에 성장하게 되고, 지적 자극이나 경제적인 투자도 가장 많이 받는다. 그 결과 성취지향적이며, 인지발달과 창의성이 뛰어나고, 친구들에게도 인기가 높은 편이다. 그러나 양육경험의 부족으로 불안하고 과보호적인 태도를 보이게 되어 다소 의존적이고 불안한 특성을 보이기도 한다. 첫째라는 위치 때문에 책임감이 강하고 다소 권위적인 태도를 보이기도 한다.

② **둘째**: 둘째는 출생 후 손위형제의 존재로 인해 무력감과 좌절감을 느끼게 된다. 자신보다 우월한 형의 존재에 대해 경쟁심을 느껴, 그 결과 사교적이며 손위 형제와 다른 특성을 보임으로써 자신의 위치를 확보하려고 한다. 동생이 출생할 경우, 손위형제와 막내에게 자신의 권리를 빼앗기는 것 같은 불공평함을 느끼기도 한다.

③ **막내**: 막내는 불리한 위치에서 출생하여 폭군이 될 수도 있고, 애교를 부리거나 귀엽고, 약하고, 겁 많게 보임으로써 자신의 위치를 이용하여 모든 가족 구성원에게 자기를 시중들도록 요구할 수 있다. 또한 드러내놓고 반항하거나 어수룩하게 보임으로써 자신의 위치를 확보할 수 있다. 그 결과 독자적으로 무엇을 할 수 있는 기회가 적어 미성숙한 성격특성을 보이는 경향이 있다.

④ **외동이**: 외동이의 성격특성은 부정적인 측면에서 종종 부각된다. 자신이 특별하거나 무엇이든지 마음대로 할 수 있다고 생각하기도 하고, 과보호로

인해 이기적인 성향을 보이기도 하며, 수줍음을 타거나 무기력하게 될 수도 있다. 그러나 최근 연구결과 기존의 통념과 달리 지적능력이나 성취동기, 사교성 등에서 맏이와 유사한 성격특성을 갖는 것으로 나타나고 있다. 부모로부터 많은 관심을 받게 되고, 자기보다 유능한 사람들 속에서 성장하므로 지적인 경향이 있으며 성인과 같은 행동특성을 보인다고 한다.

(4) 조부모

조부모와 함께 사는 가정에서는 핵가족의 경우와 다른 경험을 하게 된다. 조부모는 부모보다 자녀양육에 관한 경험이 많으므로, 손 자녀에게 정서적 안정감을 제공해 줄 수 있고, 연륜에 의한 지식과 지혜, 사랑과 관용으로 손 자녀를 소중하게 여기고 손 자녀의 생각과 요구를 귀담아 들을 여유가 있다. 반면 부모는 자녀에 대한 지나친 기대와 교육에 대한 책임감 때문에 훈육 시 잔소리가 많아지고 감정적이 되기 쉽다. 조부모와 함께 사는 아이들은 폭넓은 인간관계로 인하여 애착형성이 다양하게 이루어지고 사회성도 발달한다. 독일 카셀 대학 심리학과에서 양가 조부모 네 분이 모두 생존해 있는 2,000명을 설문조사한 결과, '가장 친근하고 영향력을 많이 준 친척'으로 700명이 외할머니를 꼽았다고 한다.

제4절 아동기

아동기는 6세부터 11세까지 초등학교에 다니는 시기이다. 생활의 중심이 가정에서 학교로 옮겨감에 따라 학교생활을 통해 많은 사회적 관계를 형성하게 되며, 또래집단의 비중이 점차 커지게 되어 이 시기를 학동기라고도 한다. Freud의 잠복기에 해당되며 아동의 에너지는 조작능력을 획득하고 급격한 인지발달을 육성하기 위해 사용된다. 동시에 운동능력이나 언어능력이 증가함에 따라 자신의 욕구를 쉽게 표현하고, 자신의 욕구를 스스로 해결해 나갈 수 있게 된다. 이 장에서는 신체발달, 인지발달, 사회정서발달에 대해 알아본다.

1 신체발달

아동기의 신체발달은 비교적 완만한 편이다. 영유아기와 사춘기에 비해 성장속도가 둔화되기는 하지만 아동기에도 성장은 꾸준히 계속된다. 아동기 말에는 사춘기의 성장급등으로 인해 신장과 체중이 급격히 증가한다. 머리의 크기가 신체에서 차지하는 비중이 작아져서 성인의 수준에 가까워진다.

1) 신체적 성장

아동기에는 이전처럼 급속한 신체발달은 일어나지 않지만 비교적 완만하고 꾸준한 발달이 이루어진다. 근육이 성장하는 신체에 적응하느라 근육이 당기는 듯한 느낌의 통증을 경험하게 되는데 이것을 '성장통'이라고 한다. 성장기 아동의 10~20%가 경험하는 성장통은 보통 밤에 심하고 아침에 없어진다. 10세 이전에는 남아가 여아보다 키와 몸무게에서 우세하지만, 11~12세경에는 여아의 발육이 남아보다 우세해진다.

2) 운동기능의 발달

아동기에 운동기능은 계속해서 발달하므로 달리기, 줄넘기, 자전거타기, 등산, 수영, 스케이트 등 거의 모든 운동기능을 수행할 수 있게 된다. 남아는 운동능력의 발달에 필요한 활동을 더 많이 하며 17세까지 운동능력이 계속적으로 발달하지만, 여아는 13세경에 최고조로 달하고 그 이후부터는 쇠퇴하거나 기존의 능력을 유지한다. 남아는 야구와 같은 대근육을 사용하는 스포츠에서 우세하고, 여아는 체조나 수공예와 같이 소근육을 사용하는 활동에서 우세하다. 운동기능의 발달은 아동의 자아개념에도 영향을 미친다.

(1) 대근육 운동

아동기에는 유아기 때 잘 수행하지 못했던 여러 가지 대근육 운동기능을 습득하게 된다. 자전거타기, 아이스 스케이팅, 수영, 줄넘기, 야구, 농구, 피구, 테니스, 술래잡기 등이 대근육 운동 기능이다. 스포츠게임에 참여하는 것은 운동효과 외에도 우정관계를 형성하고, 게임의 규칙을 준수하며, 팀의 구성원들과 협동하는 법을 배우게 된다.

(2) 소근육 운동

중추신경계의 수초화가 증가하면서 아동기의 소근육 운동기능도 증가한다. 수초화의 증가는 신경 전류의 전달속도를 증가시켜 정보가 근육에 빨리 전달되게 해 주고, 근육을 더 잘 통제하게 만든다. 손과 손가락을 사용하는 소근육 운동기능의 증가로 아동은 여러 가지 취미활동을 할 수 있게 된다. 다양한 악기를 연주하거나 수공예를 하는 것이 좋은 예이다. 또한 소근육 운동기술이 증가함에 따라 아동의 독립심도 증가하여 6세경에는 대부분의 아동은 도움 없이 옷을 입고 벗을 수 있으며, 신발 끈을 매고, 식사시간에 수저를 잘 사용할 수 있다.

7세에는 손놀림이 안정되고, 연필로 글씨 쓰는 속도가 빨라진다.

8~10경세에는 양손을 따로따로 쓸 수 있다.

10~12세경에는 손놀림이 성인의 수준에 가까워지고, 정교한 수공예품을 만들 수 있으며, 어려운 곡을 악기로 연주할 수 있다.

2 인지발달

아동기에는 유아기에 비해 인지능력에서 상당한 발전을 보인다. 세련된 방법으로 상징을 사용하고, 논리적으로 생각할 수 있으며, 사물의 한 측면에만 집착하지 않고 여러 측면을 고려하여 결론을 이끌어 낼 수 있다.

1) 아동기 사고의 특징

아동기 사고의 특성을 Piaget는 구체적 조작기로 설명하고 있다. 유아기의 직관적 사고에서 논리적 사고로, 중심화 현상에서 탈중심화로, 비가역적 사고에서 가역적 사고로 변하게 된다. 그러나 아동기의 사고는 구체적인 것, 자신이 직접적으로 경험한 세계에 한정되며, 추상적이고 가설적인 개념을 이해하는 데는 한계가 있다.

구체적 조작기의 아동은 조작의 순서는 전환될 수 있고, 조작전 상황의 특성들이 회복될 수 있다는 것을 이해한다. 구체적 조작기에서 이러한 사고의 특성은 보존개념, 조망수용능력, 유목화, 서열화 개념 등을 습득할 수 있게 해 준다.

(1) 보존개념

전조작기와 구체적 조작기의 구체적 차이는 아동이 문제해결 과정에서 직관보다는 논리적 조작이나 규칙을 적용하기 시작한다는 것이다. 대표적인 예가 보존개념이다. 아동은 찰흙의 모양이 둥근 형태에서 길고 넓적하게 변하더라도 양이 같다는 사실을 알게 되고, 폭과 넓이가 다른 두 잔의 물의 양이 동일하다는 사실을 알게 된다. 여러 가지 형태의 보존개념이 일정한 시기에 한꺼번에 획득되는 것은 아니다.

(2) 조망수용

아동기에는 자기중심성 사고에서 벗어나 타인의 입장, 감정, 인지 등을 추론하고 이해할 수 있는 조망수용능력을 습득하게 된다. Piaget의 '세 산 모형' 실험에서 아동은 이제 인형의 위치에서 보는 산 모양을 추론할 수 있다. 또한 특정 상황에서 타인의 감정을 추론하는 것이 가능하다. 예를 들면, 어떤 이야기를 해 주었을 때 아동은 그 이야기의 주인공이 느끼는 감정을 이해할 수 있게 된다. 타인의 사고과정이나 행동의 원인을 추론하고 이해하는 인지적 조망능력도 획득하게 된다.

(3) 유목화

유아기에는 사건이나 사물을 일정한 규칙에 따라 분류하지 못하나 아동기에는 물체를 공통의 속성에 따라 분류한 대상을 하나의 유목에 속하는 것으로 분류할 수 있다.

(4) 서열화

유아기에는 길이가 다른 여러 개의 막대기를 놓고 이를 상호관계에 따라 순서대로 나열하라고 하면 많은 오류를 보이지만, 아동기에는 사물을 영역별로 차례대로 배열하는 것이 가능하다.

2) 인지양식

인지양식이란 개인이 환경에 대해 인식하고 반응하는 양식으로서 아동기에 나타나기 시작한다. 어떤 아동은 주어진 문제에 곧바로 답을 하지만, 어떤 아동은 한참 생각한 후에 답을 한다. 이와 같은 인지양식은 아동의 성격을 반영할 뿐만 아니라 아동의 인지적 수행에도 영향을 미친다. 이 장에서는 수렴적 사고와 확산적 사고, 장의존성과 장독립성, 사려성과 충동성에 대해서 알아본다.

(1) 수렴적 사고와 확산적 사고

개인이 문제를 해결하기 위해 사용하는 사고방식의 종류를 의미한다.

① **수렴적 사고**: 문제를 해결하기 위해 사용하는 사고방식의 한 종류로 여러 가지 가능한 해결책이나 답들 가운데서 가장 적합한 해결책이나 답을 모색해 가는 사고를 말한다. 수학문제 풀기나 조각그림 맞추기가 여기에 해당된다. 학교 수업에서는 한 개의 정답만 있는 문제가 많으므로 수렴적 사고를 많이 필요로 한다. 학교수업과 상관없이 어떤 아동들은 특별히 수렴적 사고를 많이 사용하는 경향이 있는데 이런 아동들은 구조화된 학습과제를 선호한다.

② **확산적 사고**: 문제를 해결하기 위한 다양한 해결책이나 답을 모색하는 사고를 말한다. 사고의 유창성, 융통성, 독창성, 정교성, 집착성이 여기에 해당된다. 창의성은 확산적 사고와 밀접한 관련이 있다고 한다(Guilford, 1967). 예를 들면 옷걸이나 신문지의 여러 가지 용도에 관해 질문하는 것이다. 확산적 사고를 주로 하는 아동들은 매우 구조화된 과제에서도 긴장하지 않고 즐기는 듯이 문제를 해결하고자 한다.

(2) 장의존성과 장독립성

개인이 사물을 인식할 때 그 사물을 둘러싼 배경, 즉 장의 영향을 많이 받거나 받지 않는 인지 양식을 의미한다. 대부분의 사람들은 장의존성과 장독립성이 혼합되어 있다고 한다(Hardy, Eliot, & Burlingame, 1987).

① **장의존성**: 장의존적인 사람은 장의 영향을 많이 받고, 사물을 전체로서 지각한다. 예를 들면, 산 그림을 보고 산 전체의 모양에 주목한다. 장의존적인 아동은 어려운 상황에 처하게 되면 단서를 얻기 위해 주위 사람들에게 의존하거나 다른 사람의 견해에 맞추어 자신의 견해를 수정한다. 장의존적인 아동은 사회적 관계를 잘 조율하고 사회정보를 잘 기억하기 때문에 사회 사업이나 인문학 등에 적합하다.

② **장독립성**: 장독립적인 사람은 장의 영향을 거의 받지 않고, 사물을 여러 개의 부분으로 지각한다. 산 전체가 아니라 나무 한 그루, 바위 하나하나를 따로 따로 본다. 장독립적인 아동은 스스로 문제를 해결하고 매우 자율적이므로 수학이나 과학 등 분석적 능력이 요구되는 일에 적합하다.

(3) 사려성과 충동성

주어진 문제에 대해 어떻게 반응하느냐에 따라 사려성과 충동성이 있다. 아동의 사려성과 충동성은 5~6세경에 나타나기 시작하여 이후에도 이러한 성격특성은 별로 변하지 않는다는 견해(Messer, 1976)와 사려성과 충동성은 안정적인 성격특성이 아니라는 견해(Jones & Duffy, 1982; Kogan, 1982), 과제에 얼마나 빨리 반응하는가와 얼마나 정확하게 반응하는가의 갈등상황에서 어떻게 해결하는가는 아동의 연령이나 성격특성이 아니라 과제의 내용에 달려 있다는 주장(Kogan, 1982)이 있다.

① **사려성**: 주어진 문제를 찬찬히 생각하여 문제를 풀어가면서 실수를 적게 하는 아동으로 사려적이다. 유아의 반응시간이 길수록 유혹에 대한 저항이 높게 나타났고, 오답수가 적을수록 과제에 대한 인내도가 높았다. 즉 충동적인 아동보다 사려적인 아동의 자기통제 행동이 더 높게 나타났다.

② **충동성**: 주어진 문제에 즉각적인 반응을 보이면서 실수를 많이 하는 아동으로 충동적이다.

3 사회정서발달

학동기의 아동은 자신의 에너지를 내면화하여 이것을 사회문화적 기술을 익히는 데 사용하며 자신에 대한 개념을 형성하게 된다. 자신에 대해 긍정적인 감정을 가진 사람은 자신을 가치 있고 유능한 사람이라고 생각하는 반면, 자신에 대해 부정적인 감정을 가진 경우에는 자신을 보잘 것 없는 사람이라고 생각하여 열등감을 갖게 된다.

1) 자기이해의 발달

자신에 대한 이해는 자기인식에서 출발하는데 자기인식의 발달은 영아가 다른 대상과 구분되는 독립된 실체로서 자신을 인식하는 것에서부터 시작된다. 아동의 자기인식은 자아개념과 자아존중감의 발달을 초래한다.

자기인식을 위해서는 어느 정도 수준의 인지발달과 함께 사회적 경험이 중요하다. 한 연구에서 자기인식에 영향을 미치는 사회적 경험은 양육자와의 안정애착인 것으로 나타났다.

(1) 자아개념

자아개념(Self-concept)은 신체적 특징, 개인적 기술, 특성, 가치관, 희망, 역할, 사회적 신분 등을 포함하여 '나'는 누구이며, 무엇인가를 깨닫는 것을 의미하며 자아에 대한 인지적 측면을 말한다. 자신이 독특하고 타인과 구별되는 분리된 실체라고 인식하는 데에서 발달하기 시작한다.

Strang(1957)은 자아개념을 네 가지 범주로 분류했다. 첫째 자신의 능력, 신분, 역할에 대한 전반적인 인식인 전체적 자아개념, 둘째 순간순간 기분에 의해 영향을 받는 일시적 자아개념, 셋째 다른 사람이 자신을 어떻게 보느냐에 따라 자신을 평가하는 사회적 자아개념, 넷째 자신이 그렇게 되었으면 하고 바라는 이상적 자아개념이다.

(2) 자아존중감

자아존중감(Self-esteem)은 자신의 존재에 대한 긍정적 견해로서, 자아개념이 자아에 대한 인지적 측면이라면 자아존중감은 감정적 측면이라 할 수 있다. 즉, 자기존재에 대한 느낌이 자아존중감이다. 유아기에는 자아존중감이 높으나 아동기에 들어서면서 자신을 객관적으로 평가하게 됨에 따라 자아존중감은 보다 현실적인 수준으로 조정된다. 이러한 현상은 아동이 점차 자신에 대한 판단을 타인의 견해나 객관적인 수행능력에 맞추어 정하려는 것으로 설명할 수 있다.

(3) 자기효능감

아동은 스스로 상황을 극복할 수 있다는 자기효능감을 가진다. 자기효능감(Self-efficacy)이란 자신이 스스로 상황을 극복할 수 있고, 자신에게 주어진 과제를 성공적으로 수행할 수 있다는 신념이나 기대를 의미한다. 높은 자기효능감은 긍정적인 자아개념을 촉진하고, 지속적으로 과제지향적 노력을 하게 하여 높은 성취수준에 도달하게 하지만, 낮은 자기효능감은 부정적인 자아개념을 갖게 하여 자신감이 결여되고 성취지향적 행동을 위축시킨다.

(4) 자기통제

아동기에는 목표를 달성하기 위해 순간의 충동적인 욕구나 행동을 억제할 수 있는 자기통제능력을 발휘한다. 자기통제(Self-control)능력은 유혹에 저항하는 능력, 만족을 지연하는 능력, 충동을 억제하는 능력으로 구성되어 있다.

2) 정서의 발달

아동기에도 정서발달은 여전히 계속된다. 자긍심이나 죄책감 같은 정서는 성인의 피드백이 없이도 자연스럽게 표출되고, 정서를 표출하는 규칙에 대한 이해도 크게 증가한다. 얼굴 표정이 그 사람의 진짜 정서를 표현하는 것이 아닐 수도 있다는 사실을 이해하기 시작하고, 또한 한 가지 이상의 정서를 경험할 수 있다는 사실도 이해하여 그 정서는 동시에 긍정적일 수도 있고, 동시에 부정적일 수도 있으며, 강도가 다를 수도 있다는 것을 이해한다. 뿐만 아니라 동일한 상황이 각기 다른 사람들로부터 서로 다른 정서를 유발할 수 있다는 사실도 이해하게 된다.

3) 도덕성 발달

도덕성이란 선과 악을 구별하고, 옳고, 그름을 바르게 판단하며, 인간관계에서 지켜야 할 규범을 준수하는 능력을 말한다. 도덕성 발달은 자신이 속한 사회의 문화규범에 따라 행동하도록 배우고, 이것을 자신의 것으로 받아들이는 과정을 통해서 이루어진다. 인지발달이론은 도덕성 발달을 설명하는 대표적인 이론으로 Piaget는 도덕성 발달의 인지적 측면을 최초로 제시하였고, Piaget이론을 기초로 하여 Kohlberg는 그의 유명한 도덕성발달이론을 정립하였다.

(1) 피아제의 도덕성 발달단계

Piaget는 아동의 도덕성발달 단계를 타율적 도덕성과 자율적 도덕성의 두 단계로 구분하고, 7세부터 10세까지는 과도기적 단계로 하였다. 내용을 표와 그림으로 정리하면 다음과 같다.

표 3-3 피아제의 도덕 발달 단계

타율적 도덕성 단계 (4~7세)	규칙은 신이나 부모 같은 권위적 존재에 의해 만들어진 것으로 신성하여 변경 불가능. 아동의 행동의 나쁜 정도는 의도보다는 결과에 중점을 둠.
타율적/자율적 도덕성 단계 (7세~10세)	과도기적인 단계로서 타율적 도덕성과 자율적 도덕성이 함께 나타나는 시기
자율적 도덕성 단계 (10~11세 이상)	사회적 규칙은 그 사회 사람들의 합의에 의한 것으로 변경가능. 옳고 그름에 대한 판단은 결과보다는 의도에 초점.

그림 3-10 피아제의 도덕적 판단 상황: 행위의 동기와 결과

출처: 정옥분, 발달심리학, p. 382 인용

타율적 도덕성 단계의 아동은 어머니가 설거지 하는 것을 도와드리다가 실수로 컵을 10개 깨뜨리는 것이 어머니 몰래 과자를 꺼내 먹다가 컵을 한 개 깨뜨리는 것보다 더 나쁘다고 생각한다. 그러나 자율적 도덕성 단계의 아동은 과자를 몰래 꺼내 먹으려다 컵을 한 개 깨뜨린 것이 어머니를 도우려다 실수로 컵을 10개 깨뜨린 것을 더 나쁘다고 생각한다.

(2) 콜버그(Kohlberg)의 도덕성 발달이론

Kohlberg(1976)는 Piaget의 도덕발달이론을 확대해서 10, 13, 16세 남아들에게 일련의 도덕 갈등 이야기를 제시하고 해결할 수 있는 방법을 답하도록 하였다. 각 도덕 갈등 상황은 규칙이나 법을 따르거나 또는 규칙이나 법과는 갈등이 되는 행동을 하거나 둘 중 하나를 선택해야 되는 상황이었다. 아동이 내리는 결정 그 자체보다 결정을 합리화하는데 적용한 근거나 이유, 사고구조에 관심을 갖는다.

콜버그는 인간의 도덕성 추론 능력의 발달이 인지적 발달과 연관되며, 발달의 순서는 모든 사람과 문화에서 동일하게 나타난다고 보았다. 피아제의 도덕성 발달에 관한 이론을 청소년기와 성인기까지 확장하였고, 인지발달 수준 및 도덕적 판단능력에 따른 도덕성 발달 수준을 3가지 수준의 총 6단계로 구분하였다.

Kohlberg의 도덕 갈등 상황으로 가장 잘 알려진 것은 Heinz씨의 이야기이다. 대부분의 성인 여자는 3단계, 성인 남자는 4단계에 속하고 20세 이상의 성인 중 소수만이 5, 6단계에 속한다. Kohlberg의 도덕발달단계는 다음과 같다.

표 3-4 콜버그의 도덕 발달 단계

단계	Kohlberg의 도덕성 발달단계	
전 인습적 수준	1단계: 벌과 복종 지향의 도덕	결과만 가지고 행동을 판단. 보상을 받는 행동은 좋은 것, 벌 받는 행동은 나쁜 것
	2단계: 목적과 상호 교환 지향의 도덕	자신의 흥미와 욕구를 만족시키기 위해 규범 준수. 자신이 원하는 것을 얻기 위해 타인 입장고려
인습적 수준	3단계: 착한 아이 지향의 도덕	타인의 인정을 받기 위해 착한 아이로 행동. 동기나 의도 중요. 신뢰, 충성, 존경, 감사의 의미 중요
	4단계: 법과 질서 지향의 도덕	사회질서를 위해 법을 준수하는 행동이 도덕적 행동이라고 생각.
후 인습적 수준	5단계: 사회계약 지향의 도덕	모든 사람의 복지와 권리를 보호하기 위해 법 준수. 때로는 법적 견해와 도덕적 견해가 서로 모순됨을 깨닫고 갈등상황에 놓임.
	6단계: 보편원리 지향의 도덕	법이나 사회계약에 위배 될 때는 관습이나 법보다 보편원리에 따라 행동(인간의 존엄성, 평등성, 정의).

4) 친사회적 행동

친사회적 행동은 다른 사람을 이롭게 하는 행동으로서 친구에게 자기 소유물을 나누어주거나, 곤경에 처한 사람을 돕거나, 자기 자랑보다는 남을 칭찬하고, 다른 사람의 복지증진에 관심을 갖는 것을 포함한다.

(1) 이타적 행동

호혜성(reciprocity)이 이타적 행동과 관련이 있다. 호혜성이란 다른 사람이 나에게 해 주기를 원하는 것을 다른 사람에게 그대로 해 주는 것이다. 친사회적 행동의 동기가 어디에 있느냐에 따라 이타적 행동인지 아닌지를 구분한다. 같은 친사회적 행동이라 할지라도 그 동기가 자신의 친사회적 행동으로 인하여 자신에게 돌아올 어떤 보상을 기대하지 않을 경우, 그래서 오로지 다른 사람을 이롭게 할 경우에만 이타적 행동이다.

그림 3-11 이타적 행동

그림 설명: 12세 소년의 이타적 행동이 미국인들에게 감동을 주고 있다. 야구장 관중석으로 던져진 공을 얻게 된 소년이 그 공을 갖지 못해 엄마 품에 안겨 펑펑 우는 6세 꼬마에게 다가가 선뜻 공을 건네주는 장면이 TV 카메라에 잡힌 것이다.

출처: Copyrights ⓒ 조선일보 & chosun.com

(2) 감정이입

감정이입이란 다른 사람이 느끼고 있는 감정을 그대로 느끼는 것을 말한다. 즉, 상대방이 행복해하면 자기도 행복하고, 상대방이 슬퍼하면 자기도 슬프게 느끼는 것을 말한다. 아동기에서는 다른 사람이 고통 받는 것을 직접 눈으로 보지 않더라도 상상하는 것만으로도 충분히 감정이입이 가능하다. 이때의 감정이입은 가난한 사람, 장애인, 사회적으로 버림받은 사람 전반에 걸친 것이며 이런 민감성은 이타적인 행동으로 이어질 수 있다.

제5절 청년기

청년기(11세~20세)는 아동기에서 성인기로 옮겨 가는 과도기로서 이 시기의 청년은 어린이도 아니고 어른도 아닌 어중간한 상태에서 불안정과 불균형으로 인한 심한 긴장과 혼란을 경험하게 된다. 이런 이유로 청년기를 흔히 '질풍노도의 시기'라고 한다. 또한 청년기에는 급격한 신체변화, 성적성숙, 인지적·정서적 변화가 일어나며 자아정체감의 확립, 자기 성에 적합한 성역할의 습득, 직업선택에 대한 의사결정 등의 발달과업을 수행해야 되는 시기이다. 이 장에서는 청년기의 신체발달, 인지발달, 청년기 발달과제, 청년기 심리적 부적응과 비행에 대해 알아본다.

1 신체발달

청년기는 다른 단계와 쉽게 구별될 수 있을 만큼 급격한 신체변화를 보인다. 신장과 체중이 증가하고 체형이 변화하며 제2차 성징이 나타나서 소년, 소녀의 모습에서 벗어나 어른이 되어 간다.

1) 일반적인 신체 발달

청년기가 되면 신장과 체중이 급격히 증가함과 동시에 뼈와 근육의 성장이 이루어지므로 청년기를 제2성장급등기라고 한다. 사춘기를 경험하며, 2차성징과 함께 생식기관의 성숙이 뚜렷이 나타난다. 11~13세에는 여자가 남자보다 키와 몸무게에서 우세하지만, 이후에는 남자가 여자보다 우세해진다. 남자는 어깨가 넓어지고, 근육이 발달하여 남성다운 체형으로 변모하는 반면, 여자는 골반이 넓어지고 피하지방이 축적되어 여성다운 체형으로 변모한다. 머리 크기가 신체에서 차지하는 비중이 작아지고 얼굴 모양은 길쭉한 형으로 변화하며, 코와 입이 넓어지고 전체적인 윤곽이 달라진다.

2) 내분비선의 변화

청년기에 일어나는 내분비선의 변화는 청년의 신체적 발달과 심리적 발달에 큰 영향을 미친다. 신체 각 부위에 있는 내분비선은 각각 특수한 호르몬을 만들어낸다. 호르몬은 내분비선에 의해 분비되고, 혈류를 통해 신체 각 부분에 운반되는 강력한 화학물질이다. 청년기에 주요한 역할을 하는 내분비선은 뇌하수체, 성선, 부신이다.

3) 사춘기와 성적 성숙

사춘기란 주로 청년 초기에 일어나는 호르몬의 변화로 인하여 급격하게 신체적·성적성숙이 이루어지는 시기를 의미한다. 사춘기에 일어나는 이러한 여러 가지 변화들이 청년들을 불안하고 당황스럽게 만들지만 대부분의 청년들은 이 시기를 무난하게 잘 넘긴다. 사춘기의 결정요인은 영양, 건강, 유전, 체중이다. 영양과 건강 등의 환경적 요인이 사춘기의 시작과 과정에 영향을 미치지만 유전적 요인도 관련이 있다(Plomin, 1993). 사춘기가 되면 고환과 난소가 발달함에 따라 성호르몬 분비가 증가한다. 이 성호르몬은 1차 성징과 2차 성징의 근원이 되는데 1차 성징은 출생 시의 생식기에 의한 신체 형태상의 성차특징을 가리키는 것이고, 2차 성징은 청년기에 들어서서 성호르몬의 분비에 의해 나타나는 신체상의 형태적·기능적인 성차특징을 의미한다. 성적 성숙의 첫 신호는 남아의 경우는 비교할 만한 분명한 성적 성숙의 표시가 없으나 대략 사정을 할 수 있는 능력이 그 지표가 되고, 여아의 경우는 초경으로 나타난다. 다른 신체발달과 마찬가지로 성적 성숙의 시기에도 상당한 개인차가 있다. 남아의 경우에는 보통 10세에서 18세 사이에, 그리고 여아의 경우에는 대체로 9세에서 16세 사이에 성적 성숙이 이루어진다.

2 인지발달

청년기는 지적발달과 인지발달 또한 눈에 띄게 성장한다. 청년기 인지발달의 특징은 아동기에 비해 훨씬 효율적으로 지적과업을 성취하고, 추상적인 사고, 가설적·연역적인 사고, 은유에 대한 이해가 가능해진다. 청년기는 프로이트의 생식기, 에릭슨의 청소년기, 피아제의 형식적 조작기에 해당하는 시기이다.

1) 청년기 사고의 특성

청년들은 아동기에 비해 훨씬 빠르고, 쉽게, 효율적으로 지적 과업을 성취한다. 청년기 사고의 특성을 살펴보면 다음과 같다.

(1) 추상적 사고

구체적 조작기의 아동은 눈에 보이는 구체적인 사실에 대해서만 사고가 가능하지만, 형식적 조작기의 청년은 추상적인 개념도 이해할 수 있다. 예를 들면, "머리가 세 개 달린 사자가 오늘 5Km를 날았고, 내일 다시 4Km를 난다면 이 사자는 모두 몇 Km를 날게 되었나요?"라고 질문하면 추상적 사고를 할 수 없는 구체적 조작기의 아동은 이 문제를 이해하지 못한다. 그 이유는 형식적 조작기 이전의 아동은 머리가 세 개 달린 사자는 존재하지도 않으며 사자는 하늘을 날 수 없다고 생각하기 때문이다. 그러나 질문의 형식을 바꾸어 5＋4가 무엇이냐고 질문하면 9라고 대답한다. 이와 같이 구체적 조작기의 아동은 구체적 요소를 보아야 문제 해결이 가능하나 형식적 조작기의 청년은 구두제시만으로도 문제를 해결할 수 있다.

(2) 가설적·연역적 사고

가설적·연역적 사고란 문제에 대한 모든 가능한 해결방법들을 생각해보고, 체계적으로 그 해결방법들을 평가하여 답을 결정하는 문제해결 방법의 한 형태이다. 예를 들면, '스무고개' 놀이에서 서로 다른 그림을 보여주고, 실험자가 마음에 두고 있는 그림이 어느 것인지 알아맞혀보라고 하면 아동은 아무런 계획 없이 질문을 마구 하여 제한된 스무 번의 기회를 모두 써버리지만, 가설적 사고가 가능한 청년들은 계획을 세워 일련의 가설을 차례대로 시험하면서 정답의 범위를 점점 좁혀간다.

(3) 체계적·조합적 사고

청년들은 과학자처럼 사고하기 시작한다. 아동은 시행착오를 하면서 문제를 해결하는 편이지만 청년들은 문제해결을 위해 사전에 계획을 세우고, 체계적으로 해결책을 시험한다. 예를 들면, Inhelder와 Piaget(1958)의 실험에서 네 개의 플라스틱 병과 무색의 액체를 담은 플라스틱 병 한 개를 보여주고 이 액체들을 마음대로 섞어서 노란색이 나오도록 해 보라고 하였다. 전조작기 아동은 아무렇게나 액체를 섞어 혼란 상태를 만들었고, 구체적 조작기의 아동은 액체를 차례대로 부어보다가 노란색이 나오지 않자 더 이상 시도를 하지 않고 그만 두었고, 형식적 조작기의 청년은 모든 가능성에 대해 체계적으로 시험해 보고 결국 노란색을 만들었다.

(4) 이상주의적 사고

구체적 조작기의 아동은 구체적인 사실에 한해서 제한된 사고만을 하는 반면, 청년들은 이상적인 특성, 즉 자신과 다른 사람들에게 이상적이었으면 하는 특성에 대해서 사고하기 시작한다. 자신이 생각하는 이상적인 기준에 맞추어 자신과 다른 사람을 비교하기도 하고, 미래의 가능성에 대해 상상하며 공상을 하기도 한다.

2) 청년기의 자기중심성

청년들은 사춘기의 급격한 신체적, 정서적 변화로 말미암아 자신의 외모와 행동에 너무 몰두해 있으므로 다른 사람들도 자기만큼 자신에게 관심을 가지고 있을 것이라고 생각하여 자신의 관심사와 타인의 관심사를 구분하지 못한다. 이것을 청년기의 자기중심성이라고 하며 상상적 관중과 개인적 우화가 여기에 해당된다.

(1) 상상적 관중

청년은 상상적 관중을 만들어내어 자신은 주인공이 되어 무대 위에 서 있는 것처럼 행동하고, 다른 사람들을 모두 구경꾼으로 생각한다. 청년은 다른 사람들이 자신을 관심의 초점으로 생각한다고 믿기 때문에 다른 사람들은 관중이고, 실제적인 상황에서는 자신이 관심의 초점이 아니라는 의미에서 상상적이다. 상상적 청중은 시선 끌기 행동, 즉 다른 사람들의 눈에 띄고 싶은 욕망에서 나온다. Elkind(1978)는 청소년들이 자의식이 강하고 대중 앞에서 유치한 행동을 하는 것은 모두 상상적 관중 때문이라고 한다.

(2) 개인적 우화

자신의 감정과 사고는 너무나 독특한 것이어서 다른 사람들이 이해할 수 없을 것이라는 것이다. 즉, 자신은 많은 사람들에게 너무도 중요한 인물이라는 믿음 때문에 자신은 매우 특별하다고 생각하는 것이다. 청년이 자신을 주인공으로 생각하고, 자신에게만 통용된다는 의미에서 개인적이고, 현실성이 결여되어 있다는 의미에서 우화이다.

3 청년기 발달과제

건강한 성인으로 성장하기 위해서는 청년기에 수행해야 할 발달과업이 있는데 가장 중요한 것이 자아정체감의 확립이다. 청년들은 부모로부터 독립하고 싶어 하는 동시에 여전히 부모와 애착관계를 유지하기를 원하고, 동성 친구와의 친밀한 우정에서 이성에 대한 우정과 애정으로 이동한다.

1) 자아정체감 발달

청년기가 신체적, 성적, 인지적, 정서적으로 급격한 변화가 일어나는 시기임을 고려할 때, 이러한 변화에 적절하게 대처하기 위해서는 자아정체감 확립이 청년기의 가장 중요한 발달과업이다.

(1) 자아정체감의 형성

에릭슨은 나는 누구인가? 무엇을 할 것인가? 미래의 나는 어떻게 될 것인가? 어제의 나와 오늘의 나는 같은 인물인가? 아닌가? 등의 자문을 자아정체감을 형성하기 위한 과정이라 하였다. 안정된 정체감을 형성하기 위해서는 신체적·성적 성숙, 추상적 사고, 정서적 안정이 필요하며, 동시에 부모나 또래의 영향권에서 어느 정도 벗어나야 하는데, 이러한 모든 조건들이 청년 후기에 갖추어진다. 정체감 위기를 성공적으로 해결하지 못한 청년은 정체감 혼미를 경험하게 된다. 정체감 혼미의 개념은 가출소년, 퇴학자 등을 비롯한 문제 청소년을 이해하는데 도움이 된다.

(2) 자아정체감은 왜 청년기에 중요한가?

자아정체감의 형성은 일생을 통해 이룩해야 할 중요한 과제이다. 그러면 왜 자아정체감의 확립이 청년기에 심각한 문제로 대두되는가? 그 이유는 다음과 같다.

첫째, 사춘기 동안의 급격한 신체적 변화와 성적 성숙 때문이다.

청년들은 사춘기 동안에 발달된 생리적, 내분비적 기능의 변화로 말미암아 본능적 욕구인 원초아가 강해진다. 이때 자아는 초자아와 원초아 간의 균형을 유지하기 위해 자아확장을 이루어야 하기 때문에 자아정체감 문제에 직면하게 된다.

둘째, 청년기는 아동기에서 성인기로 옮겨가는 과도기로서, 청년은 어린이도 아니고 어른도 아닌 어중간한 존재이기 때문이다. 따라서 이 시기의 청년은 자신의 위치와 역할을 어떻게 규정해야 할 것인지에 대해서 고민하게 된다.

셋째, 청년기는 선택과 결정의 시기이기 때문이다.

청년들은 진학문제, 전공 선택의 문제, 이성문제, 교우관계 등 스스로의 선택이 요구되는 상황에 직면한다. 이러한 선택과 결정을 내리기 위해 여러 가지 가능성을 검토해보고, 자기 자신에 대해 진지하게 생각하는 탐색의 시간이 필요하다.

넷째, 청년기에 현저한 성장을 보이는 인지능력의 발달 때문이다.

청년기는 구체적 사고에서 벗어나 추상적 사고가 가능하다. 이러한 인지능력의 발달은 자신의 위치, 역할, 능력 등을 검토해 보는 자신에 대한 탐색과정에도 영향을 미친다. 이와 같은 자기탐색과정은 자아정체감 확립을 위한 필연적인 요인으로 작용한다.

(3) 자아정체감의 네 가지 범주

Marcia(1966, 1991, 1994)는 에릭슨의 정체감 형성이론에서 두 가지 차원, 즉 위기와 수행을 중요한 구성요소로 보고, 이 두 차원의 조합을 통해 <표 3-5>처럼 자아정체감을 네 범주로 나누었다.

표 3-5 Marcia의 자아정체감의 네 가지 범주

구분	정체감 성취	정체감 유예	정체감 유실	정체감 혼란(혼미)
위기	○	○	×	×
수행	○	×	○	×

① **정체감 성취**: 삶의 목표 및 가치, 직업, 인간관계 등에서 위기를 경험하고 대안을 탐색하며 확실하고 변함없는 자아정체감을 확립한 상태를 말한다.
② **정체감 유예**: 현재 정체감 위기나 변화를 경험하고 있는 상태로 정체감 확립을 위해 노력하나, 여전히 불확실한 상태에 머물러 구체적인 자신의 역할과 과업에 몰두하지 못하는 상태를 말한다. 정체감 성취를 위한 과도기적 단계이다.
③ **정체감 유실**: 자신의 신념, 직업선택 등의 중요한 의사결정에 대해 스스로 생각해 보거나 의문을 갖지 않고 타인의 가치를 받아들이는 상태를 말한다. 한 청년에게 장래희망에 대해서 물으면 정신과 의사라고 대답하고, 그 이유를 물으면 "아버지가 정신과 의사이기 때문"이라고 대답한다. 위기를 경험하지 않고 쉽게 의사결정을 하는 사람들이 여기에 속한다.
④ **정체감 혼미**: 위기를 경험하지 않았고, 직업이나 이념선택에 대한 의사결정을 하지 않았을 뿐만 아니라 이러한 문제에 관심도 없는 상태를 말한다. 셰익스피어의 햄릿 왕자가 여기에 속한다.

2) 청년기의 사회적 관계

이 장에서는 청년과 부모와의 관계, 청년과 교우관계, 이성교제, 청년의 성에 관한 태도와 행동 등에 관해 살펴보기로 한다.

(1) 청년과 부모의 관계

청년은 부모로부터 독립하고 정서적 의존에서 벗어나고자 한다. 급속한 신체적 성장은 부모의 체벌이나 통제를 어렵게 만든다. 그 결과 부모의 권위는 도전을 받게 되고, 지금까지의 부모-자녀관계를 수정해야 하는 상황이 초래된다. 또한 형식적·조작적 사고가 가능한 청년은 부모가 설정한 규칙이나 가치관에 대해 논리적 모순을 발견하고 의문을 제기하거나 부모가 시키는 대로 따라 하지 않으므로 어떤 부모들은 화를 내거나 방어적으로 대한다. 최근에 '청년의 부모와의 안정애착'에 대한 연구결과, 부모에 대한 안정애착은 청년의 사회적 능력, 자아존중감, 자기통제, 정서적 적응, 신체적 건강과 관련이 있는 것으로 나타났다. 청년기에 부모에 대한 애착은 청년이 새로운 환경에 적응하고, 자신의 세계를 넓혀감에 있어 안전기지로서의 역할을 한다.

(2) 청년과 친구의 관계

'자신이 친구들에게 어떻게 보여지는가'하는 것은 청년들의 삶에서 매우 중요하다. 정상적인 사회성 발달을 위해 좋은 교우관계는 필수적이다. 사회적 고립은 청년기 비행에서 음주, 우울증에 이르기까지 여러 가지 문제행동 및 부적응과 연관되어 있다. 친구와 의견이 맞지 않을 경우 해결과정을 통해 정의와 공평의 원리, 상호성의 원리를 습득하며, 상대방의 욕구에 민감하고 능숙한 파트너가 되는 법을 배운다. 부정적인 교우관계는 술과 담배, 약물과 함께 다양한 문제행동으로 이어지며, 무시와 거부의 경험 등으로 정신건강을 해치기도 한다.

(3) 이성교제

청년들은 이성과 교제를 함으로써 인격의 정상적인 발달이 이루어 질 수 있다. 이성교제를 하면서 사랑의 본질과 기쁨을 알게 되고, 이성에 대한 관심을 표현하며, 서로의 인격과 개성을 존중할 줄 알고, 배우자 선택이나 결혼생활을 원만히 해 나갈 수 있는 기회를 갖게 된다. 이성교제의 기능 중 몇 가지를 살펴보면 다음과 같다. 첫째, 오락적 기능으로서 서로 기쁘고 즐거운 시간을 가질 수 있다. 둘째, 이성교제를 통해서 자신의 장단점을 알게 되며 자기반성을 함으로써 인격형성을 도모할 수 있다. 셋째, 이성교제를 통해서 다른 사람과 어울리는 법을 배우고, 예의범절을 익히며 사회적 기술을 터득한다. 넷째, 이성과 의미 있는 관계를 가지며 친밀감 형성을 배운다. 다섯째, 이성교제를 통해 같은 활동을 함께 하고 상호작용을 함으로써 동반자 역할을 익힌다. 여섯째, 이성교제의 경험은 정체감 형성과 발달에 기여한다.

(4) 청년기의 성에 대한 태도와 행동

① **성폭력 문제**: 성폭력은 상대가 원하지 않는데도 일방적으로 성욕을 해결하기 위해 강제적으로 성행위를 하는 것으로서, 성적으로 가해지는 신체적·정신적·언어적 폭력이 포함된다. 성폭력의 경우 가해자가 가족, 친척, 선배 등 잘 알고 있는 경우가 60%이상 차지한다. 성폭력의 후유증으로 부상, 임신, 낙태, 성병 등으로 인한 육체적 고통과 공포·우울증·좌절·죄의식·수치심·가해자에 대한 혐오감 등으로 정신병으로 발전할 수 있으며, 심한 경우에는 자살을 시도할 수 있다.

② **자위행위**: 자위행위란 행위 생식기의 자기자극에 의해 오르가즘에 도달하는 방법으로 성욕을 해결하고자 하는 것이다. 의학적으로 자위행위가 무해한 것이라고 하더라도 자주 반복하면 건강을 해칠 수 있으며, 수치심과 죄책감을 느끼는 등의 심리적 문제를 야기하기도 한다. 청년의 경우 취미활동이나 스포츠 등을 통해 성적 에너지를 다른 곳으로 전환시키는 것이 좋다.

4 청년기의 심리적 부적응과 비행

청년기는 아동기에서 성인기로 옮겨가는 과도기로서 인생에서 매우 특별한 시기이다. 청년기에는 신체적, 성적, 인지적, 정서적으로 급격한 변화가 동시에 일어나는 시기이기 때문에 청년들이 이러한 변화에 적절하게 대처하지 못하게 되면 심리적 부적응이나 문제행동을 일으키기도 한다.

1) 질풍노도의 시기

청년기는 흔히 '질풍노도의 시기'라고 일컬어진다. 청년기는 아동기에서 성인기로 옮겨가는 과도기로서 정서가 매우 강하고 변화가 심하며 극단적인 정서경험을 하기 때문이다.

Erik Erikson은 청년기를 자아정체감 확립을 위한 중요한 시기로 보았지만, 청년기가 특별히 질풍노도의 시기일 필요는 없다고 했다. Margaret Mead도 청년기의 전환이 반드시 혼란스러운 것은 아니라는 관점을 제시하여, 청년기의 혼란과 갈등의 보편성에 대한 가설에 도전하였다.

2) 심리적 이유기

심리적 이유기란 '성인의 보호·감독·간섭으로부터 벗어나 독립하려는 심리적 경향을 보이는 시기'를 말한다. 청년기는 부모나 가족으로부터 분리되어 친구나 자기 자신에게 의존하려는 경향이 있다.

3) 심리사회적 유예

청년들에게 가치, 믿음, 역할 등을 시험해 볼 자유를 허락하며, 각자의 장점을 극대화하여 사회로부터 긍정적인 인정을 획득함으로써 사회에 최상으로 적응할 수 있도록 하는 것이다.

4) 심리적 부적응

청년기의 심리적 부적응은 다양한 형태로 나타난다. 심리적 부적응이 어떤 형태로 나타나는가는 개인적인 특성과 사회적, 경제적, 문화적 요인 등 환경적 요인에 좌우된다.

(1) 먹기 장애

① **거식증**: 신체상과 체중감소에 강박적으로 집착하는 것으로 의도적으로 음식을 거부하는 것이다. 엄격한 가정에서 자란 모범생이 많으며, 쉽게 우울증에 빠지고 같은 행위를 반복하거나 모든 일을 완벽하게 처리하고자 하는 완벽주의자가 많다. 원인으로는 뇌에서의 심각한 화학적 결함, 시상하부의 교란에 기인한 신체적 무질서, 심리적 교란, 관심을 끌고자 하는 동기, 지나치게 간섭하는 부모의 반응, 날씬해져야 한다는 사회적 압력에 대한 반응 등이다.

② **폭식증**: 엄청나게 많은 양의 음식을 먹는 것이 보통이며, 이어서 극도의 신체적·정서적 불쾌감을 느끼게 된다. 속을 비우기 위해 일부러 토하거나 하제를 사용한다. 가족으로부터 받지 못한 애정에 대한 심리적 굶주림 때문에 음식에 의지한다고 설명하기도 한다.

(2) 불안장애

① **공포장애**: 어떤 사람이나 사물 및 상황에 대해 이유 없이 두려움을 느끼는 것을 말한다.

② **불안증상**: 나쁜 일이 일어날 것 같은 두려움과 초조감, 가슴이 답답하고 숨이 가빠지며 심장이 두근거리는 등의 신체증상을 동반하기도 한다.

(3) 우울증

견딜 수 없을 정도의 울적한 기분, 대인관계의 위축, 권태감, 무력감, 수면 및 식사문제 등이 수반된다. 자신이 통제할 수 없는 스트레스를 오랜 기간 동안 받거나 계속되는 실패를 경험하는 경우 이른바 '학습된 무력감'이 생기며, 그로 인해 상황을 개선하고자 하는 의지를 상실하기도 한다.

부모가 우울증이 있으면 아동기나 청소년기의 자녀도 우울증에 빠지기 쉽다. 부모의 이혼 또는 부부갈등, 정서적인 지지의 결핍, 경제적인 문제 등이 있는 경우 청소년 자녀가 우울증에 빠지기 쉽다. 가족의 응집력이 낮거나 가족 간의 의사소통이 제대로 이루어지지 않는 경우에도 우울증에 빠지기 쉽다.

(4) 자살

경쟁적인 분위기, 청년기의 불안과 좌절, 소외, 따돌림, 부모로부터의 무관심과 애정결핍 등에 기인하는 면이 있다. 자살기도는 정말 죽기 위해서라기보다 괴로움의 극적 표현으로 관심과 도움을 구하는 필사적 탄원이다. 우울증, 약물남용, 자살시도 경험, 화목하지 못한 가족관계, 부모와의 사별, 사랑하는 사람과의 이별, 문제해결능력 부족, 낮은 자아존중감, 반사회적 행동, 자살의 미화 등의 위험요인이 있다.

(5) 성격장애

① **자기도취적 성격장애**: 지나칠 정도로 잘난 체 하지만 때로는 열등감이 수반된다. 자신의 재능이나 성취를 과장하고 특별한 사람으로 인정받기를 원하고 다른 사람의 평가에 지나치게 민감하다.
② **반사회적 성격장애**: 상습적으로 반사회적 행동을 한다. 다른 사람의 권리를 무시하고 충동적으로 분별없이 행동하며 배신을 잘하고 무책임하며 무정하다.

(6) 조현병

청년기의 심리적 부적응 중 가장 심각한 것이 조현병이다. 대부분의 조현병은 청년 후기나 성년기에 나타난다. 조현병의 증상은 사고가 논리적이지 못하고, 환각이나 환청 등 지각과정의 이상, 현실을 왜곡하는 망상, 변덕스러운 기분, 적대적이고 충동적인 행동, 인간관계의 단절 등이다. 청년기의 조현병은 청년기에 흔히 나타나는 자아변화와 비슷하기 때문에 조현병과 구분하기 힘들다. 조현병 청년들은 혼자 있기를 좋아하고, 안절부절 못하고, 우울증에 깊이 빠졌다가 금방 행복감에 도취되는 등 기분이 오락가락 하고, 부모에게 버릇없이 군다. 이런 행동패턴은 정상적인 청년들에게서도 흔히 나타나는데 조현병과의 차이점은 건강한 청년들의 행동은 현실에 뿌리를 두고, 지나치게 극단적이지 않다.

(7) 학교생활의 부적응 문제

① **학교중퇴**: 정규학교에 다니던 학생이 질병, 비행, 가정불화, 경제적 어려움 등의 이유로 학업을 중단하는 것을 말한다. 학교중퇴는 일종의 사회적 일탈현상으로서 청소년 비행 등의 사회적인 문제로 이어진다.

② **음주와 흡연**: 청소년 음주와 흡연은 성인에 비해 신체가 미성숙한 상태에서 건강에 치명적인 영향을 미칠 수 있으며, 특히 청소년 음주는 폭행, 상해, 강도 등의 청소년 범죄로 이어지기도 한다. '2010년 청소년 유해환경 접촉 실태 조사(여성가족부 주관)'에 따르면, 일반 청소년의 음주 경험률은 51.9%, 위기 청소년의 음주 경험률은 83.0%로 나타났으며, 특히 위기 청소년 중 여학생의 경우 86.2%로 높게 나타났다. 위의 실태조사에 의하면 일반청소년의 흡연율은 9.6%, 위기청소년의 흡연율은 55.7%로 나타났으며, 최초 흡연 연령은 일반청소년의 경우 평균 13.9세, 위기 청소년의 경우 평균 13.5세인 것으로 나타났다.

③ **약물 남용**: 향정신성 약물의 비의학적인 사용을 의미하는 것으로서, 중추신경에 부정적인 영향을 미친다. 우리나라 청소년의 경우 본드, 부탄가스, 대마초, 카페인, 진통제 등을 주로 남용하고 있다. 약물남용은 청소년의 신체적·정신적 건강을 해치는 것은 물론 판단력과 자제력의 상실로 인해 폭력, 자살 등의 사회적 문제로 이어진다.

④ **청소년 자살**: 서구에서 청소년들의 자살은 대개 이성친구와의 이별이라든지 혼전임신 또는 약물중독으로 인한 경우가 많은데, 우리나라 청소년의 경우는 학업 성적의 비관이 자살의 가장 중요한 요인이 되고 있다. 청소년의 자살은 충동적인 과정에서 이루어지며, 최근에는 인터넷의 자살 관련 유해정보에 의한 경우가 증가하고 있다. 우리나라에서도 미국의 경우처럼 자살 위험성이 높은 청소년을 특별 관리하는 시스템을 구축하거나, 일본의 경우처럼 자살 관련 법률의 마련이 절실한 것으로 보인다.

(8) 청소년 비행

① **비행청소년의 분류**
- ㉠ **촉법소년**: 10세 이상 14세 미만으로 형벌법령에 저촉되는 행위를 하였으나 형사 책임 능력이 없는 관계로 처벌을 받지 아니하며 보호처분의 대상이 된 소년
- ㉡ **범죄소년**: 14세 이상 19세 미만으로 범죄를 저질러 형사책임이 있는 소년
- ㉢ **우범소년**: 10세 이상 19세 미만으로 장래 형벌법령에 저촉되는 행위를 할 우려가 있는 소년

② **비행청소년의 특징**: 에릭슨은 청소년 비행을 청년이 자아정체감을 성공적으로 해결하지 못한 결과로 보고, 비록 부정적인 정체감일지라도 정체감을 형성하려는 시도로 본다. 청소년 비행은 허용되는 행위와 허용되지 않는 행위로 명확히 구분하기 어려우며, 특히 충동적인 성향으로 인해 자기 통제능력의 결여에 따라 발생하기도 한다. 저소득층의 청년은 교육기회의 부족, 좋은 직장을 얻을 기회의 부족과 같은 사회·경제적 요인과 관련하여 비합법적인 수단으로 원하는 것을 얻고자 비행을 저지르기도 한다.

③ **비행청소년의 가족**: 반사회적 행동은 부모가 자녀를 훈육하는 능력과 밀접한 관련이 있으며, 지나치게 허용적이거나 엄격한 양육방식 또는 지나치게 권위적인 태도와 연관이 있다. 비행관련 가족생활의 4가지 측면은 ㉠ 해도 좋은 일과 해서는 안 되는 일에 대한 규칙이 결여되어 있다. ㉡ 부모의 감독이 소홀하다. ㉢ 자녀훈육의 일관성이 부족하다. ㉣ 가족문제나 위기를 효율적으로 해결하는 능력이 부족하다.

제6절 성인전기(성년기)

성인전기(20~40세)는 성년기라고도 하며 지적, 정서적, 신체적 발달에서 굉장한 잠재력이 있는 시기이다. 대부분의 사람들이 성인전기에 처음으로 직업을 갖고, 사랑을 하며, 결혼하여 부모 곁을 떠나고, 자녀를 낳아 기르는 중요한 변화를 겪는다. 따라서 많은 사회학자들이 이 시기를 일생에서 스트레스가 가장 많은 시기라고 한다. 이 장에서는 성인전기의 신체발달, 인지발달, 사회성 발달과 가족생활, 발달과제 대해 알아본다.

1 신체발달

성인전기(성년기)는 신체적으로 가장 건강한 시기로서 모든 신체적 성장과 성숙이 거의 완성된다. 체력이 모든 사회적·경제적·정서적 과업을 달성하기에 충분하고, 신체의 모든 체계들이 정점에 달하여 건강한 편이다.

1) 신체 상태

성인전기(성년기)가 되면 신체 상태는 절정에 달하지만 점진적으로 감퇴하기 시작한다. 근력은 25~30세 사이에 절정을 이루며, 30세~60세 사이에 10% 정도의 감퇴가 일어난다. 시력은 20세경에 가장 좋다가 40세쯤 되면 노안이 진행되고, 청력의 점진적인 감퇴는 보통 25세 이전부터 시작되어 25세 이후에는 감퇴가 뚜렷해진다. 미각, 후각 및 온도에 대한 감각은 40세에서 50세경까지는 전혀 감소되지 않는다.

2) 건강과 질병

성인전기 동안 건강상태는 최상이다. 최적의 건강상태는 중년기에 건강이 쇠퇴하기 시작할 때까지 지속된다. 건강은 성인들의 생활양식과 관련이 있는데 매일 섭취하는 음식이 중요하고, 규칙적인 운동과 유산소 운동을 하고, 스트레스원을 파악하고 잘 대처하는 것이 중요하다.

성인전기 동안의 생활방식이 중년기나 노년기의 건강상태를 결정하기 때문에 이 시기에 흡연과 음주를 통제하는 등 좋은 습관을 형성하는 일은 중년기와 노년기의 건강유지에 필수적이다.

2 인지발달

성인전기에 '지적 능력은 증가하는가 아니면 감소하는가?'에 대해서는 몇 가지 주장들이 있다.

1) 성인전기 사고의 특징

Piaget는 청년과 성인의 인지작용에는 차이가 없다고 주장한다. Piaget의 주장처럼 인간의 인지발달은 형식적 조작기가 마지막 단계인지? 다른 학자들의 주장을 살펴보면 다음과 같다.

(1) Arlin의 문제 발견적 사고

Arlin(1975, 1989, 1990)은 청년기의 형식적 조작기 다음에 문제 발견의 단계라는 5단계가 있다고 주장하였다. 이 단계 사고의 특징은 창의적 사고, 확산적 사고, 새로운 문제 해결방법의 발견 등이다.

(2) Riegel과 Basseches의 변증법적 사고

Riegel(1973)은 성인기 사고의 특징은 '형식적' 사고가 아닌 '성숙한' 사고라고 주장하였다. 성숙한 사고란 어떤 사실이 진실일수도 있고 진실이 아닐 수도 있음을 받아들이는 것이다. Riegel은 이러한 사고의 모순된 상태를 기술하기 위해 철학에서 변증법적이란 용어를 빌려와 다섯 번째의 인지발달 단계를 변증법적 사고의 단계라고 하였다. Basseches(1984)도 변증법적 사고가 성인의 유일한 추론형태라고 가정하고 성인기의 인지적 성장은 변증법적 도식의 형태를 취한다고 주장하였다.

(3) Labouvie-Vief의 실용적 사고

Labouvie-Vief(1986, 1990a)는 성인기에 새로운 사고의 통합이 발생한다고 주장하였다. 성인기는 자신이 몸담고 있는 직장이나 사회, 크게는 생태적 맥락 내에서 발생하는 여러 가지 복잡한 문제들을 해결하고 적응해 나가야 하는 시기이다. 따라서 청년기의 논리적이며 가설 중심적인 사고로부터 현실에 대한 실용적인 적응방략을 탐색하는 실제적인 문제해결사고로 변화하는 시기이다.

(4) Perry Sinnott의 다원적 사고

Perry(1970, 1981)는 성인기에는 청년기의 사고와는 다른 중요한 변화가 일어난다고 믿었다. 청년들의 사고는 옳음·그름, 우리 편·상대편, 좋음·나쁨 등으로 현상을 양극화하는 이분법적 사고를 하지만, 성인기에는 타인들의 관점과 견해의 다양성을 수용할 수 있게 되며 이원론적 사고에서 벗어나 다원론적 사고로 옮겨간다고 주장하였다.

(5) Schaie의 성인기 인지발달

Schaie(1977)는 성인기가 되면 형식적, 조작적 사고보다 더 발달하지는 않지만 지식의 습득단계에서 아는 지식을 실생활에 적용하는 단계로 전환하게 된다고 믿었다. 또한 성인기의 지능은 양적으로 증가하거나 감소하기 보다는 성인들이 사고하는 방식의 질적 변화가 더 중요하다고 보고 성인기 인지발달의 5단계를 주장하였다. 1단계(습득단계)에서 청년들은 사회에 참여하기 위해 지식 그 자체를 위한 정보와 기술을 습득한다. 2단계(성취단계)에서 성인들은 스스로 설정한 인생의 목표에 적합한 과업에서 최선을 다한다. 3단계(책임단계)에서 중년들은 가족 부양에 대한 책임, 사회 구성원으로서의 책임을 지게 된다. 4단계(실행단계)에서는 제 3단계의 변이로서 적합한 기술의 발달과 실행이 허락되는 기회를 얼마나 갖느냐에 달려있다. 5단계(재통합단계)에서 노인들은 사회적 참여와 책임으로부터 어느 정도 벗어나게 되고 생물학적 변화로 말미암아 인지기능이 제약을 받기 때문에 자신들이 노력을 기울어야 할 과업에 대해 선택적이다. 이 단계는 Erikson의 마지막 단계인 자아통합감의 단계와 일치한다.

2) 성인전기의 지능검사

지능검사는 주로 학업성취와 관련되어 있어 성인에게는 별다른 의미가 없다. 성인은 일반적 지식과 같은 지적 능력은 연령과 함께 증가하지만 기억력은 감퇴한다.

3) 결정성 지능과 유동성 지능

(1) 결정성 지능

결정성 지능은 후천적 경험·학습·문화적 영향에 의해 습득되는 지능이다. 즉 후천적으로 학습된 능력이므로 교육수준이 높은 경우에는 노년기까지 계속해서 발달한다.

(2) 유동성 지능

유동성 지능은 '타고난 지능'으로 유전적 요인에 의해 결정되는 지적 능력이며 학습과는 무관하다. 뇌신경의 성숙에 의해 발달하며 뇌세포의 손상과 쇠퇴에 의해 감퇴된다. 10대 후반에 절정에 도달하고 성인전기에는 중추신경구조의 노화로 인해 감소하기 시작한다.

3 사회성발달과 가족생활

성인전기에는 친밀감이 필요하고, 이성과의 친밀감을 통해 가족을 형성하게 된다.

1) 친밀감의 발달

에릭슨(1986)은 성인전기 특성을 친밀감 대 고립감의 위기로 표현하였다. 이 시기에 친밀감을 획득하지 못하는 사람들은 지나치게 자기 의식적이며 자신의 사회적 행동과 적응에 대해 걱정하고 불안해하기 때문에 오히려 원만한 사회적 상호작용을 이루지 못함으로써 고립감에 빠져들게 된다. 대부분의 젊은이들은 결혼을 통해 친밀감의 욕구를 충족시키지만 성적 관계 이외의 친밀한 관계도 가능하다. 감정이입, 상호의존, 상호관계를 제공하는 우정관계에서도 강한 친밀감이 형성될 수 있다.

2) 부모로부터의 독립

성인전기에는 부모로부터 독립하는 것에 대한 갈망과 분리에 대한 불안이라는 양가감정을 갖기도 한다. 자율성을 인정하고 가족의사결정에의 참여를 격려하며, 자녀를 독립된 개인으로 인정하는 등 부모의 역할이 매우 중요하다.

3) 직업준비와 직업선택

직업을 통해 경제적으로 자립하고 자신의 인생을 개척해 나가면서 자아실현을 하는 시기이다. 직업선택 과정에 영향을 미치는 요인으로 개인의 능력과 관심, 자신에 대한 부모나 중요한 사람의 기대 등을 들 수 있다. 직업을 선택하고 직장에 들어가서 직업이 요구하는 전문적 기술, 직업에 존재하는 권위적 관계, 독특한 요구나 위험, 인간관계 등을 평가해야 한다.

4) 가족생활

가족은 사회를 이루는 기초 집단으로서 인간의 성장발달에서 매우 중요한 역할을 한다.

(1) 가족의 형성

성인전기에는 대부분의 사람들이 결혼을 하고 자녀를 낳아 부모가 되면서 인생에 정착하는 시기이다. 결혼은 성숙한 사회적 관계가 확립되면서 배우자를 선택하고 가족을 형성하는 것으로서, 사랑의 실현, 정서적 안정, 성적 만족, 자녀 출산 등에 기여한다.

① Sternberg(1986)의 사랑의 세모꼴 이론: 사랑은 가족의 형성과 발달에 매우 중요한 요소일 뿐만 아니라 배우자 선택과 결혼에서도 대단히 중요하다. 사랑의 이론에는 스텐버그의 세모꼴 이론이 있다. 사랑에는 친밀감, 열정, 언약의 세 가지 구성요소가 있다. 친밀감은 사랑의 정서적 요소로서 누군가와 '가깝게 느끼는 감정'이고, 열정은 사랑의 동기유발적 요소로서 '신체적 매력, 성적 욕망' 등을 포함하고, 언약은 인지적 요소로서 '관계를 유지하고 지켜야 한다는 책임감'이다. 열정은 나타났다 사라졌다 하는 것이며, 모든 관계는 만족스러울 때도 있지만 불만족스러울 때도 있다. 우리가 결혼 서약서에 "즐거울 때나 괴로울 때나, 건강할 때나 아플 때나 평생 신의를 지키며 상대방을 사랑하겠느냐?"는 질문에 "네"라고 대답하는 것이 바로 언약이다.

사랑의 삼각형 검사

아래의 문장들은 현재 자신이 사귀고 있는 이성 친구에 대한 자신의 심리상태를 기술한 것입니다. ○○는 이성친구의 이름을 뜻합니다. 각 문장을 읽고 ○○에 대한 자신의 상태를 잘 나타내는 점수를 아래의 (   )안에 표시해 보세요.

1	2	3	4	5	6	7	8	9
전혀 아니다				보통 이다				매우 그렇다

01. 나는 ○○의 행복을 위해서는 적극적으로 지원한다. (   )
02. 나는 ○○와 따뜻한 관계를 맺고 있다. (   )
03. 나는 힘들 때 ○○에게 의지할 수 있다. (   )
04. ○○는 힘들 때 나에게 의지할 수 있다. (   )
05. 나는 ○○와 나의 모든 것을 공유할 의향이 있다. (   )
06. 나는 ○○로부터 정서적 지지를 받고 있다. (   )
07. 나는 ○○에게 정서적 지지를 주고 있다. (   )
08. 나는 ○○와 말이 잘 통한다. (   )
09. 나는 내 인생에서 ○○를 매우 중요시한다. (   )
10. 나는 ○○와 친밀감을 느낀다. (   )
11. 나는 ○○와의 관계를 편안하게 느낀다. (   )
12. 나는 ○○을 정말 이해하고 있다고 느낀다. (   )
13. 나는 ○○가 나를 정말 이해하고 있다고 느낀다. (   )
14. 나는 내가 ○○를 정말 신뢰한다고 느낀다. (   )
15. 나에게 관한 매우 개인적인 정보를 ○○와 공유하고 있다. (   )
16. ○○를 보기만 해도 나는 흥분된다. (   )
17. 나는 낮에도 ○○에 대해서 생각하는 나 자신을 자주 발견한다. (   )
18. ○○와 나의 관계는 정말 낭만적이다. (   )
19. 나는 ○○가 매력적이라고 느낀다. (   )
20. 나는 ○○를 이상화하고 있다. (   )
21. 나는 ○○처럼 나를 행복하게 만드는 사람을 상상할 수 없다. (   )
22. 나는 다른 어떤 사람보다도 ○○와 함께 있고 싶다. (   )
23. ○○와의 관계보다 더 중요한 것은 이 세상에 없다. (   )
24. 나는 ○○와 신체적으로 접촉하는 것을 특히 좋아한다. (   )
25. ○○와의 관계보다 더 중요한 것은 이 세상에 없다. (   )

26. 나는 ○○를 찬미한다. (   )
27. 나는 ○○없는 인생을 생각할 수 없다. (   )
28. ○○와 나의 관계는 열정적이다. (   )
29. 낭만적인 영화나 책을 볼 때면 ○○를 생각하게 된다. (   )
30. 나는 ○○에 대해서 공상을 하고 있다. (   )
31. 내가 ○○에 대해서 염려하고 있다는 것을 알고 있다. (   )
32. 나는 ○○와의 관계를 지속시키기 위해 최선을 다하고 있다. (   )
33. 다른 사람이 우리 사이에 끼어들지 않도록 나는 ○○에 대해 헌신할 것이다. (   )
34. 나는 ○○와의 관계가 흔들리지 않을 것이라는 점에 대해 자신감을 가지고 있다. (   )
35. 나는 어떤 난관에도 불구하고 ○○에게 헌신할 것이다. (   )
36. ○○에 대한 나의 사랑은 남은 인생 동안 계속되리라고 예상한다. (   )
37. 나는 ○○를 위해서 항상 강한 책임감을 느낄 것이다. (   )
38. ○○에 대한 나의 사랑은 확고한 것이다. (   )
39. 나는 ○○와의 관계가 끝나는 것을 상상할 수 없다. (   )
40. 나는 ○○에 대한 나의 사랑을 확신한다. (   )
41. 나는 ○○와의 관계가 영원히 지속될 것이라고 생각한다. (   )
42. 나는 ○○와 사귀는 것을 잘한 결정이라고 생각한다. (   )
43. 나는 ○○에 대한 책임의식을 느낀다. (   )
44. 나는 ○○와의 관계를 계속 유지할 작정이다. (   )
45. 설혹 ○○와 갈등이 생긴다 해도, 나는 여전히 우리 관계를 유지할 것이다. (   )

❖ 채 점

1번에서 15번,
16번에서 30번,
31번에서 45번까지 점수를 각각 합산해 보세요.
이렇게 합산한 점수들은 각각 당신의 친밀감, 열정, 헌신 점수를 의미합니다.
세 구성요소의 점수를 각각 세변의 길이로 하여 삼각형을 구성해 보세요.
당신의 사랑의 삼각형은 어떤 모양을 하고 있는가?
어떤 구성요소가 가장 크고, 어떤 구성요소가 가장 작은가?
이것은 당신의 사랑에 대해 무엇을 의미하는가?
당신의 이성친구도 이 척도에 응답했다면 이성친구의 사랑의 삼각형과 어떠한 차이가 있는가?
이러한 차이를 어떻게 해소하여 서로 일치하는 사랑의 삼각형을 만들까?

② **사랑의 유형**: 사랑의 유형에는 이타적 사랑, 낭만적 사랑, 동반자적 사랑, 성적 사랑이 있다.
③ **배우자 선택**: 배우자 선택의 이론에는 정신역학 이론, 욕구 이론, 교환 이론, 발달적 과정 이론이 있다. 발달적 과정 이론은 다른 말로 '여과 이론'이라고도 하고, 배우자 선택의 과정을 일련의 '여과' 과정으로 보는 심리학적 접근법이다.

Udry(1971)는 배우자 선택에서 결혼 상대자로 선택하기까지 모두 여섯개의 여과망을 거치게 된다는 여과이론을 주장한다<그림 3-12>. 첫째, 근접성의 여과망을 통해 가능한 모든 대상자 가운데서 지리적으로 가깝고, 만날 기회와 상호작용의 가능성이 많은 사람들로 그 대상이 제한된다. 둘째, 매력의 여과망을 통해 서로 매력을 느끼고 끌리는 사람들로 그 대상이 좁혀진다. 셋째, 사회적 배경의 여과망을 통해 인종, 연령, 교육수준, 종교 등의 사회적 배경이 유사한 사람들로 범위가 더욱 좁혀진다. 사회적 배경의 여과망은 당사자보다 부모에 의해 더 강조된다. 넷째, 일치의 여과망을 통해 태도나 가치관이 자신과 비슷한 사람만이 남게 된다. 다섯째, 상호보완성의 여과망을 통해 욕구와 성격특성에서 서로의 단점을 보완해 줄 수 있는 사람을 선호하게 된다. 마지막으로 결혼준비 상태라는 여과망을 통과함으로써 비로소 결혼에 이르게 된다. 결혼 적령기, 결혼하라는 부모의 압력, 결혼하고자 하는 강한 욕구 등이 결혼준비 상태에 영향을 준다.

그림 3-12 배우자 선택의 여과 이론

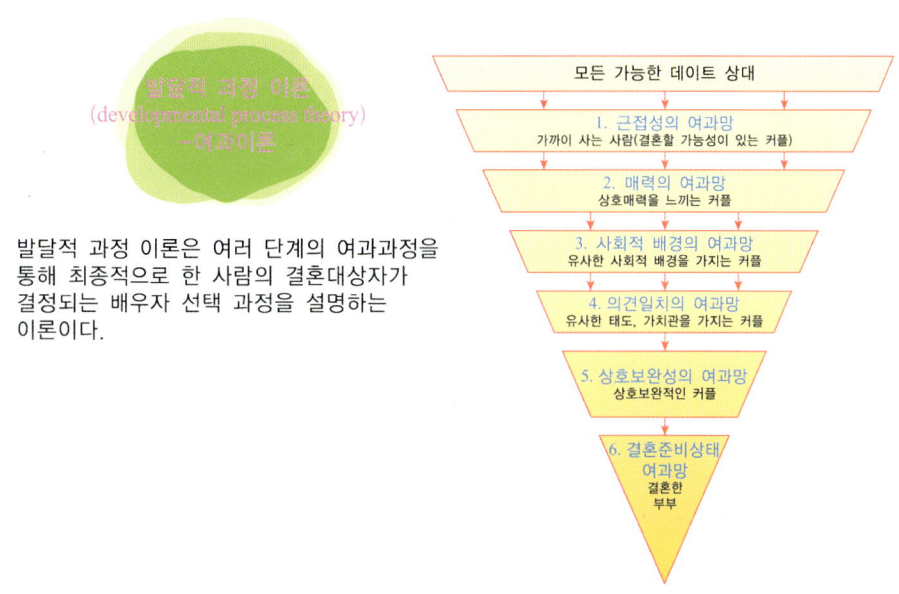

발달적 과정 이론은 여러 단계의 여과과정을 통해 최종적으로 한 사람의 결혼대상자가 결정되는 배우자 선택 과정을 설명하는 이론이다.

(2) 결혼과 부모 되기

결혼의 대표적인 동기는 사랑의 실현, 성생활의 합법성 획득, 자녀출산의 기회, 경제적·정서적인 안정, 사회적 기대에의 부응, 법적인 이득 등이다.

연구결과 결혼을 한 사람들이 결혼을 하지 않은 사람들보다 더 행복하며, 행복한 사람들이 결혼하는 경향이 있다고 한다. 또한 결혼은 건강에도 좋은 것으로 보인다.

아기의 탄생은 부모의 인생에 있어서 중요한 전환점이 된다. 부모가 된다는 것은 전통적으로 결혼의 근본적인 이유가 될 수는 없지만 결혼을 완성시키는 것으로 여겨져 왔다. 오늘날에는 경제적·문화적 이유로 자녀 출산율이 감소되었으나 그럼에도 불구하고 많은 부부들이 자녀를 낳는 주된 동기는 다른 인간과 밀접한 관계를 맺고 싶은 욕구와 자녀를 교육하고 훈련시키는 데 참여하고 싶은 소망 때문이다. 에릭슨의 8단계 이론에서 친밀감 대 고립감의 위기 바로 다음에 생산성 대 침체성의 위기이다. 이 생산성은 주로 성인전기에 발생하는 사랑과 결혼 바로 다음에 시작된다. 일이나 창의성도 물론 생산성으로 표현되지만 생산성의 가장 직접적인 표현은 자녀를 낳아 기르는 것이다(Erikson, 1963). 사회학자들은 부모됨의 동기를 불멸의 욕구로 설명한다. 자녀를 통해 제2의 삶을 지향하고, 자녀로 하여금 자신이 원하는 특정 목표를 달성하게 함으로써 자기연장 또는 불멸의 욕구를 이룬다는 것이다.

4 성인전기 발달과제

성인전기는 대부분의 사람들이 처음으로 전일제의 직업을 갖게 되고, 경제적 자립을 이루는 시기이다. 직업은 개인의 자아개념에 영향을 미친다. 자신의 직업에 만족하고, 직업에서 성공을 이루는 것은 개인의 자아존중감과 행복감 및 생활만족도와 직접 관련된다.

1) 홀랜드(Holland)의 과업성격유형이론

전 생애 동안 지속할 직업을 선택하고 주어진 과업에 충실히 종사하는 일은 성인전기의 성공적인 발달 여부를 결정하는 주요요인이다. 홀랜드(1973, 1987)는 개인의 성격유형과 특정 생애과업 간의 일치의 중요성을 강조하는 과업성격유형이론을 제시하였다. 홀랜드는 자신의 성격에 맞는 과업을 택한 사람들은 자신의 일을 즐기며 같은 직종에 오래 머물러 있는 사실을 확인하였다. 홀랜드의 생애과업과 관련되는 6개의 기본적인 성격유형을 제시하면 다음과 같다.

(1) 현실적 유형

이 유형은 주로 옥외에서 하는 육체노동에 흥미를 가진 사람들을 뜻한다. 이 유형에 속하는 사람들은 흔히 신체적으로 건강하지만, 비교적 사회성이 낮아 혼자 일하기를 선호한다. 사고가 실제적이지만 때로는 지적인 깊이가 부족하다. 농사, 운전, 건설, 엔지니어, 파일럿 등이 대표적인 관련 직업이다.

(2) 탐구형 유형/지적 유형

이 유형은 사람보다는 관념이나 생각에 관심이 많으며, 사회적 관계에 무심하고 정서적 상황에 대처하는 힘이 낮다. 교육수준과 사회적 지위는 6개의 유형 중 가장 높다. 과학과 관련되는 직종이나 고도로 전문화된 직종은 이 유형에 속한다.

(3) 예술적 유형

창의적 지향이 강한 과업유형으로서 새로운 방법으로 자신을 표현하는 일을 즐긴다. 동조성을 싫어하고, 자유와 애매성을 중시하며, 때로 대인관계에서 어려움을 갖는다. 이 유형에 속하는 사람들의 수는 많은데 비해 직종은 적은 편이다. 작가, 화가, 음악가, 작곡가, 지휘자, 무대감독 등에 적합하다.

(4) 사회적 유형

타인과 함께 일하기를 즐기며 사람에 관심이 많고, 자신보다 낮은 지위의 사람들을 도와주려는 경향성이 높다. 지적인 과업보다는 대인관계기술이 뛰어나다. 교직, 사회사업, 상담 등의 직종이 적합하다.

(5) 기업가적 유형

사물이나 현상에 대해 생각하기보다는 사람에 관심을 가지는 유형이다. 경영, 경찰, 외판 등의 직종과 관련된다. 그러나 목표에 도달하기 위해 사람을 지배하는 경향이 높다. 자신의 태도나 선택을 타인이 채택하도록 설득하는 힘이 강하다.

(6) 관습적 유형

잘 구조화된 상황이나 세부적인 것들을 다루는 직업분야에서 최상의 능력을 발휘한다. 생각이나 사람보다는 자료나 서류를 취급하는 일을 좋아한다. 은행원, 비서, 서기 등이 적합한 직종이다.

2) 레빈슨(Levinson)의 성인전기 발달과제

레빈슨은 성인전기에 다음과 같은 과제를 수행하는 것이 필요하다고 하였다.

첫째, 아직 현실에 기반을 두지 못하고 다소 과장된 목표로 구성되어 있는 꿈과 희망을 명확하게 정의해야 한다.

둘째, 목표를 인정해주고 기술이나 지혜를 가르쳐주며 청년이 자신의 경력에서 전진하도록 영향력을 발휘하고 자신감을 갖도록 해주는 지도자를 발견해야 한다.

셋째, 직업을 선택하고 경력을 쌓으며 발전시켜 나아가야 한다.

넷째, 친밀한 관계를 형성해야 한다.

3) 하비거스트(Havighurst)의 발달과제

하비거스트는 성인전기에 다음과 같은 과제를 수행하는 것이 필요하다고 하였다.

첫째, 배우자를 선택한다.
둘째, 배우자와 함께 생활하는 방법을 학습한다.
셋째, 가정을 꾸민다.
넷째, 자녀를 양육하고 가정을 관리한다.
다섯째, 직업생활을 시작한다.
여섯째, 시민의 의무를 완수하다.
일곱째, 마음이 맞는 사람들과 사회적 집단을 형성한다.

제7절 중년기

중년기(40~65세)는 대부분의 사람들이 이 시기를 그들의 인생에 있어서 황금기로 여긴다. 일반적으로 오늘날의 중년들은 신체적으로, 경제적으로, 심리적으로 안정된 상태에 있다. 이러한 인생의 전성기에도 신체적으로는 여성 폐경기, 남성 갱년기가 나타나고 심리적으로는 중년기 위기를 경험하게 된다. 이 장에서는 중년기의 신체 변화, 인지 변화, 성격과 사회성 발달, 발달과제에 대해 알아본다.

1 신체 변화

중년기는 대부분의 사람들이 신체변화를 통해 자신이 늙어가고 있다는 사실을 처음으로 깨닫기 시작하는 때이다. 물론 신체변화는 전 생애를 통해 일어나지만 중년기의 신체변화는 특히 중요한 의미를 갖는다.

1) 신체 변화

(1) 외적 변화

중년기는 최초로 쇠퇴의 징후가 나타나며, 개인적인 삶은 위축되고, 다음 세대로의 전수를 생각해야 하는 시기이다. 생물학적 노화는 유전과 환경의 영향을 받는데 모든 사람은 유전적 배경이 다르기 때문에 노화의 속도도 각기 다르다. 중년기가 되면 피부는 탄력을 잃고, 50세가 되면 흰 머리카락이 많이 생긴다.

(2) 내적 변화

신진대사의 저하가 일어나고 체중이 늘기 시작한다. 스트레스를 받거나 신체의 한 부분에 이상이 있은 뒤 회복능력이 감소한다. 중년기 성인은 혈압(특히 심장 수축시의 혈압)이 증가하고, 동맥경화가 시작된다. 신경세포의 감소로 뇌의 무게가 감소하고 신경계의 장애는 정신착란과 치매의 원인이 되고, 호흡능력도 감소한다. 심장혈관 계통과 마찬가지로 호흡기 계통도 운동부족의 영향을 받기 때문에 규칙적인 운동이 중요하다.

(3) 감각기능의 변화

중년기에 가장 뚜렷하게 감퇴가 느껴지는 두 가지 기능이 시각과 청각이다. 시각의 감퇴는 주로 40~49세 사이에 나타나며, 노안이 대표적 징후이다. 청각은 감퇴가 가장 빨리 나타나는 감각기능으로서 40세경에 시작된다. 직업적 소음으로 인해 남성의 고음 민감성 감퇴가 여성에 비해 빨리 나타난다. 신경세포의 둔화 등 감각기관의 능력이 감소한다.

(4) 생식과 성적 능력의 변화

여성은 40대 후반에서 50대 초반 여성호르몬인 에스트로겐의 감소와 함께 폐경을 경험한다. 폐경의 평균 연령은 50세 정도인데 40~60세 사이에 일어나는 폐경은 정상범위에 속한다. 남성은 상당히 늦은 나이까지도 계속해서 아이를 갖게 할 수 있지만, 일부 중년기 남성은 수정능력 및 오르가즘 빈도가 감소하고 발기불능이 증가한다. 중년기에는 갱년기 현상이 나타나며, 특히 남성의 갱년기는 여성의 갱년기에 비해 늦게 시작되어 서서히 진행된다.

2) 건강과 질병

직업적 스트레스의 누적으로 암, 고혈압, 심장질환, 뇌졸중 등의 질병에 걸릴 위험이 매우 높다. 과체중은 중년기에 주요한 건강문제가 되고, 비만은 고혈압, 소화기 장애 등의 질병을 초래할 확률이 높다. 건강상태는 일상적인 삶을 어떻게 하느냐와 직접적인 연관이 있다. 급격한 에너지 소모를 필요로 하는 일보다는 지구력을 요하는 일에 더 유리하다.

2 인지 변화

중년기에 지적능력은 '증가하는가 아니면 감소하는가?'에 대한 많은 논란이 있지만, 속도에 크게 의존하는 능력을 제외하고는 중년기에 지적능력은 별로 감소하지 않는다는 증거가 상당수 있다. 오히려 특정 측면의 인지능력은 강화된다는 견해가 있다.

1) 기억

(1) 저장 과정

① **감각기억**: 노화에 따른 시각체계에 큰 변화가 있음에도 불구하고 시각기억에 관한 연구결과 자극을 식별하는 능력에서 단지 작은 연령차이가 있는 것으로 나타났다. 시각기억은 60세까지는 별로 감소하지는 않지만 그 이후는 상당히 감소한다. 노인들은 글자나 상(icon)을 식별하는데 시간이 약간 더 걸렸다. 시각기억에서의 이러한 미미한 감소는 장기기억에서 볼 수 있는 큰 감퇴에 비해 별로 영향을 미치지 않는 것으로 나타났다.

② **단기기억**: 단기기억에서는 연령에 따른 감소가 있다. 연령이 증가하면서 단기기억에서 기억하는 숫자, 단어 등의 자료가 줄어들게 된다. 그러나 지능검사나 일반적 인지검사에서 중년기나 노년 초기의 단기기억의 감소의 폭은 크지 않아 일상생활을 영위하는 데 큰 문제가 없다.

③ **장기기억**: 장기기억은 감각기억이나 단기기억보다 연령차이가 심한 것으로 보인다. 중년기와 노년기에 기억을 잘 못하고 장기기억으로부터 정보를 인출하지 못하는 기억력 감퇴는 중년기나 노인들의 자아개념에 심각한 영향을 미치고, 많은 과제를 제대로 수행하지 못하게 하여 우울증을 낳게 한다.

(2) 인출 과정

기억된 정보를 얼마나 잘 인출할 수 있는가는 기억한 재료들이 얼마나 체계적으로 잘 저장되어 있는가에 달려 있다. 연구 결과, 연령이 증가할수록 정보의 인출(특히 회상)이 어려운 것으로 보이는데 이는 연령이 증가하면서 기억된 재료를 분류하고 조직하는 능력이 감퇴하기 때문인 것으로 보인다.

2) 문제해결능력

추상적인 문제해결능력은 성인전기 초기에 감소하지만, 현실적이고 실제적인 문제해결 능력은 중년기에 절정에 달한다. 오랜 인생의 경험에서 터득한 지혜 때문에 문제해결 능력은 높아진다는 견해가 있다.

3) 창의성

19세기와 그 이전의 몇 세기 동안 수천 명의 유명한 과학자를 대상으로 창의성과 생산성을 연구한 결과 모든 과학 분야에서 가장 훌륭한 업적을 이룬 평균연령은 40세경인 것으로 나타났다. 그리고 40대와 50대까지도 뛰어난 업적은 계속 되었다. 이는 이때가 생산성이 가장 왕성할 때임을 보여준다.

20세기 과학자들(수학자, 심리학자, 물리학자 등)을 대상으로 한 연구에서도 40세경에 최고의 창의성과 생산성을 나타내었고, 50대와 60대까지도 창의적 업적은 계속되는 것으로 보인다.

3 성격과 사회성발달

중년기의 성격특성과 생활양식의 변화는 '중년기 위기' 탓으로 돌려지기도 하지만, 중년기는 다른 어떤 시기보다 더 과거를 되돌아보고 미래를 내다 볼 수 있는 전환기이다. 중년기를 어떻게 해석하느냐에 따라 긍정적으로 볼 수도 있고, 부정적으로 볼 수도 있다.

1) 중년기는 위기인가 전환기인가?

(1) 중년기의 위기

중년기는 흔히 수많은 갈등으로 가득 찬 위기의 시기라고 한다. 중년기를 위기로 보는 사람들은 중년기에 일어나는 여러 가지 변화, 즉 자녀들의 독립, 직업적응, 노화로 인한 생리적, 심리적 변화에 대한 적응 등의 많은 변화를 강조하고 중년기의 여러 가지 도전이 초래하는 혼란에 초점을 둔다.

'중년기의 위기'라는 용어는 Jacques(1967)와 Jung(1966) 같은 정신분석학자들에 의해 처음으로 소개되었고, 중년기의 우울, 혼외정사, 직업전환에 대한 설명으로 급격히 대중화되었다.

Jacques(1967)는 중년기 위기는 죽음을 의식하고 심리적으로 죽음을 준비하는 시기에 시작되는 것으로 보았다.

중년기에 대한 다른 많은 연구에서는 이 시기에 결혼만족도는 최고로 낮고, 정신질환과 신경증의 발병률은 최고로 높은 것으로 나타났다.

우리나라 성인남녀를 대상으로 '중년기의 위기론'에 대한 연구(김애순, 1993)에서는 중년기의 위기가 생물학적 연령과 관련된 사건이라기보다는 자녀의 성장으로 인한 역할 변화, 청소년 자녀들과의 문제, 직업상 경력에서의 한계 등 사회적 연령과 관련된 것으로 나타났다. 우리나라의 중년들은 청소년 자녀들과 갈등을 일으키는 40대 초반의 시기보다 자녀들이 부모의 곁을 떠나는 50대의 빈 둥지가 임박한 시기가 더욱 심각한 위기로 나타났다.

(2) 중년 전환기

다른 모든 발달단계와 마찬가지로 중년기를 나름대로의 발달과업과 도전이 있는 인생의 또 다른 단계로 보는 시각도 있다. 중년기를 위기가 아니고 전환기로 보는 학자들은 중년기의 경제적 안정, 직업에 대한 열정, 부모의 책임에서 벗어나는 자유 등을 강조한다(O'Connor & Wolfe, 1991).

어떤 학자들은 중년기를 인생에서 가장 행복한 시기로 보기도 한다.

중년기로의 전환은 자신과 자신을 둘러싸고 있는 사람들을 보는 시각의 변화로 특징지어진다. 전환기에 사람들은 그들 삶의 성공과 실패를 되돌아보고, 성공적인 중년기로서의 전환은 자신의 강점뿐만 아니라 약점까지도 탐색할 수 있도록 해 준다. 중년기에 있어서 발달과업의 성공적인 해결은 재평가와 재적응의 능력에 의해 좌우되는데 이러한 재평가와 재적응은 노년기에 자아통합감을 가질 수 있게 해 준다.

(3) 융(Jung)의 중년 전환기

Jung은 발달의 궁극적인 목표는 자아실현이고, 자아실현이란 인간의 성격이 모든 면에서 조화롭게 융합하는 것이라고 하였다. Jung은 40세에 시작되는 중년기를 인생의 전반에서 후반으로 바뀌는 전환점으로 보고, 중년기에 이르면 급격한 가치관의 변화가 일어난다고 했다. 성인전기(성년기)까지 외부세계로 집중되던 정신에너지를 내면으로 돌려, 억압하고 방치되어 있던 자신의 내면의 진정한 자아를 찾기 위한 탐색이 시작된다. 융은 이러한 자아탐색을 통한 내적 성장 과정을 개성화라고 하고 개성화 과정을 통해 자아실현을 한다고 했다. 또한 Jung은 중년기 이후에는 남녀 모두 자신의 생물학적 성과 반대되는 성격 측면을 표출한다고 보았다. 남성들은 자신 속의 여성적인 측면인 아니마를 표출하여 덜 공격적이 되고, 대인관계에 많은 관심을 보이기 시작하며, 여성들은 남성적인 측면인 아니무스를 표출하여 보다 독립적이고 공격적이 된다고 하였다.

2) 과잉습관화

습관화는 중년기와 노년기에 일상의 습관적인 일들에 과도하게 적응함으로써, 변화하는 세계에 대한 유연성과 적응력이 감소하는 것을 말한다. 중년기 습관화 경향이 과도하게 나타날 때 과잉습관화에 빠져든다. 과잉습관화는 모든 변화를 두려워하고, 미래에 직면하기를 피하며, 동일한 방식으로 생활하려는 극단적인 연속성에의 집착을 의미한다. 많이 나타나지는 않으나 중년기 적응을 어렵게 하고, 세대 간 단절의 벽을 크게 하는 현상이므로 관심을 가져야 할 부분이다.

3) 빈 둥지 현상

빈 둥지 현상이란 중년기에 자녀가 독립해서 떠남으로서 부부만 남게 되는 현상을 뜻한다. 예전에는 빈 둥지 현상을 자녀가 떠나버린 공허감으로 인해 정서적 빈곤과 우울증으로 연결되는 중년기 문제현상으로 생각하였으나, 근래의 연구에 의하면 대부분의 중년들은 독립된 자녀를 떠나보내며 안도와 행복감을 맛보며 부부관계의 만족도 또한 높아지는 것으로 보고된다.

4 중년기 발달과제

레빈슨은 중년기를 다시 네 단계로 나누고 각 발달단계에서 이룩해야 할 발달과업이 있다고 하였다.

1) 레빈슨(Levinson)의 중년기 발달 과제

Levinson(1986)은 중년기에 들어서는 40~45세 사이의 중년기 전환기 동안에 청년기 이후부터 지속되어 온 주요 갈등들을 해결해야 한다고 했다. 이러한 전환기 갈등 중에는 자신이 중년임을 인정할 것인지, 젊음을 지속하고자 노력할 것인지, 독립의 욕구인 남성적 특성과 애착의 욕구인 여성의 특성을 어떻게 선택 또는 통합할 것인지, 개인의 한계를 뛰어넘어 타인과의 관계를 좀 더 깊이 할 것인지 또는 분리와 단절을 택할 것인지를 선택하는 갈등이 포함된다.

Levinson(1986)의 중년기 발달단계이론에서 중년기 발달과업은 다음과 같다.

(1) 인생중기 전환기

대체로 40~45세 사이에 해당되며 지난날의 삶에 대한 의문이 시작된다. 약 80%의 남성들은 인생중기 전환기 동안에 불안과 정서적 풍요를 경험하며 자신의 삶의 가치에 대한 재평가를 시도한다. 이 시기의 위기는 개인적인 영역을 넘어 타인과의 관계 속에서 자신을 확장할 때 극복된다.

(2) 인생중기 초보인생구조

약 45~50세 사이에 해당되며 이 단계에서 대부분의 사람들은 전 생애동안 지속될 자신의 삶의 새로운 구조를 형성하게 된다. 예를 들면, 가정에서 아내와 자녀와의 관계의 재정립, 직장에서 과업수행방식의 재조정이 여기에 해당된다. 성인중기 초보 인생구조가 성공적으로 확립되면 많은 결실을 거두게 되어 중년을 인생 황금기로 보내게 된다.

(3) 50세 전환기

50~55세 사이에 해당되며 50세 전환기는 중년기 내에서 또 한 번의 위기를 경험하는 시기이다. 인생중기 전환기에서 충분한 갈등을 경험하고 극복함으로써 성인중기 초보인생구조단계에서 확고한 인생구조를 확립한 경우에 50세 전환기는 가볍게 이행된다. 그러나 인생중기 전환기가 무난히 지나갈수록 50세 전환기는 힘든 시기가 된다.

(4) 절정인생구조

55~60세에 해당되며 중년기를 마무리하는 단계이다. 정상적인 삶의 과정에서 이 단계는 한 개인의 삶의 위대한 완성기이다.

2) 중년기의 자아실현

많은 사람들이 성인기에 이상적인 인간상인 자아실현인이 되고자 노력한다. 자아실현인이 되기 위해서는 자신의 잠재력을 충분히 실현해야 한다. Maslow(1971)는 인간의 기본적인 욕구 다섯 가지 중 자아실현의 욕구가 가장 높은 수준의 것이라고 한다. Maslow는 자아실현을 이루기 위해서는 몇 가지 전제조건이 충족되어야 한다고 주장한다. 그 조건은 세속적인 걱정, 특히 생존과 관련된 근심으로부터 자유로워야 하고, 자신이 하는 일(직업)에서 편안해야 하고, 가족원이나 직장동료로부터 인정을 받는다고 느껴야 하며, 자신을 진정으로 존중하는 마음이 있어야 한다. 중년기 이전인 성인전기 동안에는 에너지가 성욕, 교육, 직업경력, 결혼과 부모역할 등의 여러 방향으로 분산되고, 경제적 안정을 이루려는 노력으로 상당한 양의 정신적 에너지를 소모하므로 자아실현을 이루기가 어렵다. 그러나 중년기에는 이러한 욕구를 대부분 충족시키고 자아성숙을 향한 노력에 에너지를 할애할 수 있으므로 자아실현이 가능하다.

제8절 노년기

인간발달의 단계를 명확히 구분 짓는 것은 어려운 일이지만 특히 중년기의 끝과 노년기의 시작을 구분 짓기가 갈수록 더 어려워지고 있다. 예전에는 노년기를 은퇴를 기준으로 하여 구분하였지만 오늘날은 은퇴의 나이가 특정 연령으로 정해져 있는 것이 아니라 은퇴는 더 이상 노년기의 분류기준이 아니다. 노인세대가 젊어져 65세 이상의 건강하고 활기찬 노인들의 수가 급증하고 있지만 이

장에서는 기존의 분류대로 65세 이상을 노년기로 하여 노년기의 신체 변화, 인지 변화, 성격과 사회성발달, 직업과 은퇴에 대해 알아본다.

1 신체 변화

노년기에는 주로 노화와 연관이 있는 신체 변화가 많이 일어난다. 노화의 원인을 알고 통제하면 예상 수명을 증가시킬 수 있다. 노화와 관련된 문제 중에서 노인성 치매는 가장 큰 두려움의 대상이다.

1) 신체적 변화

노년기에는 여러 가지 신체적 노화현상들이 나타난다. 팔, 다리, 얼굴상부의 지방은 감소하고, 턱과 몸통의 살은 늘어나 체형이 바뀌게 된다. 머리카락 등 체모는 줄어들고, 흰머리가 많아진다. 피부는 건조해지고 주름이 생기며, 자줏빛의 나이반점이 나타난다. 20세를 전후하여 정점에 도달했던 뇌의 무게는 노년기까지 약 10%가 감소한다. 또한 시냅스 전달기제의 둔화로 인해 뇌의 기능이 느려지는데 이는 정보처리 속도를 느리게 하는 주요인이 된다. 전체수면 시간은 줄어들며 자주 잠에서 깨어난다. 노인들은 하룻밤에 평균적으로 약 20번 잠에서 깨어나며 밤 시간의 약 20%는 깨어 있는 것으로 보고되고 있다. 감각기능의 손상도 현저하게 나타나 50대부터 색깔 변별능력이 낮아진다.

2) 노화의 원인

노화는 두 가지 요인으로 나타난다. 일차적 노화는 인생 초기에 시작되어 일생동안 가차 없이 계속되는 신체적 노쇠의 점진적 과정을 말하며, 이차적 노화는 나이보다는 신체의 사용 정도, 질병, 장애와 같은 통제 가능한 외적 요인으로 인해 나타나는 노화이다. 이차적 노화요인을 이해하고 통제하면 예상수명을 크게 증가시킬 수 있다.

3) 노인성 치매

노년기 인지적 변화에 관련해서 많은 관심의 대상이 되고 있는 현상이 노인성 치매이다. 치매는 노년기에 인지적 기능을 상실하는 병리현상이다. 기억상실, 대화의 산만성, 장소와 시간의 인지상실, 성격변화 등 치매는 여러 측면에서의 심리적 기능의 파괴를 수반한다.

모든 치매는 대체로 세 단계를 거쳐 진행된다.

첫째 단계는 사람 이름이나 장소를 잊거나 혼동하는 가벼운 망각 증세를 보이는 단계이다. 이 단계 정도의 망각은 대부분의 노인들이 경험하는 것이며, 그 이상 진행되지 않는 경우도 있다. 두 번째 단계는 일반적 혼돈이 찾아온다. 이 단계에서는 뚜렷한 단기기억 결합이 나타나고 집중력의 결여, 같은 말을 반복하거나 서성이고 다니는 등의 징후들이 나타난다. 우울증과 사람과의 접촉을 피하려는 경향을 함께 보이게 된다. 세 번째 단계는 기억력 파괴로 인해 생명을 위협하는 사태가 초래되기도 한다. 분노와 편집증세가 나타나며, 의사소통이 불가능하고 친척들의 얼굴을 알아보지 못한다.

(1) 알츠하이머 증후

전체 치매의 2/3를 차지하는 대표적 치매증후로 뇌의 피질부 특정 부위의 신경원에 퇴화가 일어나는 수상돌기가 얽히거나 경색되는 뇌의 장애로 인해 나타나는 증상이다. 그러나 신경원의 퇴화가 뇌의 모든 영역에서 나타나는 것은 아니다. 전두엽의 피질부와 해마 부위에 주로 나타난다. 노년기에 처음 발병하면 10년 이상 걸려 서서히 진행되지만, 성인중기에 시작되면 3~5년 사이에 급격히 진행된다.

그림 3-13 알츠하이머 뇌

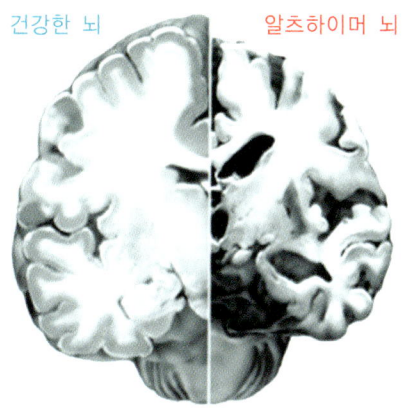

건강한 뇌　　알츠하이머 뇌

출처: 이시종, 알기쉬운 발달과 이상심리, p.120 인용

(2) 다경색 치매

다경색 치매는 전체 치매의 약 20%를 차지한다. 경색은 뇌로 가는 혈관이 일시적으로 막혀서 뇌에 산소공급이 부족하게 되면 뇌조직의 일부가 손상됨으로써 나타난다. 경색이 여러 번 반복되면 뇌의 보상기능이 중지되고 회복이 불가능하게 된다. 이때부터 인지적 기능이 꾸준히 감퇴되며 점차 알츠하이머 증후군과 구별이 불가능한 치매증상이 나타나게 된다.

(3) 파킨슨 병

치매와 근육 손상이 함께 나타나는 노년기 질병이다. 치매는 파킨슨 병의 초기에 나타나는 것은 아니며 뇌의 신경원의 손상을 더 이상 보상할 수 없을 때 나타나기 시작한다. 파킨슨 병의 신경원 상실은 도파민이라는 신경원 전달물질을 생성하는 뇌의 영역에서 주로 일어난다.

그림 3-14 파킨슨 병

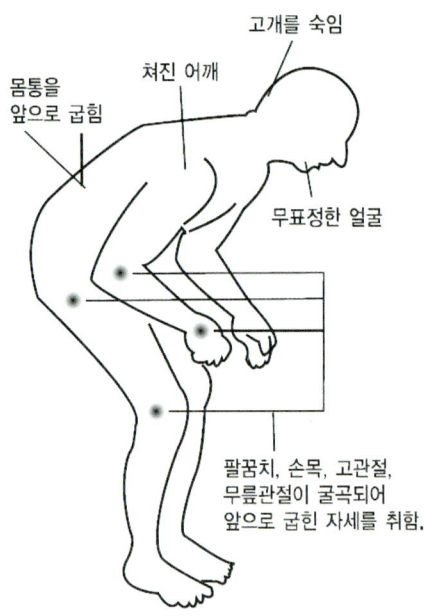

출처: 이시종, 알기쉬운 발달과 이상심리, p.121 인용

2 인지 변화

노년기의 인지변화 중 중요한 것은 지능의 감퇴와 기억력의 감퇴이다. 뇌세포는 청년기 이후 소멸되기 시작하고 대체되지 않으나, 성인기에 뇌세포 간의 신경회로 수가 증가함으로써 이러한 손실을 보완해 준다.

1) 지능발달

Schaie의 연구결과에 의하면 노년기 언어능력은 대체로 70세까지 지속되거나 증가하고, 독해능력은 큰 개인차가 있으나 대체로 50~60세경부터 감퇴하기 시작한다. 수리능력은 50세경까지 유지되다가 이후부터 감소하고, 공간능력은 가장 빨리 감퇴되는 영역으로서 성인 전기부터 감퇴가 시작된다.

2) 노년기의 지적 능력에 영향을 미치는 요인

(1) 교육수준

노년기에도 계속해서 지적 활동을 하는 경우 높은 수준의 지적 능력을 유지할 수 있다.

(2) 직업수준

사고와 문제해결을 요하는 직업에서 여전히 인지능력을 활용하고 있는 노인들은 그렇지 못한 노인들보다 지능의 쇠퇴가 적었다.

(3) 건강상태

건강과 감각기능이 지적 능력에 영향을 미친다. 노년기의 지적 능력 감소는 연령 그 자체보다는 건강과 관련된 요인일 가능성이 많다.

(4) 인지능력의 급강하 현상

노년기의 지적 능력에 영향을 미치는 또 다른 요인은 사망 직전의 지적 능력이 급강하하는 현상이다.

3) 기억력의 변화

노년기에 기억감퇴가 일어나는 원인은 다음과 같이 3가지 요인으로 설명된다. 첫째, 생물학적 가설에서는 중추신경계의 손상 등 생물학적 요인으로 인해 기억 능력의 쇠퇴가 일어난다고 믿는다. 둘째, 정보처리 가설에서는 관련정보에 주의를 기울이며, 중요한 정보에 주의를 할당하는 주의 능력의 결함과 정보를 처리하는 전반적인 인지적 역량의 감소를 노년기 기억 능력의 감퇴의 원인으로 보고 있다. 셋째, 맥락적 가설에서는 경험, 동기, 성격, 문화적 요인들이 미치는 영향을 중요시하고 있다.

4) 단기기억과 장기기억

노년기에는 명백하게 단기기억의 감퇴가 일어나고, 장기기억은 단기기억보다 감퇴하는 정도가 적다.

5) 상위기억

노인들은 망각을 크게 의식하므로 기억방략을 보다 자주 사용하는 경향이 있고, 정교화·조직화·군집화 등의 체계적인 방략사용능력은 노년기에 오히려 감소하는 경향이 있다.

6) 먼 기억

노년기 기억에 관한 흥미로운 현상 중의 하나가 최근에 일어난 일에 대한 기억보다 오래 전에 일어난 일을 회상하는 먼 기억을 잘한다는 점이다. 이처럼 먼 기억의 회상율이 높은 현상을 설명하기 위해 머릿속에 저장된 정보는 획득된 순서와 반대로 망각된다는 법칙이 제시되기도 하였다.

3 성격과 사회성발달

정신분석 이론가들은 노년기를 아동기와 매우 유사한 것으로 본다. Freud는 노년기에 우리 인간은 유아기의 자기중심적 성격으로 되돌아가고, Jung는 노년기에 우리 사고는 무의식의 세계에 깊이 잠수해 있는 상태라고 보았다. 그러나 현대의 발달심리학자들은 노년기를 보다 건설적이고 적응적인 것으로 보는 견해가 있다.

1) 노년기 성격발달 특징

에릭슨의 발달단계에서 보듯이 노년기는 노쇠와 죽음을 앞두고 자신의 삶을 통합하고 점검해야 하는 시기이다. 연구결과 가족·건강·종교가 노년기 삶의 행복을 결정하는 중요한 요인으로 밝혀졌다. 노인들은 인생에서 가장 큰 성취를 성공적인 자녀교육·성공적인 결혼·직업 그리고 종교적 선택 속에서 찾고 있다. 특히 자녀와의 친밀도와 결속도가 높을수록 노년기의 긍정적인 적응이 높다.

2) 노년기의 성격유형

Neugarten(1983)은 50~80세 사이 성인 수백 명을 6년간 종단적으로 추적하여 연구한 결과를 토대로 노년기의 성격유형을 식별해냈다.

(1) 통합된 성격

성숙하고 유연성이 있으며 새로운 자극에 개방적이며 자신의 삶에 만족하고 활발한 지적 기능을 유지하고 있는 유형이다. 노인의 약 38%가 이 유형에 속한다.

(2) 재구성형

젊은 시절의 활동을 버리고 노년기에 맞는 새로운 활동을 선택하여 높은 수준의 활동을 유지하는 유형이다. 대체된 활동 속에서 자신의 삶을 활기 있게 재구성함으로써 성공적인 노년기를 보낸다.

(3) 집중형

만족할만한 소수의 역할만 선택하며, 선택된 영역에서는 적절한 활동을 유지하는 유형이다. 자원봉사·정원관리 등 자신이 보람과 흥미를 갖는 한두 가지 역할을 통해 노년기 삶의 보람을 추구한다.

(4) 단절형

젊은 시절에 비해 활동수준을 낮추고 고립적이지만, 자신의 삶에 만족하는 유형이다. 노년기는 모든 책임으로부터 자유스러워지는 시기로 생각하므로 유지된 노년기 삶의 방식을 소극적이지만 평화스럽게 수용한다.

(5) 무장 - 방어적 성격

야심적이며 성취지향적인 성격유형을 뜻한다. 노쇠를 인정하지 않고 노년기 불안에 강한 방어를 보인다. 약 25%의 노인이 이 유형에 속한다.

(6) 지속형

가능한 한 하던 일을 계속하고 성인중기 삶의 양식을 지속시키려는 유형이다. 성공적으로 성인중기 삶을 유지하면 노년기 삶의 만족도는 높지만, 유지되지 못할 때는 생활만족도에 손상이 온다.

(7) 억제형

노화의 속도를 늦추기 위해 에너지 소모나 사회적 상호작용을 가능한 제한하려는 유형이다. 사람에 대한 관심도 점차 줄여감으로써 자신을 철저히 방어하려 한다. 방어적인만큼 자아통합수준이 낮다.

(8) 수동 - 의존적 성격

자신의 욕구를 충족시키기 위해 타인에게 의존하는 유형이다. 약 20%의 노인이 이 성격에 속한다.

(9) 원조추구형

자신을 의지하고 기댈 사람이 있어야 삶의 만족을 갖는 유형이다. 의지하거나 도움을 받을 사람이 있을 때는 적정수준의 활동수준과 생활만족도를 유지하지만, 불가능한 경우에는 문제가 발생할 수 있다.

(10) 냉담형

수동적이며 성취지향성이 낮은 유형이다. 주변에서 일어나는 일이나 사람들에게 거의 관심을 보이지 않는다. 활동수준이나 생활만족도가 낮은 편이다.

(11) 통합되지 못한 성격

노화에 잘 적응하지 못하며, 지혜와 같은 노년기 특유의 정신적 기능을 제대로 발휘하지 못한다. 사고의 고착성과 퇴보가 있고, 정서적 우연성도 부족하고 활동수준과 생활만족도 모두 비교적 낮다.

4 직업과 은퇴

오늘날과 같은 노동지향적 산업사회에서 은퇴는 개인에게 매우 중요한 의미를 갖는다. 은퇴는 단순히 직업의 상실이라는 차원을 넘어 새로운 신체적, 심리적 적응을 필요로 하는 생애의 일대 사건으로 개인에게 다가오는 것이다.

1) 노년기 활동적응유형

(1) 유리이론

성공적인 노화는 일과 사회적 역할로부터 점차 벗어나 자유로워져가는 과정이라는 이론이다. 근래에 유리이론은 노년기 적응양상을 부분적으로 설명해줄 수 있으나 보편적 적응양상은 아니라는 비판이 가해지고 있다.

(2) 활동이론

성공적인 노화를 위해서 활동의 내용을 대치시켜 안정된 활동수준을 유지해야 한다고 주장하는 이론이다.

2) 은퇴

은퇴는 노년기에 적응해야 할 중요한 발달과업이다. 연구결과에 의하면 노인의 약 1/3은 은퇴를 기쁜 마음으로 기대하며, 1/3은 걱정과 불안을 느끼며, 나머지 1/3은 은퇴에 대해 생각조차 하기 싫어할 정도로 강한 두려움을 갖는다.

자신이 해오던 일에 만족하지 못했으면서 은퇴 후의 수입이 보장되는 경우 은퇴에 대해 긍정적인 태도가 높다. 직업에 대한 이전의 태도, 은퇴기대, 은퇴준비도, 은퇴방식은 은퇴에 대한 성공적인 적응 여부를 결정하는 중요한 요인이다. 건강·감원 등으로 인한 강제은퇴는 은퇴적응을 해치는 가장 큰 부정적 요인이다. 재정, 건강 및 여가활동계획은 가장 중요한 은퇴 준비사항들이다.

3) 조부모 역할

조부모의 역할은 노년기 삶에 중요한 의미를 갖는다. 대부분의 조부모들은 일종의 '비개입 원칙'을 지킨다. 손 자녀가 원하지 않을 때는 단순히 감시인의 역할에 충실하며 적극적인 개입을 하지 않지만, 질병·경제적 곤란 등 문제가 발생하면 보다 깊이 관여한다. 우리나라 아동은 조모에 대해 높은 친밀감을 보이며, 훈계자 역할, 대리모 역할 등 중요한 심리적 역할을 부여하고 있다. 특히 외조모에 대한 친밀도와 실제 접촉이 친조모보다 일관성 있게 높은 것으로 지각되고 있어 흥미롭다.

4) 죽음

생활여건과 과학의 발달로 인해 노년기 수명은 크게 연장되었으나 죽음은 여전히 인간이 적응해야 할 발달상의 마지막 과업이다. 전통적으로 죽음은 심장의 박동이 끝나고, 호흡이 멎으며, 동공이 고정되고, 건반응(tendon reflex)이 없어지는 새로운 형태로 규정되었다. 그러나 근래에 죽음의 개념은 뇌사(brain death)를 기준으로 판단된다.

5) 노년기 발달과제

하비거스트(Havighurst)가 나눈 노년기 발달과제는 다음과 같다.
첫째, 신체적 힘과 건강의 약화에 따른 적응을 해야 한다.
둘째, 퇴직과 경제적 수입 감소에 따른 적응을 해야 한다.
셋째, 배우자의 죽음에 대한 적응을 해야 한다.
넷째, 자기 동년배 집단과의 유대관계를 강화해야 한다.
다섯째, 사회적 역할에 적응하고 융통성 있게 수행해야 한다.
여섯째, 생활에 적합한 물리적 생활환경을 조성해야 한다.

참고문헌

김애순 (1993). 개방성향과 직업, 결혼, 자녀관계가 중년기 위기감에 미치는 영향-중년기 위기의 시기확인 및 발달과정의 역동성을 중심으로. 연세대학교 대학원 박사학위논문.

박은숙 (1982). 어머니의 양육차원이 한국 유아의 낯가림, 격리불안 및 대물애착 발달에 미치는 영향에 관한 연구. 이화여자대학교 대학원 석사학위 논문.

송길연 외 역 (2008). 발달심리학. 시그마프레스.

이시종, 김옥진 (2018). 알기 쉬운 발달과 이상심리. 문화숲속예술샘.

이용석 (2014). 청소년 상담사. 시대고시기획.

정옥분 (2007). 발달심리학. 학지사.

조복희, 정옥분, 유가효 (2002). 인간발달. 교문사.

청소년상담원 (1996). 자녀의 힘을 북돋우는 부모. 청소년 대화의 광장.

최경숙 (2010). 아동발달심리학. 교문사.

허수경, 이경님 (1996). 인지양식 유형과 보상의 제시형태에 따른 아동의 만족지연능력 발달. 아동학회지, *17*(2), 221-233.

Arlin, P. K. (1975). Cognitive development in adulthood: A fifth stage? *Developmental Psychology, 11*, 602-606.

Arlin, P. K. (1989). Problem solving and problem finding in young artists and young scientists. In M. L. Commons, J. D. Sinnott, F. A. Richards & C. Armon (Eds.), *Adult development: Vol. 1. Comparisons and applications of developmental models*. New York: Praeger.

Atkinson, R. C. & Shiffirin. R. M. (1968). Human memory A proposed and its control processes. In K. W. Spence & J. T. Spence(Eds). *The psychology of learning and motivation: Advances in research and theory* (Vol.2). Orland. FL: Academic Press.

Baltes. P. B., L. (1987). Theoretical propositions of life-span development psychology: On the dynamics between growth and decline. *Developmental Psychology*, 23(5), 611-626

Bandura. A. (1977). Self-referent thought: A develop-mental analysis of self-efficacy. In J. H. Flavell & I. Ross (Eds.), *Social cognitive development: Frontiers and possible futures.* New York: Cambridge University Press.

Basseches, M. (1984). *Dialectical thinking and adult development* Norwood, NJ: Ahlex.

Bauer, P. J., & Mandler, J. M. (1992). Putting the horse before thecart: The use of temporal order in recall of events by one-year-old children, *Developmental Psychology*. 28, 441-452.

Baumrind, D. (1991). Effective parenting during the early adolescent transition. In P. A. Cowan & E. M. Hetherington (Eds.), *Advances in family research* (Vol. 2). Hillsdale, New Jersey: Erlbaum.

Berk, L. E. (1992). Children's private speech: An overview of the theory and the status of research. In R. M. Diaz & L. E. Berk(Eds.), *private speech: From social interaction to self regulation.* Hillsdale, NJ: Erlbaum.

Berk, L. E. (1996). *Infants, children, and adolescents* (2nd ed.). Needham Heights, MA: Allyn & Bacon.

Bowlby, J. (1969). *Attachment and loss* (Vol. 1). *Attachment.* New York: Basic Books.

Bowlby, J. (1973). *Attachment and loss* (Vol. 2). *Separation, anxiety and anger.* New York: Basic Books.

Bowlby, J. (1988). *A secure base: Parent-child attachment and healthy human development.* New York: Basic Books.

Bronfenbrenner, U. (1979). *The ecology of human development: Experiments by nature and design.* Cambridge, Massachusetts: Harvard University Press.

Case, R. (1985). *Intellectual development: Birthto adulthood.* Orlando, FL: Academic Press.

Dempster, F. N. (1981). Memory span : Sources of individual and developmental differences. *Psychological Bulletin*, 89, 63-100.

Elkind, D. E. (1978). Understanding the young adolescent. *Adolescence, Spring.*

127-134.

Erikson, E. H. (1950). *Childhood and society.* New York: Norton.

Erikson, E. H. (1963). *Childhood and society* (2nd ed.). New York: Norton.

Erikson, E. H. (1968b). *Life cycle. In International Encyclopedia of the Social Sciences*, 9, 286-292. New York: The Free Press.

Fagot, B. I. (1977). Consequence of moderrate cross-gender behavior in preschool children. *Child Development, 48*, 902-907.

Freud, A. (1933). *New introductory lectures in psychoanalysis.* New York: Norton.

Freud, A. (1961). *The ego and the id* (Standard ed. Vol. 19). London: Hogarth. (Originally published 1923.)

Halland, J. L. (1973). *Making vocational choices: A theory of careers.* Englewood Cliffs, New Jersey: Prentice-Hall.

Hardy, R., Eliot, J., & Burlingame, K. (1987). Stability over age and sex of children's responses to Embedded Figures Test. *Perceptual and Motor Skills, 64*, 399-406.

Havighurst, R. J. (1972). *Development tasks and education* (3rd ed.). New York: David Mckay.

Inhelder, B., & Piaget, J. (1958). *The growth of logical thinking.* New York: Basic Books.

Jacques, E. (1967). The mid-life crisis. In R. Owen (Ed.), *Middle age.* London: BBC.

Johnson, M. M. (1977). Fathers, Mothers, and sex typing. In E. M. Hetherington & R. D. Parke (Eds.), *Contemporary readings in child psychology.* New York: McGraw-Hill.

Jones, B., & Duffy, J. (1982). An analysis of performance by preschool children on the KRISP and on a length discrimination task. *Acta Psychological, 52*, 197-211.

Jung, C. G. (1966). Two essays on analytic psychology. In *Collected works* (Vol. 7). Princeton, NJ: Princeton University Press.

Kogan, N. (1982). Cognitive styles in older adults. In T.Field (Ed.), *Review of human development.* New York: Wiley.

Kohlberg, L. A. (1976). Moral stages and moralization: The cognitive development approach. in T. Likona (Ed.), *Moral development and behavior: Theory, research, and social issues*. New York: Holt, Rinehart & Winston.

Labouvie-Vief. G. (1986). *Modes of knowing and life-span cognition* Paper presented at the meeting of the American psychological Association. Washington. DC.

Labouvie-Vief. G. (1990a). Modes of knowledge and the organization of development. In M. L. Commons, L. Kohlberg, R. Richards & J. Sinnott (Eds.), *Beyond formal operations: Models and methods in the study of adult and adolescent thought*. New York: Praeger.

Levinson, D. J. (1980). Conceptions of the adult life course. In N. Smelser & E. H. Erikson (Eds.), *Themes of work and love in adulthood*. Cambridge, MA: Harvard University Press.

Levinson, D. J. (1984). The career is in the life structure, the life structure is in the career.: An adult development perspective. In M. B. Arthur, L. Bailyn, D. J. Levinson & H. Shepard (Eds.), *Working with careers*. New York. Columbia University of business.

Levinson, D. J. (1986). A conception of adult development. *American Psychologist, 41*, 3-13.

Levinson, D. J. (1990). A theory of life structure in adulthood. In C. N. Alexander & E. J. Langer (Eds.), *Higher stages of human development: Perspectives on adult growth*. New York: Oxford University Press.

Levinson, D. J. (1996). *The seasons of a woman's life*. New York: Knopf.

Lorenz, K. Z. (1952). *King Solomon's ring*. New York: Crowell.

Lorenz, K. Z. (1965). *Evolution and the modification of behavior*. Chicago: University of Chicago Press.

Marcia, J. (1966). Development and validation of ego-identity status. *Journal of Personality and Social Psychology. 3*, 551-558.

Marcia, J. (1991). Identity and self-development. In R. M. Lemer. A. C. Petersen & J. Brooks-Gunn (Eds), *Encyclopedia of adolescence* (Vol. 1). New York: Garland.

Maslow, A. H. (1971). *The farther reaches of human nature*. New York: Viking Press.

Messer, S. (1976). Reflection-impulsivity: A review. *Psychological Bulletin, 83*, 1026-1053.

Miller, P. H. (1993). *Theories of developmental psychology* (3rd ed.). NY: W. H. Freeman and Company.

Neugarten. B. (1983). Personality change in late life: A developmental perspective. In C. Eisdorfer & M. P. Lawton (Eds.), *The psychology of adult development and aging*. Washington. DC: American Psychological Association.

O'Connor, D., & Wolfe, D. M. (1991). From crisis to growth at midlife: Changes in personal paradigm. *Journal of Organizational Behavior, 12*(4), 323-340.

Parten, M. (1932). Social play among preschool children. *Journal of Abnormal and Social Psychology, 27*, 243-269.

Pavlov, I. P. (1927). In G. V. Anrep (Trans.), *Conditioned reflexes*. London: Oxford University Press.

Perry, W. G. (1970). *Forms of intellectual and ethical development in the college years*. New York Holt. Rinehart & Winston.

Perry, W. G. (1981). Cognitive and ethical growth: The making of meaning. In A. Chickering (Ed.). *The modern American college*. San Francisco Jossey-Bass.

Piaget, J. (1952). *The origins of intelligence* in children. New York: International Universities Press.

Piaget, J. (1960). *Psychology of intelligence*. Paterson, NJ: Littlefield, Adams.

Plomin, R. (1993, March). *Human behavioral genetics and development: An overview and update*. Paper presented at the biennial meeting of the Society for Research in Child Development, New Orleans.

Riegel, K. F. (1973). Dialectic operrations: The final period of cognitive development. *human development, 16*, 346-370.

Rogers, C. R. (1974). In retrospect: Forty-six years. *American Psychologist, 29*, 115-123.

Saami, C., (1984). An observational study of children's attempts to monitor their expressive behavior. *Child Development, 55*, 1504-1513.

Saltz, E., Dixon, D., & Johnson, J. (1977). Training disadvantaged preschoolers on various fantasy activities: Effects on cognitive functioning and impulse control. *Child Development, 48*, 367－380.

Schaie, K. W. (1977). Quasi－experimental research designs in the Pychology of aging. In J. E. Birren & K. W. Schaie (Eds.), *Handbook of the psychology of aging.* New York: Van Nostrand Reinhold.

Shaffer, D. R. (1994). *Social and personality development* (3rd ed.). California: Brooks/Cole.

Skinner, B. F. (1953). *Science and human behavior.* New York: Macmillan.

Skinner, B. F. (1957). *Verbal behavior.* New York: Appleton－Century－Crofts.

Sternberg, R. J. (1986). A triangular theory of love. *Psychological Review, 93*, 119－135.

Strang, R. (1957). *The adolescent views himself.* New York: McGraw－Hill.

Udry, J. R. (1971). *The social context of marriage* (2nd ed.). New York: Lippincott.

Vygotsky, L. S. (1962). *Thought and language.* Cambridge, MA: MIT Press.

Winsler, A., Diaz, R. MM., & Montero, I. (1997). The role of private speech in the transition from collaborative to independent task performance in young children. *Early Childhood Research Quarterly, 12*, 59－79.

* 본 연구는 농촌진흥청 연구개발사업(PJ01284703) '아동 인성향상을 위한 반려견 교감교육 매뉴얼 개발 및 효과 분석' 연구비 지원을 받아 수행되었으며, 이에 감사드립니다.

동물매개심리상담사 2급

2019년 10월 28일 초판 1쇄 인쇄 | 2019년 11월 4일 초판 1쇄 발행

저자 한국동물매개심리치료학회 | **발행인** 장진혁 | **발행처** (주)형설이엠제이
주소 서울시 마포구 월드컵북로 402 KGIT 상암센터 1212호 | **전화** (070) 4896-6052~3
등록 제2014-000262호 | **홈페이지** www.emj.co.kr | **e-mail** emj@emj.co.kr
공급 형설출판사

정가 28,000원

ⓒ 2019 한국동물매개심리치료학회 All Rights Reserved.

ISBN 979-11-86320-59-4 93490

* 본서는 저자와의 협의에 따라 인지는 붙이지 않습니다.
* 이 책은 저작권법에 의해 보호를 받는 저작물이므로 동영상 제작 및 무단전재와 복제를 금합니다.

이 도서의 국립중앙도서관 출판시도서목록(CIP)은 서지정보유통지원시스템 홈페이지(http://seoji.nl.go.kr)와 국가자료공동목록시스템(http://www.nl.go.kr/kolisnet)에서 이용하실 수 있습니다.(CIP제어번호 : CIP2019035285)

2급 동물매개심리상담사 CAPC®

Companion Animal Assisted Psychology Counselor

memo

memo